국민 집권 전략

국민 집권 전략

최정묵 지음

민주화·산업화 담론 종식의 4가지 증거

연대·협력 시대 증거 기반 경험주의 정치

새로운 사회협약

스마트 국회와 정당 운영 혁신

데이터 기반 선거

푸른나무

차례

1장
4가지 증거

2장
연대·협력을 위한 혁신 과제

5장
정치 혁신

국민 집권 전략과 소명으로서의 정치

시대정신

시대정신은 연대와 협력이다. 대한민국의 성장 담론은 권위주의와 이기적 요인을 배제하고 배려와 협력의 방향으로 이동 중이며, 광화문 촛불혁명과 코로나19 대유행 이후 한국 사회는 법과 질서, 공정의 가치를 뛰어넘어 연대와 협력의 사회로 나아가고 있다. 이는 세기적 전환점으로 이해할 수 있고, 한국 사회의 민주화·산업화 담론의 종식을 의미한다.

이성적 판단과 합리적 추론에 근거해, 더 많은 정의가 필요하다거나 더 많은 자유가 보장되어야 한다고 주장할 수 있다. 그런데 늘어나는 복합 과제 속 위험 사회에서 무엇으로 더 많은 정의와 자유를 보장할 것인가. 기후·인구·전쟁·보건·경제 위기에서 인류와 한국 사회 그리고 수많은 사회·경제적 약자를 지킬 유일한 방법은 연대와 협력이다. 이를 위해 국회·정부·기업·시민사회·개인은 연대하고 협력해야 한다. 이 중 국회의 역할이 가장 중요하다. 왜냐하면, 국회가 시의적절하게 좋은 의사결정을 해주어야 연대와 협력이 시스템으로 안착할 수 있기 때문이다. 국회의 이러한 역할은 기업도, 시민사회도 대신할 수 없다. 그럼에도 불구하고 국회엔 아직까지 연대와 협력의 방법론이 부족하다.

시대정신 X 나의 활동

나는 2016년 비영리 공공조사 네트워크 '공공의창'을 15개의 여론조사 회사, 데이터 분석 회사, 숙의토론 회사 대표들과 함께 만들었다. 이때 가장 큰 숙제 중 하나는 시장에서 서로 치열하게 경쟁하는 회사들이 공공의 이익을 위해 내 것의 일부를 내어주며 연대할 수 있는가였다. 그래서 어떤 형태로든 사적 이익이 발생하지 않도록 몇 가지 조건을 마련했다. 우선 사무실과 지원 조직, 통장은 물론 모임의 대표자도 만들지 않기로 했다. 나는 간사로 활동하는 동안 여론조사로 수익을 내지 않기도 했고, 내가 기획에 직접 참여한 보도가 아닌 이상, 어떠한 인터뷰도 하지 않았다.

이러한 과정은 추가적인 성과로 이어졌다. 모든 회원사가 공공기관, 언론, 기업 등 어디서도 후원이나 용역을 받지 않고 자비로 재원을 충당하며 참여하기로 한 것이다. 일종의 프로보노(Pro Bono)가 된 셈이다. 장애인, 복지 사각지대, 혐오, GMO, 자살, 안락사, 낙태, 학교 폭력, 청소년 노동, 사회 참사, 지방 소멸, 청년 정치 등 묻혀 있는 사회문제 중에 공론화가 필요한 이슈들을 선별하여 거의 매월 언론사와 공동 기획을 하고 있다. 8년째 언론사와 100회 가까운 공동 기획을 수행했다.

공공의창을 만들고 운영해온 경험은 내가 연대와 협력의 에너지를 내재적 자원으로 모으고 활용하는 데 큰 도움을 주었다. 또한, 공공의창에서 진행하고 있는 연대와 협력의 다양한 방법들 즉, 여론조사, 데이터 분석, 숙의토론은 나에게 혁신의 영감을 주고 있다. 공공의창 회원사 대표들께 늘 감사하고 미안한 마음이다.

국민권익위원회 위원으로, 대통령 정책기획위원회 위원으로, 한국사회지능정보화진흥원 이사로 활동해온 것도 연대와 협력을 실천하는 데 좋은 밑거름이 되었다.

시대정신 X 나만의 정책

이래저래 데이터 분석, 여론조사, 숙의토론을 20년 가까이 해왔다. 이 3가지의 연대와 협력, 혁신의 방법론은 서로 다른 개념이지만, 상호보완적이다. 이 방법론들은 경험주의에 기초하고 있다. 경험주의는 증거와 관찰의 중요성에 대한 믿음이고, 권위나 억측 따위를 신념의 근원으로 활용하는 것에 반대한다. 방법론이 부족한 민주주의는 자칫 논리적 완결성에 치우쳐, 추상적 이성주의와 도덕적 당위론에 갇힐 위험이 있다. 그러나 경험주의에 기초한 활동은 개선된 공론을 만들고 의사결정의 책임성·투명성·효율성을 더할 수 있다. 증거 기반의 경험주의적 활동은 현재 한국 정치가 당면한 대전환적 위기를 해결하는 데 필요한 3가지 정치적 수단을 제공한다.

첫째, 새로운 사회협약이다. 이미 오래되어 사실상 실효를 잃은 규칙들이 전방위적 갈등 구조와 균열을 만들고 있다. 더는 합의가 어렵게 된 제도와 규칙은 저출생·고령화 문제 해결, 노동 환경 개선, 여성 경제 활동 촉진, 세대 간 신뢰에 발목을 잡고 있다. 고용주와 노동자, 정규직과 비정규직, 중소기업과 대기업, 민주 세력과 산업 세력, 고소득층과 저소득층, 도시와 농촌, 기성세대와 젊은 세대 사이에서 구조적 문제를 재생산하고 있다.

둘째, 정치 혁신이다. 정당은 유연성·투명성·다원성·개방성을 강화하는 방향으로 혁신해야 한다. 정당의 몇몇 국회의원 또는 학자들의 머리에서 나온 아이디어로 출발하는 것이 아니라, 국민 참여로 혁신이 진행되어야 한다. 이러한 혁신의 목표는 스마트 국회이다. 스마트 국회란, 협력 기반의 유기적 의사결정 능력을 가진 국회이다. 견제는 결과가 아니라 과정이다. 견제는 연대와 협력의 최적 조건을 찾는 과정일 뿐이다.

셋째, 데이터 기반의 선거다. 데이터를 기반으로 한 선거는 투표의 과정과 결과를 투명하게 들여다볼 수 있어, 사후에 과학적으로 선거 결과를 평가할 수 있다. 마이크로 타깃팅을 통해, 유권자의 참여를 촉진할 수도 있다. 어떠한 선거 정보가 유권자에게 유익하고 투표를 독려할 수 있는지를 예측할 수 있다. 이러한 노력은 네거티브 선거에서 정책 선거로 건너가는 징검다리가 될 수 있다. 선거는 미디어 선거에서 빅데이터 마이크로 선거로 전환된 지 오래다. 빅데이터 마이크로 선거의 대표적인 선거운동 방식인 골목선거는 정치의 책임성을 높이는 '이기는 정치 개혁'의 중요한 방법이다.

나만의 정책 X 국민

정치가 살아 있는 생물인 이유는 정치를 결정하는 여론이 살아 있기 때문이다. 여론은 태어나고 자라고 활동하다 죽는다. 어떤 여론은 또 다른 여론과 긍정적이거나 부정적인 관계를 맺기도 하고, 서로에게 영향을 주거나 받기도 한다. 위에서 언급한 3가지 정책 즉, 새로운 사회협약·정치 혁신·데이터 기반 선거는 증거 기반의 경험주의적 방법론인 여론조사·데이터 분석·숙의토론을 통해 개선되고 보완되며 완성될 수 있다. 증거 기반의 의사결정 방법론은 내가 정치학을 공부하지 않고 경영학을 공부한 이유이기도 하다.

새로운 사회협약은 대한민국 대전환을 위해 반드시 필요한 정책이다. 정치 혁신과 스마트 국회는 좋은 정치를 위해 엔진의 성능을 업그레이드하는 중요한 일이다. 데이터 기반 선거는 국민 참여를 기반으로 정당의 소극 지지자와 교차 투표자를 동원하고 설득하는 이기는 정치 개혁이다.

과학적 선거 캠페인으로 당선된 국회의원이 국민과 함께 정당을 혁신하고, 스마트 국회를 구성·운영하여, 더 늦기 전에 대한민국 대전환을 완성하길 바란다. 증거 기반의 경험주의 정치, 실사구시 정치는 국민 집권의 가장 필요한 전략이다.

국민 집권 전략 소개

사회협약과 정치 혁신은 연대와 협력의 시대를 열어가는 앞바퀴와 뒷바퀴다. 대부분의 사회문제를 정치의 장으로 끌어들여, 대화와 타협을 통해 새로운 사회협약을 맺어야 한다. 이 책은 이러한 문제에 접근하기 위해 부족하지만 노력했다.

1장에서는 시대 변화의 4가지 증거를 제시한다. 투표 지층, 국민 성향, 시대정신, 리더십 선호가 광화문 촛불혁명과 코로나19 대유행을 거치면서 변화하고 있는 지점을 짚었다. 산업화·민주화 이후의 새로운 변곡점일 수 있다.

2장에서는 혁신에 대해 말하고 있다. 혁신의 조건으로 증거 기반의 경험주의 정치, 정치인과 당원의 품성론을 제기한다. 혁신의 결과로는 새로운 사회협약과 정치 혁신을 개론적으로 다룬다.

3장과 4장은 새로운 사회협약에 관한 다소 구체적인 이야기들이다. 이 책에선 사회협약을 학자들의 이론과 철학, 실증적 해외 사례보다는, 한국 사회에서 구체적인 연대와 협력의 방법론이자 궁극적 목표로 더 많이 다룬다. 이를 위해 사회협약의 방향을 찾는 여론조사를 수행했고 그 결과를 실었다.

5장은 정치 혁신이다. 정쟁의 악순환 구조를 정책 경쟁으로 바꿀 구체적 방법론을 제시한다. 대한민국 비전 2050 위원회, 계파 등록제, 위대한 국민 인터뷰, 좋은 사회 정책협약, 대통령 경선 국민 소환제, 합의 쟁점 승인제, 대학교 대학생 위원회 등 정당 혁신의 다양한 방법들과 함께 제3섹터 운동의 실천 방안을 담았다.

6장은 연대와 협력 정치의 방향을 사회적 자유주의로 소화시켰다. 다소 도전적인 시도이다. 이 둘을 합쳐 새로운 진보적 가치를 제시한다.

7장은 민주정당의 데이터 기반 선거다. 단지 승리를 위한 플랜이 아니라, 이기는 정치 개혁 측면에서 접근했다. 초접전지에서 마이크로 타깃팅 방식으로 유권자와 대면 접촉을 늘리는 전략은 선거 승리와 함께 국민 참여 측면에서도 중요하다.

이 책이 연대와 협력의 정치로 국민 집권 시대가 열리기를 바라는 사람들이 생각을 정리하고 논의를 이어가는 데, 작은 도움이 되었으면 좋겠다.

감사의 글

삶의 감사함과 미안함으로 혁신

초등학교 4학년 어느 날 점심시간, 선생님께서 짜장면을 시켜 드시길래, 나도 시켜 먹었다. 당당히 손을 들어 선생님께 "내 것도 시켜 달라"며 주문을 요청했다. 지금은 급식을 하지만, 그땐 도시락을 가지고 다녔고 점심은 교실에서 먹었다. 중국집 배달통이 열리는 소리와 함께, "짜장면이요~"라고 말씀하시던 사장님의 당황한 얼굴이 지금도 기억난다. 선생님이 시켰을 거라 생각했던 모양이다. 친구들에게 짜장면의 맛난 냄새만 풍겼던 게 미안하다. 지금 생각해봐도 어이가 없다. 이 책이 어이없이 맛난 냄새만 풍기는 짜장면이 아니라, 모두가 함께 즐길 수 있는 짜장면이 되길 바란다.

중학교 3학년 시절, 10개월가량 허리가 좋지 않았다. 당연히 건강도 전반적으로 나빠졌다. 고등학교 입학과 동시에 헬스클럽을 다니기 시작했고, 건강은 서서히 좋아졌다. 여기서 그쳐야 했는데. 어느새 보디빌딩 대회의 문을 두드릴 정도의 몸 상태가 되었다. 무언가 한번 시작하면 언제 끝내야 하는지 판단을 잘 못 한다. 결정 장애가 낳은 결과는 전국 대회 입상으로 이어졌다. 이 책에는 도전적인 이야기들이 많다. 적당히 했어야 했다는 생각이 들기도 한다.

운 좋게 대학에 들어갔다. 체육학과를 들어간 탓에 체육운동과 학생운동을 동시에 했다. 둘 중 하나를 포기해야 할 것 같아서 체육운동(학업)을 포기했다. 그렇다고 학생운동을 열심히 한 것도 아니다. 오히려 지금의 비영리 공공조사 네트워크 공공의창과 국민권익위원회의 활동이 새롭게 시작한 학생운동처럼 느껴진다.

대학교 2학년 무렵, 7·4 남북공동선언 이행 서명운동이 있었다. 나는 유선전화망 통신이었던 천리안과 하이텔의 아이디로 서명을 받았다. 일종의 전자 서명운동이었다. 최초가 아니었을까 하는 생각도 해본다. 변호사에게 서명의 법적 효력에 대한 자문을 받았던 기억이 난다. 지금 생각해보면, 무식해서 용감했던 것 같다. 무식한 게 단점이라면, 그나마 다행은 무식하다는 것을 알고 있다는 점이다. 이것이 종종 장점으로 작용하기도 한다. 이 책에서 말하는 세상의 변화가 실은 많은 사람이 이미 알고 있는 이야기를 장황하게 책으로 나열한 것은 아닌지 걱정이 된다.

하지만 나는, 노무현의 왼쪽 눈과 원혜영의 오른쪽 눈을 가졌다. 노무현의 왼쪽 눈은 세상을 이성적이고 원칙적으로 바라보는 눈이다. 원혜영의 오른쪽 눈은 세상을 넓게 받아들이고 평화적으로 바라보는 눈이다. 여론조사·데이터 분석·숙의토론을 기획하고 실행하는 사람에게 관점은 그 자체로 전부이다. 이 두 눈이 향하는 정치는 실사구시 정치, 증거 기반의 경험주의 정치라고 생각한다.

노무현 대통령 비서실 여론조사 행정관으로, 원혜영 국회의원 정무비서관으로 근무했던 운 좋은 경험이 내가 성장하고 성찰할 수 있었던 수많은 계기를 제공했다. 이 책의 출간을 빌어, 노무현 대통령과 원혜영 의원께 감사함을 전하는 것은 너무나도 당연한 일이다. 8년 동안 믿고 함께해준 공공의창 회원사 대표들께도 감사함을 다시 한번 전한다. 부족한 아빠 밑에서 자라고 있는 아들 경준이에게도, 부족한 남편 옆을 지키고 있는 아내 자현에게도 고맙고 미안할 따름이다.

어쩌면, 연대와 협력, 혁신은 삶의 감사함과 미안함에서 출발하는지도 모르겠다.

내가 평생 해온 여론조사, 데이터 분석, 숙의토론은 새로운 사회협약, 정치 혁신, 데이터 기반 선거 등의 증거 기반의 경험주의 정치, 실사구시 정치에 기초를 제공한다. 이를 시작하고 완성하는 데 기여할 기회가 이어지길 바란다.

1장

4가지 증거

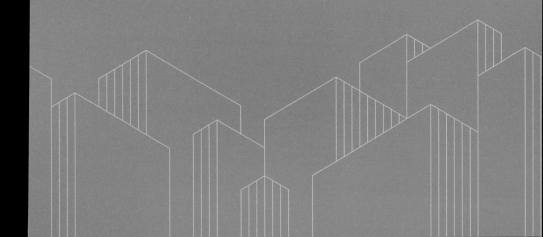

증거 ①
투표 지층의 변화

시대 변화의 첫 번째 증거는 '투표 지층의 변화'다. 투표 지층은 유권자 중에서도 투표하는 유권자만을 분석한 결과다. 한국의 선거 구도는 30년간 '기울어진 운동장'이었다. 1987년 대통령 직선제가 시행된 이후 지금까지 민주당은 주요 선거에서 25전 6승 19패, 승률 24%를 기록했다. 민주당이 이긴 여섯 번의 선거는 1997년 대선, 2002년 대선, 2004년 총선, 2017년 대선, 2018년 지방선거, 2020년 총선이 전부다.

민주당이 승리한 여섯 번의 선거 중 최근 세 번의 선거는 연속적이었으며, 이전 세 번의 선거 승리 때보다 상대와의 격차를 더 크게 벌렸다. 이러한 결과는 2016년 말에서 2017년 초까지 있었던 광화문 촛불혁명 이후에 나타난 결과이다. 따라서 촛불혁명이 왜 일

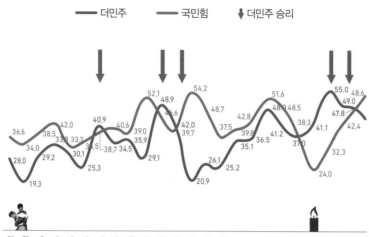

1987년 대선 ~ 2022년 지방선거 득표율 추이

— 더민주　　— 국민힘　　↓ 더민주 승리

※ 위의 그래프는 1987년 대선부터 2022년 지방선거까지 각 선거에서 1당과 2당이 얻은 총득표수를 백분율로 환산하여 시계열 흐름으로 정리한 것이다.

어났고, 투표 지층 변화에 어떤 영향을 미쳤는지를 확인하는 것은 2024년 총선을 앞두고 의미 있는 일이다.

　광화문 촛불혁명 이후, 기울어진 운동장이 평평한 운동장으로 바뀌었다. 촛불혁명이 이전 30년간 기울어져 있던 투표 지층 상단을 붕괴시켰다. 광화문 촛불혁명 이후 민주당 지지층은 39%에서 43%로 4%p 소폭 증가하였다. 교차 투표자는 8%에서 16%로 두 배 늘었다. 국민의힘 지지층은 53%에서 41%로 12%p 폭락했다. 광

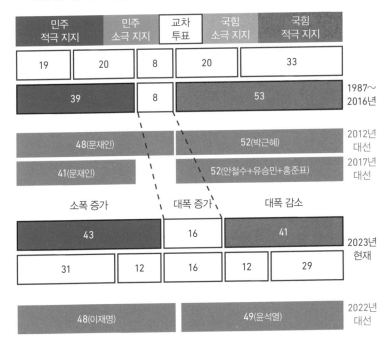

● **1987년 이후 투표 지층 변화 추이**

민주 적극 지지	민주 소극 지지	교차 투표	국힘 소극 지지	국힘 적극 지지	
19	20	8	20	33	
39		8	53		1987~ 2016년

48(문재인)	52(박근혜)	2012년 대선
41(문재인)	52(안철수+유승민+홍준표)	2017년 대선

소폭 증가   대폭 증가   대폭 감소

43	16	41	
31	12	16	12	29	2023년 현재

48(이재명)	49(윤석열)	2022년 대선

※ 위의 지층 그래프는 1987년부터 2022년까지 진행된 대선과 총선의 결과, 통계청의 사회·경제적 데이터, 여론조사 결과 메타 분석을 통해 얻은 투표 지층이다.

화문 촛불혁명이 민주당의 지지층을 튼튼하게 만들었다기보다는, 국민의힘 지지층을 무너뜨렸다.

투표 지층이 붕괴되기 직전의 두 번의 대선을 살펴보자.

2012년 대선에서 박근혜 후보가 52%를 얻었고, 문재인 후보가 48%를 얻었다. 박근혜 후보가 얻은 52%는 30년간 국민의힘 평균 지층 값(53%)과 거의 일치한다. 다시 말해, 자당의 소극 지지자만 동원해도 늘 이기는 선거를 30년간 해온 것이다. 그간 국민의힘 입장에선 교차 투표자를 추가로 얻기 위한 설득의 정치가 불필요한 상황이었다. 문재인 후보는 소극 지지자를 동원하고 교차 투표자를 설득하는 데 성공했다. 하지만 지층(적극+소극+교차=47%) 자체가 애초부터 두텁지 못해 석패했다.

2017년 대선에선 안철수, 유승민, 홍준표 세 후보가 얻은 득표율의 총합이 52%로 이전 대선의 박근혜 후보(52%)와 30년간 투표 지층(53%)의 값과 일치했다. 광화문 촛불혁명 이후에도 지층 선거가 계속됐다. 문재인 후보는 41%를 얻어, 민주당 소극 지지자 동원엔 성공했지만, 교차 투표자를 설득하는 데 실패했다. 직전 대선보다 득표율이 낮았음에도 불구하고 승리했다. 투표 지층이 붕괴했음을 확인할 수 있는 결정적 장면이다.

지금은 어떨까. 2022년 대선과 지방선거에서 민주당은 졌지만, 국민의힘 41%, 민주당 43%로 거의 대등한 투표 지층을 유지하고 있다. 이를 증명하듯 2022년 대선에서 이재명 후보는 48%, 윤석열 후보는 49%를 얻으며 투표 지층 위에서 선거가 진행되었음을 알 수 있다.

광화문 촛불혁명이 투표 지층을 붕괴시킨 이유와 현재 상황을 다음과 같이 추정해볼 수 있다. 촛불광장의 시민들은 국정 농단을 국민의힘만의 잘못을 넘어서 '낡은 정치 시스템의 총체적 오작동'이라고 받아들였을 가능성이 크다. 따라서 '정권 교체'가 아닌 '시대 전환'을 요구한 것이라 판단된다. 그러나 시민이 참여하여 이루고자 했던 대전환을 향한 길을 어느 정치 세력도 열어주지 않았다. 현재는 투표 지층이 평평하고 대등하지만, 언제든 바뀔 수 있음을 염두해야 한다.

교차 투표자가 2배 이상 증가했다는 것은 정치의 포용성, 정치 참여의 다양성, 선거 결과의 가변성이 증가하고 있다는 측면에서 사회 변화에 중요한 의미가 있다.

민주당은 1980년 광주민주화운동 7년 후인 1987년 대통령 직선제를 쟁취했다. 2017년 광화문 촛불혁명 7년 후 2024년 총선을 치른다. 민주당은 2024년 총선을 시대의 전환점으로 정의해야 한다.

국민 성향 변화

시대 변화의 두 번째 증거는 국민 성향의 변화이다. '도전하는 국민'에서 '이타적 국민'으로 성향이 변화하고 있다.

국민 성향을 파악하는 도구로 에니어그램(Enneagram)을 활용했다. 에니어그램은 다른 진단 도구에 비해, 사회 목표에 부합하는 성향의 특징을 강화(장점 심화, 목표 복무)하기보다는, 자기성찰(단점 보완)과 사회 변화를 가져오는 주체의 의식과 태도를 파악(미래 예측)하는 데 도움이 된다. 에니어그램은 인간의 성향을 9가지 유형으로 진단하는 심리학적 도구이자 자기성찰 프로그램이다. 4세기경 중동에서 처음 등장한 것으로 알려졌으며 아랍과 유럽 세계로 전파됐다. 1960년대에 미국에 소개되었고, 국내엔 1990년대 가톨릭을 중심으로 소개되어 활용 중이다. 에니어그램을 활용하여, 국민 성향의 변화를 파악했다.

2016년 8월과 2021년 7월 두 차례 여론조사로 국민 성향을 진단했다. 두 조사를 비교해 보면, 8번 지도자 성향이 크게 줄고, 2번 조력자 성향이 크게 늘어난 것을 확인할 수 있다. 두 조사 사이엔 광화문 촛불혁명과 코로나19 대유행이라는 시대적 변곡점이 있었다. 8번 지도자 성향은 한국전쟁의 상처를 극복하고, 산업화와 민주화를 향해 도전하는 데 적합했으며, 1987년 IMF 경제 위기를 극복하는 동력이 되었을 것이다. 과거의 국민은 도전하고 극복하는 국민이었다. 이해를 돕기 위해 이 성향의 대표적 인물을 거론하자면, 칭기즈칸, 정주영, 존 웨인 등이다.

2번 조력가 성향은 다층적이고 복합적 위기를 맞아 대응하는 상황 속에서 형성되었을 것이다. 도전하고 극복하는 국민에서 환경에 적응하는 국민으로 서서히 변화해가고 있다. 이 성향의 대표적인 인물이 슈바이처, 나이팅게일, 최수종 등이다.

2번 조력가 유형은 이타적이고 정이 많은 반면에, 예민하고 눈치가 빠르며 쉽게 상처받는 특징이 있다.

이들에게 정치적 긍정 방향은 서민적임, 정직함, 개혁적임, 배려함, 헌신함, 포용함, 겸손함 등이다. 반면에 정치적 부정 방향은 집착함, 지나치게 비판함, 독선적임, 완고함, 내부 분열, 과열 경쟁 등이다.

에니어그램으로 본 국민 성향 변화

성향	건강할 때 중시 가치 및 능력	스트레스 상태에서 나타나는 행태	2016년 8월(%)	2021년 7월(%)	증감
1번 개혁가	정직, 원칙, 정의	완벽주의, 비판적, 융통성 없음	16	18	2
2번 조력가	친절, 배려, 봉사	의존적, 희생적, 가식적	19	35	16
3번 성취자	야망, 성공, 인정	이기적, 허영심, 가식적	5	10	5
4번 예술가	독창성, 감수성, 낭만	우울증, 자존감 낮음, 소외	6	4	-2
5번 사색가	지식, 분석, 독립	소심, 냉소적, 고립	5	7	2
6번 충성가	안전, 안정, 예측 가능성	불안, 의심, 편집증	9	12	3
7번 낙천가	긍정, 에너지, 모험	충동적, 게으름, 책임감 없음	5	1	-4
8번 지도자	강인함, 용기, 리더십	폭력적, 공격적, 독단적	22	3	-19
9번 중재자	평화, 조화, 타협	수동적, 게으름, 무책임	13	10	-3

2016년 8월과 2021년 7월 여론조사: 전국 성인 남녀 1,000명 대상. ARS 조사. 95% 신뢰수준에서 최대 허용 오차 ±3.1%

이타적인 국민과 연대·협력 정치는 이상적인 조합이다. 이타적인 국민은 공동체의 이익을 우선시하는 경향이 있으므로 사회적 화합과 조화를 추구하는 경향이 있다. 복잡한 사회문제를 해결할 때도 신뢰를 바탕으로 협의할 수 있다. 문제를 더 효과적인 방법으로 풀어가며 지속 가능한 결과를 도출하기에도 유리하다. 사회적 불평등과 갈등의 완화, 민주주의의 강화에도 기여할 것이다.

국민 성향의 변화에 따라 한국의 사회문화는 강인한 도전에서 배려와 협력으로 전환 중이다. 이타적인 국민의 적자생존은 시대와 환경이 필요로 하는 변화에 적응하는 연대와 협력이다.

시대정신의 변화

시대 변화의 세 번째 증거는 시대정신의 변화이다. 시대정신은 독점과 이기적 요인을 배제하고 배려와 협력으로 변화하고 있다. 한국 사회의 시대정신 변화를 파악하는 데 나선형 역동성 이론(Spiral Dynamics)[1]을 활용했다. 이 이론은 인간의 사고방식과 가치체계가 시간과 경험에 따라 일정한 패턴으로 발전 또는 퇴보한다는 이론이다. 시대 변화를 읽는 데 인구 통계와 경제 지표 외, 각종 보건·교육·복지 통계도 활용되지만, 이보다 유용한 정보는 선행정보인 인간의 의식·태도·행동이다. 이런 측면에서 시대 변화를 읽는 데 나선형 역동성 이론은 장점이 있다.

---

[1] 발달심리학자 클레어 그레이브스(Clare Graves)와 벡과 코완(Beck & Cowan)이 정립함.

⚬ **나선형 발달 단계**

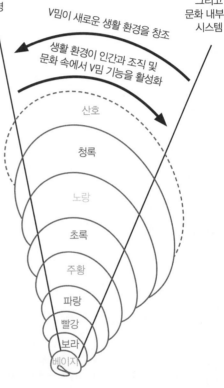

생활 환경
시간, 장소, 문제,
환경

V밈의 기능
사람, 조직,
그리고
문화 내부의
시스템

V밈이 새로운 생활 환경을 창조

생활 환경이 인간과 조직 및
문화 속에서 V밈 기능을 활성화

9. ???

8. 거시적 전망/통합적 전체
상승 작용과 거시 관리
(서서히 출현하는)

7. 탄력적 흐름
시스템을 통합하고 정렬하기

산호

6. 인간적 유대
내적 자아를 탐구하고,
사람들을 평등한 존재로
대우하기

청록

5. 투쟁의 원동력
번영을 위한 분석과 전략

노랑

4. 진실의 힘
목적을 발견하고, 질서를
수립하고, 미래에 대비하기

초록

3. 강력한 신
충동적으로 표현하고,
자유를 추구하고, 강해지기

주황

2. 동족 의식
신비스런 세상에서 조화와
안전을 추구

파랑
빨강
보라

1. 생존 본능
타고난 본능과 감각을
예민하게 만들기

베이지

자료: memenomics

밈 가치 시스템

발전 단계	주요 특징	키워드	
			퇴보 ↑
2단계 보라 밈	혈연 및 부족 가치 시스템. 집단의 단결을 통해 생존에 집중. 개인 욕망의 희생을 통해 생존 기반 조성. 남성 모임, 조합, 프로 스포츠팀, 공동체 조직, 농업, 재개발, 개발도상국. 닫힌 경제 시스템.	관습, 전통, 이념, 독재. 공포와 신비주의. 예) 상층 조직문화	
3단계 빨강 밈	타인 배려보다 개인주의. 효과적 성과. 즉각적인 보상. 참여민주주의 장애 요인. 이방인·어린이·여성 등 약자에 착취 구조. 악당 또는 영웅, 강한 지도자의 시대. 보라로부터 파랑으로 가기 위해 빨강을 신속 통과해야 함.	지배, 억압, 약탈. 이기적. 폭력적. 자원 독점. 예) 현재 대한민국	
4단계 파랑 밈	바람직한 방향, 절대적 신념 기반의 진실의 시대. 문명사회의 특징이기도 함. 보이스카우트, 해병대, 종교, 민주주의, 시장경제. 흑백논리. 질서와 서열 중시. 경직성, 신기술 거부, 선입견, 품질적 풍요의 연기.	법, 질서, 진실, 공정. 공평, 평등. 예) 현재 인류 시스템	
5단계 주황 밈	투쟁의 원동력. 기술과 의학이 더 좋은 삶을 보장. 철학과 예술의 활성화. 물질을 중시하나 그것이 전부는 아니라는 관점. 수직·수평 조직의 균형. 법과 질서를 교묘히 활용하여 착취 구조를 합리화. 정신적 공허함 발생.	혁신, 과거 단절, 계몽. 위험 감수, 과학, 금융. 예) 단절과 혁신의 시대 도래	
6단계 초록 밈	내적 만족감으로 결핍을 충족. 결과보다 과정을 중시. 공동체를 우선함. 평등주의와 인도주의 중시. 사적 소유 인정하나 협력적 시민을 중시함.	연대. 평화. 환경. 도덕 예) 미래 대한민국의 상	
7단계 노랑 밈	공동체 기반 다양성과 개인주의 및 통합성. 정보와 역량 및 지식에 집중. 기능과 자연적 흐름에 동조하는 사회와 개인.	지식, 전문성, 직관적. 예) 통섭의 시대 시작	↓ 성장

* 실존하지 않는 1단계 베이지 밈 및 8단계 청록 밈은 제외했다.

32

나선형 역동성 이론은 '8단계 밈 가치 시스템'으로 발전했다. 각 단계는 색상 코드로 표현되어 한 사회의 고유한 가치와 태도 및 동기를 나타낸다. 이러한 코드 즉, 밈(meme)은 진화 생물학자 리처드 도킨스(Richard Dawkins)의 저서 『이기적 유전자(The Selfish Gene)』에 처음 등장한 용어이다. 생물학적인 유전자 '진(gene)'처럼 개체의 기억에 저장되거나 다른 개체의 기억으로 복제될 수 있는 문화적 유전자를 뜻한다. 즉, '밈'은 인류·국가·도시·지역 등의 문화 특성을 규정하는 정보를 미래에 전달하는 기능을 한다. '밈'은 경제학과 결합하여 '밈노믹스(meme nomics)'로 발전했다. 8단계 밈 가치 시스템에 의하면 사회 구성원의 노력과 환경 변화에 따라 높은 단계로 성장하거나 낮은 단계로 퇴보하게 된다.

국민의 시대정신 변화를 파악하기 위해 2021년 7월에 여론조사를 했다. 현재 한국 사회의 모습은 어떤지, 미래엔 어떤 사회로 성장하기를 기대하는지 물었다.

조사 결과, 현재 한국 사회는 빨강(33%)과 파랑(26%)의 밈 가치 시스템으로 대표할 수 있다는 응답이 많았다.

빨강 밈은 지배, 억압, 여성·청소년 등에 대한 약탈, 이기적, 폭력적, 자원 독점 등의 키워드로 표현된다. 자기중심적인 영웅의 시대, 악당의 시대이기도 하다. 조직폭력배, 제국, 독재국가에서 이런 가치 체계를 볼 수 있다. 결정은 가장 힘센 사람이 하고 추종자들이 따르면 되는 사회다.

● **한국 사회 진단과 미래 기대**

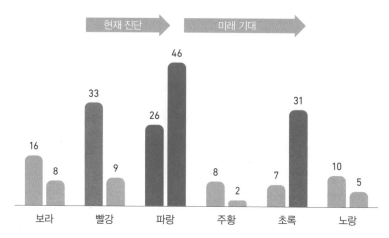

* 각 밈의 왼쪽 막대는 현재 진단, 오른쪽 막대는 미래 기대와 전망임. 2021년 7월 전국 성인 남녀 1,000명 ARS 조사.

파랑 밈은 법과 질서, 진실, 공정, 공평, 평등 등의 키워드로 표현된다. 파랑 밈의 시대는 자신의 자리를 지키며 규범을 따르는 시대로, 한 가지의 올바른 방향에 대한 복종, 강력한 법 등이 작용한다. 해병대, 스카우트 등이 이러한 파랑 밈 가치 시스템에서 작동하는 예이다.

그렇다면 미래의 기대는 어떨까. 미래의 한국 사회가 파랑(46%)과 초록(31%)의 밈 가치 시스템으로 대표되는 사회로 성장하기를 기대하고 있었다.

초록 밈은 내적 만족감으로 결핍을 충족하고 결과보다 과정을 중시하는 특징을 보인다. 공동체를 우선하고 평등주의와 인도주의를 중시한다. 사적 소유를 인정하나 협력적 시민을 중시한다. 대체로 유대감, 내적 평화, 조화, 배려, 감수성, 환경, 도덕 등의 가치가 지배적인 사회다.

이타적 국민이 바라는 시대정신은 법·질서와 공정에서 연대와 협력으로 변화하는 중이다. 독점과 이기적 요인을 배제하고, 배려하고 협력하는 방향으로 이동하고 있다.

시대 변화로 본 자유·정의·연대

민주주의 3대 가치는 자유, 정의, 연대이다. 하지만 연대는 자유와 정의의 하위 가치나 수단으로 치부되어왔다. 역사적으로 약자는 연대를 통해 자유를 얻고, 정의를 통제해왔다. 자유는 평등의 분배 유형이며, 평등은 자유의 적용 분야다.[2] 한 사회에서 자유를 확장시킬 수 있는 사회적 요소들이 얼마나 평등하게 분배되고 있는지, 많은 사람이 평등하게 살아가기 위해 개인의 자유로운 활동을

---

2   아마르티아 쿠마 센. 인도의 경제학자이자 철학자이다. 1998년 아시아인으로서 최초로 노벨 경제학상 수상함.

얼마나 할 수 있는지는 중요하다. 자유와 평등은 서로 따로 있지 않다. 현실 정치에서 자유와 평등을 두 개의 서로 다른 가치로 구분하는 것은 오히려 비현실적일 수 있다. 민주주의 세 가치는 하나만 강조되어서는 안 된다. 서로 균형을 이루며 함께 발전해야 하지만, 단언컨대 이 시대엔 연대가 더 중요하다. 연대는 자유와 평등의 증진과 균형을 찾는 데 중요한 지렛대 역할을 하기 때문이다.

시대정신인 연대와 협력을 어떻게 실현할 것인가. 시대정신을 실천하기 위한 과제는 혁신이다. 8단계 밈 가치 시스템에 따르면 파랑에서 초록으로 나아가기 위해서는 주황의 밈을 반드시 거쳐야 한다. 이론에 따르면, 단계를 뛰어넘어 진보하거나 퇴보할 수 없다. 주황 밈의 가치 시스템은 과거 단절, 과학, 금융, 철학 등이다. 주황 밈 가치 시스템 사회는 인류에 고통스러운 과정이므로 시간 단축이 필요하다.

최근 한국 사회의 주요 사건들을 살펴보면, 빨강의 밈 가치 시스템으로 퇴보하는 경향이 엿보인다. 보건·전쟁·경제·기후·인구 위기 속에서 재난에 대처하는 민주주의와 자본주의가 오작동하는 모습을 볼 수 있다. 경제를 살리기 위해 기업보다 개인에게 더 많은 세금을 부과하는 경우가 그렇다. 또한, 강력한 법과 질서를 구축하기 위한 노력은 폭력적이고 독점적으로까지 보인다.

보라와 빨강의 한국 정치

한국 정치 현주소를 밈 가치 시스템으로 평가한다면 어떤 모습일까. 2021년 7월 여론조사를 통해, "귀하가 지지하는 정당과 무관하게 한국 정치를 어떤 밈 가치 시스템으로 표현할 수 있는지"를 물었다. 한국 사회의 미래 전망과는 정반대를 나타났다. 보라 20%, 빨강 21%, 파랑 38%, 주황 2%, 초록 12%, 노랑 7% 등으로 나타났다.

보라색 밈이 20%를 차지한 것이 우려스럽다. 보라 밈은 관습·전통·이념·공포·신비주의 가치로 대표되는 사회이다. 혈연이나

● **한국 정치와 시대 정신**

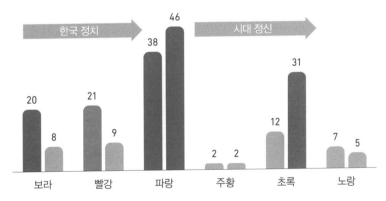

* 왼쪽 막대는 한국 정치의 현재 진단, 2023년 1월 전국 성인 남녀 500명 ARS 조사
오른쪽 막대는 시대정신, 2021년 7월 전국 성인 남녀 1,000명 ARS 조사

부족 의식 가치 시스템으로 집단의 단결을 통해 생존에 집중한다. 남성 중심 모임, 조합, 프로 스포츠팀, 공동체 조직, 농업, 재개발, 개발도상국, 닫힌 경제 시스템 등의 특징을 나타낸다. 한국 사회 시대정신과는 크게 동떨어져 있다.

정치는 시대정신를 이끌어야 한다. 정당은 변화하는 시대에 맞는 당의 가치관, 정체성, 역할 등을 재정립해야 한다. 또한, 여론조사, 데이터 분석, 숙의토론 등의 증거 기반 경험주의적 시도를 통해 한국 정치가 시대정신과 조화롭게 발전하며 복무할 수 있도록 혁신해야 한다.

리더십 선호 변화

시대정신 변화의 네 번째 증거는 리더십 선호의 변화이다. 한국 사회가 원하는 리더상이 바뀌고 있다. 이러한 변화에는 2016년 말에서 2017년 초의 촛불혁명과 2020년 시작된 코로나19 대유행이 자리 잡고 있다.

설문조사 결과를 보면, 국민이 원하는 리더십 스타일의 변화를 알 수 있다. 2016년 8월과 2021년 7월, 전국 성인 남녀 1,000명을 대상으로 여론조사를 했다. 선호하는 리더십을 에니어그램 유형에 맞춰 파악했다.

2016년 조사에서는 1번 개혁가(29%), 8번 지도자(27%), 9번 중재자(21%)가 높게 나와, 대체로 고전적이면서도 전통적인 리더십 스타일을 선호하는 것으로 나타났다. 5년 후의 2021년 조사에서는 2016년에 선호되던 3개 리더십 스타일이 모두 감소했다. 1번 개혁가와 8번 지도자 유형의 선호가 여전히 높았지만, 선호의 정도는 낮아졌으며 9번 중재자형의 선호는 절반 이상 떨어졌다. 그 대신 3번 성취가형의 리더십 스타일 선호는 상당히 높은 수준이었다.

이러한 변화를 요약하자면, 도전·통합·개혁의 리더십 선호가 도전·혁신·개혁의 리더십 선호로 바뀌었음을 알 수 있다. '통합'이 '혁신'으로 대체된 이유는 무엇일까. 광화문 촛불과 코로나19 대유행 이후, 국민 의식의 변화에서 비롯되었을 가능성이 크다. 연대와 협력의 시대를 가기 위한 혁신의 요구와 혁신과 성과의 리더십 선호가 상호작용했을 수 있다. 또한, 과거의 지도자상 즉, 비가 많이 와도 비가 오지 않아도 모두 임금 탓이었던, 시대의 절대적 가치였던 지도자의 위치가 일을 제대로 하지 못하면 언제든 교체할 수 있는 수단적 가치로 바뀌었을 수 있다. 특히 위험 사회에서 국민의 생명을 지키고 삶의 질을 유지하기 위해선 확실하고 분명한 준비와 성과가 필요하다는 여론 변화로 볼 수 있다.

3번 성취가 스타일은 '혁신 리더십'으로 바꾸어 말할 수 있다. 리더가 창의적이고 혁신적인 아이디어를 통해, 사회와 조직에 새로운 방향성을 제시하는 스타일이다. 이러한 스타일 선호가 상당히 높은 것은 사회가 새로운 아이디어를 적극적으로 받아들이고 높은 수준의 변화를 꾀하고자 하는 상황에 놓여 있음을 방증한다.

● 리더십 스타일 선호 변화

리더십 스타일	2016년 8월 선호도(%)	2021년 7월 선호도(%)	격차
1번 개혁가(도덕, 공정)	29	20	−9
2번 조력가(이타성)	2	2	0
3번 성취가(실용, 목표)	4	22	18
4번 예술가(개성, 창의성)	2	1	−1
5번 사색가(지식 많음)	7	9	2
6번 충성가(책임감, 신중함)	7	11	4
7번 낙천가(다재다능, 열정)	1	2	1
8번 지도자(솔직, 과감)	27	22	−5
9번 중재자(외유내강, 화합)	21	10	−11

* 2016년 8월, 2021년 7월 조사.
  두 조사 모두 전국 성인 남녀 1,000명, ARS 조사, 95% 신뢰수준에서 최대 허용 오차 ±3.1%

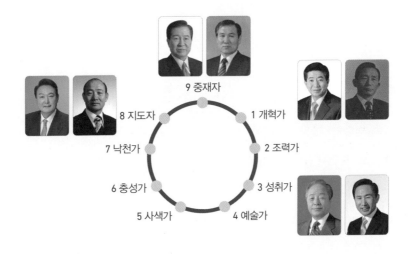

다른 측면에서 보면, 3번 성취가 리더십 스타일은 목표 달성과 성공을 추구하며 자기 성장에 높은 우선순위를 둔다. 이런 특성을 지닌 3번 유형의 리더는 연대와 협력의 정치를 잘할 수 있다. 그 이유를 몇 가지로 추정해볼 수 있다.

첫째, 목표 달성을 위한 협력이다. 3번 유형의 리더는 목표 달성과 성공을 중요시하기 때문에 협력적인 정치를 통해 다른 이들과 함께 협력하여 공동의 목표를 달성하고자 한다. 타인과의 협력을 통해 자신의 리더십을 더욱 효과적으로 발휘하고자 한다.

둘째, 타인의 동기부여다. 3번 유형의 리더는 타인에게 동기를 부여하고 이를 지원하는 능력이 뛰어나다. 연대·협력의 정치를 통해 다른 이들이 각자의 강점과 역량을 최대한 발휘하도록 유도하여 조직 또는 팀의 성과를 높이고자 할 것이다.

셋째, 타인의 다양한 의견을 존중하고 이해하는 능력이 뛰어나다. 연대와 협력의 정치를 통해 다른 이들의 의견을 적극적으로 수용하고, 팀원들의 다양성을 존중하여 조직의 의사결정과 실행에 더욱 다양한 관점을 반영하고자 할 것이다.

변화는 확정적이거나 한꺼번에 무언가를 바꾸는 결과가 아니다. 오히려 과정에 더 가깝다. 3번 성취가 스타일의 리더십도 확정적 변화라기보다는 진행형 변화로 보는 것이 타당할 수 있다.

8번 지도자 스타일과 1번 개혁가 스타일에 대한 선호가 어느 정도 유지되면서, 3번 성취가·혁신가 리더십 스타일에 대한 선호가 지속 확산될 것으로 보인다.

앞에서 밈 가치 시스템의 사회 변화를 살펴보았다. 즉 독점과 이기적 요인을 배제하고 연대와 협력의 시대로 가기 위해서는 주황 밈을 반드시 거쳐야 한다고 말했다. 주황 밈은 '혁신'을 상징한다. 국민은 시대정신에 변화에 발맞춰갈 수 있는 혁신의 리더십을 요구하고 있는 것이다.

정치인·대기업·언론사의 리더십

에니어그램을 통해 우리 사회의 정치권·대기업·언론사의 리더십 성향을 분석할 수 있다. 대통령은 지도자로서 장형 리더가 많았다. 그에 비해 국회의원은 일 처리에 능한 머리형 리더가 다수였으며, 지방자치단체장과 지방의원은 주민의 삶을 이해하는 가슴형 리더가 더 많았다.

역대 대통령들의 리더십 스타일을 살펴보면, 박정희 대통령은 1번 개혁가 스타일에 가깝다. 그는 위계적 리더십으로 경제 개발과 산업화에 성공했다. 지역주의 타파와 국민통합을 정치 개혁의 중심 과제로 다루었던 노무현 대통령도 1번 개혁가 스타일에 가깝다. 전두환 대통령과 윤석열 대통령은 8번 도전자 스타일에 가깝게 보인다. 대담하고 결단력이 있으며 자신감이 넘친다. 반면에 공격적이고 자기중심적이며 오만할 수도 있는 스타일이다. 8번 스타일은 가신을 신뢰하고 보호한다. 이명박 대통령은 3번 성취가 스타일에 가깝다. 역대 서울시장 대부분이 3번 성취가 스타일에 해당하는 것으로 추측된다. 박원순 시장과 오세훈 시장도 이 스타일에 속한 것으로 보인다. 이재명 더불어민주당 당 대표, 김동연 경기도지사도 여기에 속하는 것으로 분석된다.

주요 대기업의 리더십을 보면, LG는 가슴형으로 '사랑해요 LG'로 대표할 수 있다. 최근에는 장형으로 이동하고 있다. LG가 업계의 리더십을 확보해가고 있는 형국이다. 삼성은 '초일류', '스마트' 등을 강조하는 머리형 리더십이 강세이다. 조선, 건설, 자동차 등 중후장대형 사업을 해온 현대는 장형 리더십을 보인다.

언론사 중 동아일보는 도덕·공동체·가족을 강조하는 가슴형, 중앙일보는 글로벌과 경제 등을 강조하는 머리형, 조선일보는 안보와 친미반북을 강조하는 장형 리더십을 보이고 있다.

시대 변화와 정치 과제

사회 변화의 함의

첫째, 민주화·산업화 담론의 종식을 의미한다. 산업화와 민주화 담론은 거대한 맥락을 지닌 특정한 시기에 사고방식, 가치관, 문제 해결 방법을 규정하고 결정하는 기능을 수행했다. 이러한 담론은 사회적 편향, 의사소통의 한계, 권력의 독점, 맥락의 의존성 등의 한계를 지니는 공통점이 있다. 또한, 민주화는 국가의 정치적 구조를 민주주의로 개혁하여 국민의 참여와 권리를 보장하는 방식으로, 산업화는 경제적 발전을 통한 국가 선진화 방식으로 국가 발전과 경제 번영을 추구한다.

더 나아가 민주화·산업화 담론은 암묵적이고 비명시적인 사회

45

적 합의에 의해 형성되고 진행되었다. 이러한 경쟁 속에서 만들어졌거나 그 이전부터 이어져 온, 정치 지형의 불균형, 목적론적 덕목과 강인한 국민, 단일한 목표 달성을 위해 동원이 정당화되었던 이기적·폭력적·자원 독점, 힘센 리더의 추종 등은 더 이상 유효하지 않음을 사회 변화 4가지 증거로 확인했다. 두 담론의 시기와 달리 지금은, 정치 지형은 평평해졌고, 이타적이고 창의적인 국민성이 증가하고 있으며, 연대와 협력의 시대가 도래하기 위해, 혁신하고 성과를 내는 리더십을 필요로 하는 상황이다.

둘째, 두 담론의 종식과 더불어 세기적 전환점을 맞이했다. 국내 정치 상황에서 비롯된 2016년 말~2017년 초 광화문 촛불혁명과 세계사적 사건인 2020~2021년 코로나19 대유행은 밋밋하게 시작된 21세기의 실질적 시작이자 세기적 전환점일 수 있다. 연대·협력 시대의 다양성, 포용성, 투명성, 공공성 등의 증진은 국민 참여 정치로 구현할 수 있다.

셋째, 증거 기반의 경험주의 정치, 실사구시 정치가 정치 혁신의 중요한 가치임을 입증했다. 연대·협력 시대에 필요한 요소인 다양성, 포용성, 투명성, 공공성 등을 증진시키는 국민 참여 정치를 실현하기 위해선, 추론 기반의 이성주의 정치보다는 증거 기반의 경험주의 정치, 실사구시 정치가 필요하다. 여론조사·데이터 분석·숙의토론 등의 방법론이 의미 있는 수단으로 자리 잡아야 한다.

해법

"이 매듭을 푸는 자가 왕이 되리라"라는 예언이 담긴 고르디우스의 매듭. 아무도 풀지 못한 이 매듭을 알렉산더가 단칼에 베어버렸다. 과거 힘이 지배하던 시대에는 불세출의 영웅이 타고난 완력으로 시대의 난제를 풀어갔다.

그러나 현대 사회는 다르다. 고르디우스의 매듭과는 비교할 수 없을 정도로 촘촘하게, 그것도 전 지구적으로 뒤얽힌 문제가 인류를 짓누르고 있다. 기후 위기, 경제 위기, 전쟁 위기, 보건 위기, 인구 위기…. 이런 위기 앞에 맞서 인류와 국가, 공동체와 가족을 지킬 방법은 무엇일까? 자유와 인권, 정의를 실현할 방법은 무엇일까? 공동체 안에서 구성원 간의 연대와 협력을 통해 대응하는 것이 유일한 길이다.

한국 사회가 IMF 경제 위기와 코로나19 대유행을 극복한 과정은 어떠했나. 이 위기들을 극복한 원동력은 기술력이나 경제력이 아닌, 시민의 연대와 협력이었다. 앞으로 닥칠 여러 위기와 싸워 이길 힘 역시 연대와 협력이다. 우리의 생존과 번영을 보장하기 위한, 이 시대의 가장 중요한 가치가 연대와 협력임은 자명하다. 정부·국민·기업·시민사회가 협력하고 연대해야 한다.

혜안과 담력을 가진 위대한 정치 지도자가 출현하여 모든 사회

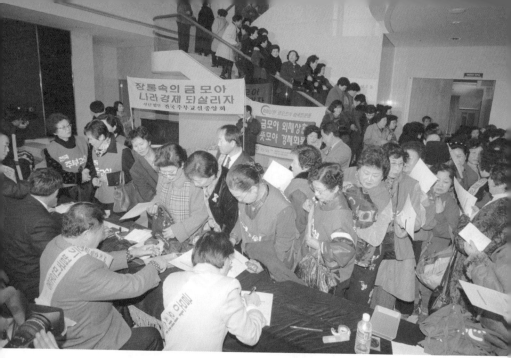

● 한국 사회가 IMF 경제 위기를 극복한 원동력은 시민의 연대와 협력이었다. IMF 위기 당시 금 모으기 운동.

문제를 일거에 해결하고 행복의 나라로 국민을 인도하는 이야기는 동화 속에서나 기대할 만하다. 이 시대에 정치 지도자가 할 일은 연대와 협력을 촉진하는 혁신이다.

연대와 협력을 위해서는 국회의 역할이 매우 중요하다. 국회가 좋은 의사결정을 시의적절하게 할 수 있어야 국민의 연대와 협력을 끌어낼 수 있다. 이것은 정부나 기업, 시민사회가 할 수 없는 일이다. 국회가 수많은 이해관계자와 치열하게 숙의하고 체계적으로 토론하며 연대하고 협력하여 좋은 의사결정, 즉 합의를 만들어가야 한다. 그것이 이 시대 국회의 과제이다. 하지만 지금 국회에는 연대와 협력의 방법론이 부족하다.

내가 만난 시대정신

2016년, 15개의 여론조사·데이터 분석·숙의토론 회사들과 함께 비영리 공공조사 네트워크 '공공의창'을 만들었다. 민간 영역에서 공공 여론조사를 수행할 비영리단체를 만드는 일은 쉬워 보이지 않았다. 왜냐하면, 의뢰자 없이 자기 부담으로, 공론화가 필요한 의제를 선정하고 누구의 간섭 없이 여론조사를 수행하는 일은 아무도 가보지 않은 길이었기 때문이다.

가장 큰 난관은 '시장에서 서로 경쟁하는 회사들이 공공의 이익을 위해 신뢰하고 연대할 수 있을까?'였다. 그래서 몇 가지 기준과 원칙을 세웠다. 어떤 형태로든 사적 이익을 추구하지 않기로 했다. 통장을 만들지 않았고, 사무실도 열지 않았다. 이 단체의 간사인 나는 여론조사로 수익을 내거나 언론에 이름을 내지 않기로 했다.

공공의창은 현재, 모든 회원사가 비용을 십시일반 충당하여 공익조사를 수행하고 있다. 공공기관, 언론, 기업 등 어디서도 후원이나 용역을 받지 않는다. 지금까지 8년 동안 언론사와 100회 가까운 공동 기획 보도를 수행했다. 공공의창 활동을 통해 얻은 경험은 국민권익위원회 위원으로, 대통령 직속 정책기획위원회 위원으로, 한국지능정보사회진흥원 이사로 활동하는 데 좋은 밑거름이 되고 있다. 나는 시대정신과 내 삶의 좌표를 맞추기 위해 부족하나마 노력 중이다. 늘 깨어 있어야 한다.

증거 기반의 경험주의 정치

연대와 협력은 증거에 기반해야 한다. 증거에 기반한 활동은 의사결정의 국민 신뢰과 수용률을 높일 수 있다. 이러한 증거는 암묵적으로 존재하는 판단(데이터 분석)과 명시적으로 존재하는 의견(여론조사)을 수렴하고 숙의토론을 거쳐서 만들어진다.

청와대 행정관으로 근무하던 2006년, 제대로 된 공론조사를 우리나라에서 최초로 한 경험이 있다. 개헌 관련 공론조사였다. 이후에도 공공의창을 통해 좌담회, 원탁토론 등을 지속적으로 기획하고 참여했다. 최근에는 숙의가 가능하도록 장치를 만든 웹조사와 메타버스 공간에서 숙의토론을 진행하기도 했다.

1997년 IMF 경제 위기 이후, 우리나라는 줄곧 OECD 자살률 1위를 기록해왔다. 참혹한 현실을 조금이나마 개선해 보고자 2017년 5월《경향신문》과 공동으로 「자살 위기자 예측 분석」을 진행하였다. 이 기획은 보건복지부에 자살정책과가 신설되는 계기가 되었다. 21대 총선 4개월 전인 2020년 1월에는《한겨레》와 함께 총선 결과를 예측하는 데이터 분석을 했다. 민주당이 지역구에서만 162석을 얻는 예측을 했다. 코로나19 대유행 위기가 본격적으로 퍼지기 전의 예측이었다. 예측 결과와 선거 결과는 거의 같았다. 이러한 예측에 가장 많은 영향을 미친 요인은 광화문 촛불혁명이었다. 그 외에도 복지 사각지대 예측, 봄철 산불 예측, 5층 이하 저층 주거지 화재 예측, 코로나19 지역 발생 예측, 호우 피해 반지하 예측 등 다양한 데이터 분석을 수행했다.

　이렇듯 데이터 분석, 여론조사, 숙의토론을 20년 가까이 하면서 경험주의 정치에 대한 믿음을 갖게 되었다. 경험주의 정치는 증거와 관찰 결과를 중요하게 다루고 신뢰한다. 권위나 억측 따위를 신념의 근원으로 활용하는 정치에 반대한다.

3가지 소명

나는 데이터 기반의 경험주의적 정치를 통해 3가지를 이루고 싶다. 새로운 사회협약, 정치 혁신, 데이터 기반 선거다. 이 3가지를 통해 국민 집권 전략을 완성하고자 한다.

첫째, 새로운 사회협약이다. 이미 오래되어 사실상 실효를 잃은 규칙들이 전방위적 갈등 구조와 균열을 만들고 있다. 더는 합의가 어렵게 된 제도와 규칙은 저출생·고령화 문제 해결, 노동 환경 개선, 여성 경제 활동 촉진, 세대 간 신뢰에 발목을 잡고 있다. 고용주와 노동자, 정규직과 비정규직, 중소기업과 대기업, 민주 세력과 산업 세력, 고소득층과 저소득층, 도시와 농촌, 기성세대와 젊은 세대 사이에서 구조적 문제를 재생산하고 있다. 사회적 대전환을 위해선 새로운 사회협약이 필요하다.

둘째, 정치 혁신이다. 정당은 유연성·투명성·다원성·개방성을 강화하는 방향으로 혁신해야 한다. 정당의 몇몇 국회의원 또는 학자들의 머리에서 출발하는 것이 아니라, 국민 참여로 혁신이 진행되어야 한다. 또한, 스마트 국회가 필요하다. 스마트 국회란 협력 기반의 유기적 의사결정 능력을 가진 국회이다. 견제는 결과가 아니라 과정이다. 견제는 연대와 협력의 최적 조건을 찾는 과정일 뿐이다. 더 나아가, 정당엔 나 같은 사람이 일할 수 있는 데이터센터가 필요하다.

셋째, 데이터 기반의 선거다. 선거는 미디어 선거에서 빅데이터 마이크로 타깃팅 선거로 전환된 지 오래다. 빅데이터 마이크로 타깃팅 선거의 대표적인 선거운동 방식인 골목선거는 정치의 책임성은 물론이고 투명성·다양성·포용성을 높이는 '이기는 정치 개혁'의 중요한 방법이다. 2024년 22대 총선은 선거구 49곳이 백중세로 판단된다. 데이터 선거가 승부를 가를 수 있다.

핵심 원리

생명 진화의 과정에 대한 가장 큰 오해는 같은 종 내부에서 개체 간 경쟁이 벌어지고 이 경쟁에서 승리한 개체가 살아남아 자손을 남긴다는 것이다. 다윈의 '자연선택'을 이렇게 이해하는 사람들이 꽤 있다. 하지만 다윈은 '강한' 존재가 살아남아 자손을 번식시킨다고 말하지 않았다. '환경에 적합한' 존재가 승리한다고 했을 뿐이다. 자연선택은 1등을 가리는 과정이 아니다.

다윈과 같은 시대를 살았던 사회학자 허버트 스펜서는 '적자생존(survival of the fittest)'이라는 용어를 썼다. 환경에 가장 잘 적응하는(fittest) 생명체가 진화의 주체가 된다는 것이다. 진화론의

창시자들은 환경 변화에 적합한 존재로부터 진화가 이어진다고 보았는데, 일부는 '적합함'을 '강함'으로 오해하였다. 대표적인 것이 다윈의 외사촌인 프랜시스 골턴의 '우생학'이다. 이 우생학은 20세기의 나치즘과 만나서 열등한 존재를 말살해야 한다는 참혹한 이론으로 퇴화했다. 이 때문에 강대국의 약소국 침략이 자연계에서 벌어지는 육식동물의 초식동물 사냥처럼 자연스러운 법칙이라고 이야기하는 사람들도 나왔다.

하지만 진화는 강한 생명체가 자연을 극복하는 과정이 아니라, 자연이 생명체를 선택하는 과정으로 이루어졌다. 더 강한 존재를 줄 세워 1등을 선택하는 방식의 진화가 이루어졌다면 지구 생태계도, 인류도 없었을 것이다.

나는 자연과 연대하고 협력할 줄 아는 존재가 자연에 잘 적응하는 존재이며, 결국 진화의 주인공이 되었다고 생각한다. 인간은 자연과 연대하고 협력하는 방식으로 환경에 적응해왔다. 공동체를 형성하고 서로 연대하고 협력함으로써 지구에서 가장 주도적인 생명체가 되었다. 진화를 관통하는 중심 원리는 연대와 협력이다. 물리학적 발견 또한 이를 뒷받침한다. 중력을 매개로 한 협력이 천체 운동의 진리이듯, 우주와 생명의 핵심 원리도 연대와 협력이다.

연대=자유+정의

시오노 나나미의 『로마인 이야기』는 로마제국 건국과 흥망의 역사를 흥미진진하게 풀어나간다. 이 책은 총 15권인데, 마지막 권은 로마의 멸망을 다룬다. 그에 앞선 14권 제목이 '그리스도의 승리'이다. 로마제국의 최종 승자이자 지배자가 기독교인이었다는 결론이다.

로마의 기독교인들은 소수였고 약자였다. 그들은 탄압받았다. 로마 대화재 이후에는 네로 황제의 박해를 피해 카타콤 (Catacombs)에 몸을 숨겨야 했다. 초기 기독교인들은, 강력한 힘을 숭상하며 자신을 과시하는 로마인과 사고방식이 달랐다. 그들은 자신을 낮추고 서로를 배려하고 협력하는 것을 지침으로 삼았다. 연대와 협력의 공동체를 이루었던 그들은 로마 사회 전체를 뒤흔들었고 결국 전 유럽을 기독교화했다. 많은 사회학자가 로마에 살던 초기 기독교인들이 만든 연대와 협력의 공동체가 유럽 사회와 문명의 원형이 된다고 말하고 있다. 지혜롭고 강력한 철인의 통치가 아니라 약자들의 연대와 협력이 새로운 역사를 쓰게 된 것이다.

인류가 꿈꾸어온 이상인 자유와 정의는 그냥 주어지지 않았다. 그것은 공동체 내의 연대와 협력이 만들어낸 산물이었다. 제아무리 관대한 통치자이거나, 세상 이치에 통달한 철인이라도 연대와 협력이 없는 곳에 자유와 정의를 불러올 수 없었다.

한국 연대기

우리 국민은 연대와 협력의 유전자를 지녔다. 외세가 침략했을 때 허약한 왕조가 몸을 숨긴 상황에서도 의병을 조직하여 맞섰다. 임진왜란 때도 구한말에도 마찬가지였다. 가족과 지역, 나라라는 공동체를 지키기 위해 목숨을 걸어 협력하고 연대했다.

현대사에서도 시대 과제에 맞추어 연대하고 협력했다. 땅과 노동력만으로 제한된 생산을 할 수밖에 없었던 농경 사회를 벗어나 산업화를 일구었다. 기술과 산업 부문의 발전을 통해 더 많은 가치를 창출하는 방향으로 나아갔다. 이로 인해 국민 삶의 질이 향상되고, 더 나아가 사회 전반에 발전과 번영을 가져왔다. 민주화는 많은 시민의 희생과 투쟁을 동반했지만, 인권과 자유를 존중하는 민주적 국가로 거듭났다. 산업화와 민주화 모두, 한국 사회가 암묵적으로 합의한 사회협약이라고 볼 수 있다.

1997년 예기치 않았던 IMF 경제 위기가 닥쳤을 때도 연대와 협력의 힘으로 극복했다. 사업이 망하고 일자리를 잃는 등 모두가 고통스러운 상황에서도 자발적인 금 모으기 운동을 통해 연대하고

● 위임받은 권력인 정부와 국회가 제 역할을 못 하자 시민들이 촛불을 들고 광장에 모여들었다. 2016년 겨울부터 2017년 봄까지 이어진 광화문 촛불집회.

협력했다.

위임받은 권력인 정부와 국회가 제 역할을 못 하자 시민들이 촛불을 들고 광장에 모여들었다. 2016년 겨울부터 2017년 봄까지, 시민들은 연대하고 협력하여 한목소리를 내며 새로운 시스템을 만들라고 요구했다. 그러나 한국 정치는 연대와 협력의 시대정신을 제대로 펼치라는 국민의 요구에 부응하지 못했다. 촛불 투쟁의 수혜를 입었던 민주정당도 다르지 않았다. 지금이라도 연대와 협력의 장으로 나가야 한다. 연대와 협력은 시대정신이자, 수많은 문제를 해결할 수 있는 열쇠이다. 앞으로 한국 사회가 추구해야 할 최고의 가치이다.

증거가 가리키는 곳은
연대·협력

가짜 연대, 진짜 연대

앞서 언급했지만, 자유·정의·연대는 민주주의의 3대 가치이다. 인류 역사는 이러한 가치를 실현하려는 쉽 없는 투쟁이었다. 자본주의자들은 자유를, 사회주의자들은 정의를 더 강조하지만, 자유와 정의, 연대는 제각기 홀로 존재하지 않는다. 서로 다른 개념이지만 상호작용 속에서 작동한다. 자유 없는 연대는 있을 수 없다. 자유로운 개인을 부정한 연대는 가짜 연대이다. 연고주의·집단주의가 아닌 진정으로 자유로운 개인 간 공생의 연대가 진짜 연대이다. 그리고 연대 없는 자유도 있을 수 없다. 역사적으로 약자들은 연대와 협력, 결집을 통해서만 자유를 획득하고 누릴 수 있었다. 연대 없는 정의도 불가능하다. 사회적 연대를 통해 기득권과 맞서 불의와 불평등을 통제해온 것이 민주주의 발전사다.

이렇듯 자유와 정의, 연대가 조화를 이루며 함께 추구되어왔음에도 유독 연대는 상대적으로 덜 중요하게 다루어졌다. 자유와 정의를 위한 하위 가치나 방법론으로 간주된 경향도 있다. 거듭 강조하지만 연대 없이는 자유도, 정의도 실현될 수 없다.

자유와 정의를 부르짖는 뒤편에서 연대는 자기 때를 기다려왔다. 그리고 대전환의 중심 가치로 떠오르고 있다. 이제는 자문해봐야 한다. 그동안 자유와 정의를 추구하며 싸우고 쟁취한 결과, 우리는 원하는 만큼 더 많은 자유와 더 많은 정의를 누리게 되었는지, 그리고 더 행복해졌는지 말이다.

자유와 정의가 중심 가치가 된 사회에서 기후 위기, 전쟁 위기 등을 해결하지 못하고 전염병과 같은 보건 위기나 불평등의 경제 위기 등 새로운 위기를 맞이하게 된 이유는 무엇인가? 더 많은 자유, 더 많은 정의, 더 많은 연대 중에서 하나를 선택해야 한다면 우리의 생존과 번영에 무엇이 가장 중요할까?

자유·정의의 역설

사회문제는 다차원적이고 복합적이다. 더 많은 자유와 더 많은 정의 혹은, 더 많은 평등의 추구만으로 이러한 문제들을 풀어나갈 수 없다. 자유와 정의를 우위에 세우기 위한 진영 싸움도 한계를 맞이하고 있다. 더 많은 자유와 더 많은 정의를 얻어냈지만, 우리는 행복하지 않다. 오히려 과거에는 예상하지도 못했던 도전 앞에 뜻밖의 위기를 겪게 되었다.

이는 자유나 정의와 동행해야 할 연대의 가치를 잃어버렸기 때문이다. 연대의 가치를 복원하고 그것을 중심에 세워야 한다. 연대는 대전환 시대의 중심 가치다. 자유와 정의만으로는 불가능했던 행복의 지속 가능성과 회복 탄력성을 연대를 통해 가져와야 한다.

우리가 연대라고 믿는 것 중 상당수가 반쪽짜리다. 횡적으로만 짜여 있기 때문이다. 세대끼리 연대, 계층(계급)끼리 연대, 지역끼리 연대 등은 기득권 연대를 강화하는 쪽으로 흘렀다. 연고주의나 집단주의를 벗어나 자유로운 개인이 사회적으로 연대하는 탈세대, 탈계층, 탈지역의 종적 연대로 짜여야 한다.

자유와 정의의 추구를 멈추자는 말이 아니다. 이를 더 잘 실현하기 위해서 연대가 필요하다는 말이다. 진짜 자유와 정의가 실현되려면 연대로 뒷받침되어야 한다.

최근 문명사적 위기를 거치며 연대의 중요성이 부각되고 있다. 2021년 11월, "한국 사회에 가장 중요한 가치는 무엇인지"에 대한 여론조사를 했다. 정의가 60%로 1위, 그다음으로 자유 23%, 연대 12%, 기타·잘 모름 6% 순이었다.

2023년 1월에는 "기후 위기, 경제 위기, 전쟁 위기, 보건 위기 문제 등을 해결하고 극복하기 위해, 한국 사회에 가장 중요한 가치는 무엇인지"를 물었다. 여전히 정의가 1위였지만, 60%에서 39%로 하락(21%p 하락)했다. 연대는 26%로 두 번째(14%p 상승)를 차지했다. 자유 19%(4%p 하락), 기타·잘 모름 16%(10%p 상승)였다.

우리 사회에 가장 중요한 가치에 대해 자유와 정의라 답한 비율은 감소했고, 연대와 기타·잘 모름이라 답한 비율은 증가했다. 코로나19 대유행을 거치며 중심 가치가 자유와 정의에서 연대로 이동 중인 것으로 보인다. 또한, 기타·잘 모름의 증가는 기존 가치 체계의 약화 또는 해체 과정에 접어든 것으로 해석할 수 있다.

연대 시스템

한국 정치 시스템은 정쟁 몰입형이다. 정당의 존립은 선거의 승패에 달렸기에 선거에서 승리해야 한다. 그러려면 정국 주도권을

한국 사회에서 가장 중요한 가치

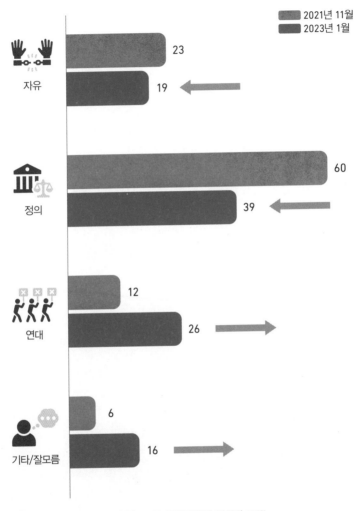

- 2021년 11월
- 2023년 1월

자유 23 / 19

정의 60 / 39

연대 12 / 26

기타/잘모름 6 / 16

두 조사 모두 전국 성인 남녀 500명 무선전화 ARS. 보기 문항 로테이션. 표본오차 ±4.3%

유지하거나 되찾아와야 한다. 정국 주도권을 확보하는 가장 손쉬운 방법은 갈등을 관리·조정하기보다 촉발·증폭시키는 것이다. 그래야 더 많은 이목을 집중시키고 관심을 받을 수 있기 때문이다. 서로의 정책적 이견 등으로 인해 발생한 차이를 확인하고 관리하는 것이 아니라 더 큰 갈등을 만들어낸다.

이러한 문제를 근본적으로 해결하려면, 증거 기반 의사결정을 통해 정책 경쟁을 선명하게 해야 한다. 정책 이해관계자 간 갈등 지점을 확인하고 숙의토론해야 한다. 좀 더 개선된 정책 여론을 형성하기 위해 과학적이고 체계적인 여론조사도 필요하다. 객관적인 정책 환경을 더욱 투명하고 공정하게 확인할 수 있는 데이터 분석도 필요하다. 증거 기반의 의사결정으로 정치를 하지 않으면, 선전선동 정치에 쉽게 빠진다.

예컨대, 간호법 개정 문제는 간호사만의 문제가 아니다. 의사, 간호사, 간호조무사, 한의사, 약사 등 보건의료에 종사하는 이해관계자들의 다양한 요구가 숨어 있다. 더 분명하게는 공공의 이익과 국민의 권리가 자리 잡은 사안이다. 누구 말이 옳은지, 누가 약자인지, 누가 좀 더 양보해야 하는지, 이해관계자의 경험주의적 이야기를 종합적이고 입체적으로 수렴할 방법론이 필요하다.

보건의료 대혁신을 위한 '대국민 & 이해관계자 원탁토론' 같은 시도가 바람직하다. 통합적 비전이 없는 상태에서의 부분적 변화

국민 의료 주권 향상을 위한 의료 시스템 종합 발전 숙의토론 프로세스

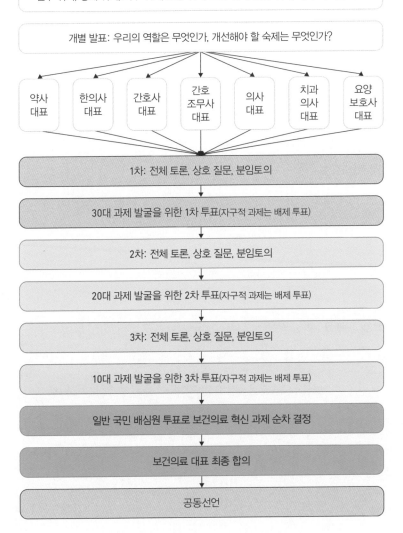

입론: 위험 사회인가?
인구 위기, 경제 위기, 기후 위기, 환경 위기, 보건 위기, 전쟁 위기, 사회 시스템 위기

개별 발표: 우리의 역할은 무엇인가, 개선해야 할 숙제는 무엇인가?

| 약사 대표 | 한의사 대표 | 간호사 대표 | 간호 조무사 대표 | 의사 대표 | 치과 의사 대표 | 요양 보호사 대표 |

1차: 전체 토론, 상호 질문, 분임토의

30대 과제 발굴을 위한 1차 투표(자구적 과제는 배제 투표)

2차: 전체 토론, 상호 질문, 분임토의

20대 과제 발굴을 위한 2차 투표(자구적 과제는 배제 투표)

3차: 전체 토론, 상호 질문, 분임토의

10대 과제 발굴을 위한 3차 투표(자구적 과제는 배제 투표)

일반 국민 배심원 투표로 보건의료 혁신 과제 순차 결정

보건의료 대표 최종 합의

공동선언

는 이해당사자의 원성을 불러온다. 제주 신공항 건설 논의에서 나타난 현상도 이와 비슷하다. 제주도 전체의 장기적 비전 속에서 신공항 건설이 논의되기보다는 지엽적인 대형 SOC 사업으로 인식된 탓이다.

숙의토론은 공리주의적 기초도 포함하고 있다. 사회적 합의를 이끌어내는 데 효과적인, 주체 간 상호작용이다. 참여자들이 주제에 대한 다양한 의견을 나누고 상호작용하며 공동의 결론을 도출하는 데이터 기반 방법론이다. 경험을 통해 현상을 분석하고 인과관계를 추론하며 문제를 해결하는 것을 지향한다.

이해관계자 민주주의

'이해관계자 민주주의(Stakeholder Democracy)'는 이성주의적 관점보다는 경험주의적 관점에서 출발해야 한다. 이해관계자 민주주의는 민주주의의 한 형태로, 정책 결정과 의사결정 프로세스에 영향을 받는 모든 이해관계자가 관여하고 참여하는 체제를 의미한다. 이해관계자(stakeholder)란 어떤 조직이나 결정에 영향을 미치거나 영향을 받을 수 있는 모든 이들을 의미한다. 시민, 정부, 기업, 비영리단체, 지역사회 등이 포함된다.

단순히 선거를 통해 권력을 가진 정부나 정당이 주도하는 것이 아닌, 광범위한 이해관계자들이 모여 의사결정에 참여하고 영향력을 행사함으로써 사회와 경제의 문제를 해결하고 민주적인 의사결정을 촉진하는 시스템이므로 이해관계자 스스로가 문제를 해결할 수 있는 장을 마련해주어야 한다.

최근엔 서울의 한 초등학교 교사가 학부모 민원에 시달리다 생을 스스로 마감하는 사건이 발생했다. 이 책을 쓰는 현재까지 상황으로 보면, 언론과 정부는 학생과 학부모, 교사 중 누가 더 나쁜 이해관계자인지를 확인하는 과정을 거치는 듯하다. 위험하기 짝이 없다. 교육청이 중심이 된 교육 당국이 이해관계자들의 요구가 무엇인지 확인하고 조정하며 그 해법을 시스템으로 마련해야 한다. 국회도 손을 놓고 있는 듯 보인다. 간호법 문제와 교사 자살 사건은 정치가 방법론에 약하면, 선전선동에 빠지기 쉬움을 보여준다.

정치 순환 구조

정당의 존립 근거는 선거 결과로 결정된다. 그래서 가장 손쉬우면서 효과적인 방법으로 정국 주도권을 잡으려고 한다. 본능적인 의사결정이 진행된다. 우리가 늘 보아왔고, 지적해왔던 'A VS Not

A' 방식이다. 자당의 정책이나 정치 노선의 설득보다는 상대 당의 정책이나 정치 노선에 대한 반대 활동을 통해 싸움의 전선을 구축하고 정국 주도권을 잡는 방식이다. 내 것으로 상대와 경쟁하거나, 내 것으로 국민을 설득하는 포지티브 방식이 아니라, 상대의 언행을 지속적으로 공격하여 실수를 유도하는 네거티브 방식이다. 물론 이러한 방식도 정책을 검증하는 데 필요하지만, 과유불급이다.

보통 다음과 같은 과정을 거친다. 선거가 1년 남았다. 무언가로 유권자를 설득하는 일은 시간이 오래 걸리며 수고가 많이 들어간다. 더욱이 설득할 수 있는지도 의문이다. 그래서 자연스럽게 상대를 반대하는 쪽으로 활동 방향이 결정되고, 어느 순간 반대 활동 자체가 목적이 되어 선동하기 시작한다. 확인되지 않은 주장, 거친 언행 등 네거티브한 상황이 발생하고 이어진다. 이러한 전 과정에 국민 참여란 당연히 없고, 경험 있는 국회의원 몇몇이 소위 여의도 문법으로 모든 결정을 하고 악순환의 고리를 완성한다.

늘 이러한 순환 구조를 형성하지만, 문제는 이렇게 하여 정국 주도권을 잡고, 선거에서 승리하는 경우는 드물다는 점이다. 엄밀히 따지면, 불확실성만 높일 뿐 아무런 도움이 되지 못한다. 그럼 왜 이렇게 하는 걸까? 두 가지 이유가 있다. 첫째, 활동 평가가 제대로 이루어지지 않기 때문이다. 무엇이 실제로 국민께 도움이 되고 선거에 도움이 되는지 사후 평가가 부족하다. 그마저도 부족한 사

후 평가는 갑자기 나타난 선거 전문가, 여론조사 전문가의 몫이 된
다. 정치·선거도 업종 노하우와 업력이 중요한 분야이다. 둘째, 증
거 기반의 정치 활동·정책 활동 계획과 평가 기준이 없다. 반면에
증거 기반의 활동은 필연적으로 목표와 계획 및 사후 평가 기준을
마련하게 한다. 증거 기반 활동은 책임성, 투명성, 유연성 등을 보
장한다. 자연스럽게 국민 참여와 국민 설득의 길을 선택할 수밖에
없다.

증거 기반 정책 경쟁은 필연적으로 포지티브 정치로 이어진다.
튼튼한 기초와 현실적 필요에 의해 설정된 목표를 실현하기 위해서
는 상대를 공격하는 것보다 자신의 정책적 견해와 근거를 알리는
것이 더 유리하다. 따라서 반대에 부닥친다 하더라도 협의하고 조
정해서라도 목표에 가까이 가기 위해 노력한다. 이러한 노력은 국민
참여 정치로 이어지는데, 주장의 근거와 논리적 타당성이 있고 사
실에 기초하여 문제 해결에 효과적으로 접근하여 국민 신뢰를 얻
을 수 있기 때문이다. 이러한 구조는 순환되어, 국민 참여의 결과가
증거 기반 정책 결정의 배경이 되기도 한다.

연대와 협력의 정치 체계를 만들려면 어떤 길로 가야 할까. 해
답을 찾기 위해 '시스템 다이내믹스'라는 방법론을 사용했다. 시스
템 다이내믹스는 시스템의 동적인 변화를 설명하고 예측하는 방법
론으로, 1961년 매사추세츠공과대학교의 제이 라이트 포레스터 교

수가 처음 제안했다. 이 방법론은 시간의 흐름에 따라 특정 변수들이 상호작용하면서 시스템 전체가 변화하는 것을 이해하는 데 초점을 둔다.

시스템 다이내믹스 검은 선으로 표시된 구조가 'A VS Not A'의 정쟁형 악순환 구조다. 이것을 증거 기반 정책 경쟁의 선순환 구조인 파란 선으로 흐름을 바꾸어야 한다.

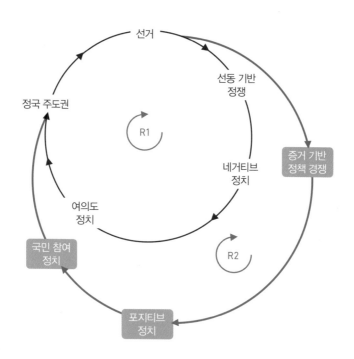

R2, 드라마

2023년 10월 30일, 집권 여당인 국민의힘이 경기도 김포시를 서울특별시로 편입하기 위한 의원입법을 추진 중이라고 밝혔다. 이는 선거에서 매번 패배했던 경기도 전략의 일환일 수도 있고, 영남 중진의원들의 수도권 차출을 위한 사전 정지작업쯤으로 해석할 수도 있다. 그래서 여야의 유불리와 이해관계가 발생할 여지가 있다. 그렇다면 야당이 어떤 입장을 취하는 것이 좋을까? 총선 정국을 앞두고 어떤 대응이 효과적일까? 적극 지지자 기반의 선거 전략을 선택한다면, 상대의 정치적 의도를 규정하며 정쟁으로 몰고갈 수 있다. 다양한 부정적 시각을 동원하여 정책적 검토 이전에 공론화 자체를 무력화시켜야 할 것이다. 그렇지 않다면, 복합 위기에 노출된 한국 사회의 문제를 해결하기 위한 방편으로 접근해볼 수 있다.

더 큰 제안을 통해 행정구역 대개편을 공론화할 수 있다. 행정구역 대개편으로 다룰 때 이점 중 하나는 기후 위기, 지방 소멸, 저출생, 고령화, 의료 및 교육 격차와 연결하여 접근할 수 있다는 것이다. 대부분의 자원을 가지고 있는 수도권에서 출발하는 지방자치와 균형 발전 논의는 그 실현 가능성을 높이는 결과를 가져올 수 있다. 문제는 그다음 단계에 있다.

집권 여당의 의제를 포지티브하게 접근한 야당이 총선에서 불리하지 않을까 하는 의구심이다. 우리 정치는 의도를 중시하고 방법을 천시해온 경향이 있다. 행정구역 개편 문제를 국민 참여 방식으로 접근하는 것이 중요하다. 행정구역 개편은 앞서 언급했듯이 다양한 사회문제와 결부되어 있다. 국민 참여를 통한 공론화 과정이야말로 야당의 정책 영향력을 증대시키는 방법이자 교차 투표자 중심의 선거 전략이다. 국민 참여는 야당 주장의 설득력과 정당성을 높일 수 있다. 정책의 타당성을 국민과 함께 검증하여 국민 신뢰를 확보할 수 있다. 정쟁의 갈등을 최소화하는 데도 도움이 된다.

　이러한 과정은 정쟁을 정책 경쟁으로 가져가는 시스템 다이내믹스 R2의 사례로 볼 수 있다. 야당이 집권 여당과 협력하여 더 큰 정책을 주장하면, 정책을 유불리로 다루지 않는다는 메시지가 전달된다. 경쟁보다는 국가와 국민의 이익을 위해 연대와 협력의 정치를 보여줄 수 있다. 야당이 정치적으로 성숙하고 정책적 책임감을 발휘하면 정국 주도권을 확보할 수 있다. 정책 경쟁을 통한 정국 주도권 확보는 느와르가 아니라 드라마에 가깝다.

2장

연대·협력을 위한 혁신 과제

앞 장에서 투표 지층·국민 성향·시대정신·리더십 선호의 4가지 변화가 연대와 협력이 시대 가치임을 증명했다. 한국 정치도 이러한 가치를 선도하거나, 최소한 발맞추어 발전해야 한다. 하지만 연대와 협력의 시스템을 구축하려면 혁신이 필요하다. 어떠한 혁신이 필요할까.

이번 장에서는 혁신에 대해 말하고 있다. 혁신의 조건으로 증거 기반의 경험주의 정치, 당원 품성론을 들고 있다. 국민의 비명시적 진단(데이터 분석)과 명시적 의견(여론조사)을 충분히 듣고, 숙의토론하는 정치 시스템이 필요하다. 또한, 나와는 생각 및 이해관계를 달리하는 사람들의 목소리를 경청하고 포용하며 존중하는 품성과 태도를 갖추어야 한다. 이는 과학적이며 체계적인 설득 증거를 확보하는 일이기도 하다.

더 나아가 혁신의 조건에 기초한 혁신의 결과물로서 사회협약과 정치 혁신을 다루고자 한다.

증거 기반의 경험주의 정치

혁신과 문제 해결

혁신은 문제 해결과 다르다. 혁신과 문제 해결을 구분하지 못하는 경우가 종종 있다. 문제 해결은 주요 정책 방향과 가치를 유지한 채로, 목표 달성 방안을 제시하는 반면, 혁신은 기존의 방식과 상황을 변화시켜 발전시키는 것을 목표로 한다. 또한, 문제 해결은 주요 정책의 계획의 일환으로 실행하지만. 혁신은 주요 정책을 구현하기 위한 독립된 수단이다. 문제 해결은 주요 정책이 지향하는 목표를 실현하기 위해 필요한 조건을 조성하고, 주요 정책 활동을 지원하여 효과를 극대화하는 반면, 혁신은 사회·경제적 변화를 이루기 위해 혁신적인 아이디어와 기술, 환경 등을 활용하여 주요 정책의 목표를 실현한다. 혁신과 문제 해결의 결정적 차이는 문제를 바라보는 시각과 접근 방법이다. 혁신은 비선형적인데 비해, 문제 해결은 선형적이다.

혁신의 성과는 개인의 노력만으로는 이룰 수 없으며, 다양한 사람들의 연대와 협력으로 가능하다. 혁신은 기존의 방식을 깨고 새로운 것을 창조하는 과정이다. 기존의 방식을 깨는 것은 쉽지 않은 일이며, 다양한 사람들의 지식과 경험이 필요하다. 또한, 혁신은 위험을 수반하는 일이다. 실패할 위험을 감수해야 하며, 실패하더라도 다시 일어설 수 있는 용기가 필요하다.

2023년 6월 출범한 민주당의 김은경 혁신위원회는 민주당이 처해 있는 상황을 타개하기 위한 방법으로 혁신보다는 문제 해결을 택한 것으로 보인다. 혁신을 위해 설득하고 동원해야 하는 이해관계자들을 문제 해결을 위해 처리해야 하는 대상으로 규정했던 측면이 있다. 혁신의 동력인 국민 참여를 보장하고 독려하여 혁신 과제를 도출하기보다는, 몇몇 전문가들의 생각과 형식적인 의견 수렴 과정을 거치는 동안, 혁신 기회를 놓친 것이 아쉽다. 비난할 생각은 없다. 고생하셨다.

	문제 해결	혁신
목표	목표를 달성하는 데 필수적인 정책	새로운 것을 창조하거나 기존의 정책을 개선하는 정책
개념	핵심 가치와 목표를 실현하는 정책	기술과 가치 변화를 통해 성장을 도모하는 정책
조건	다양한 이해관계자의 협력과 합의가 필요, 폭넓은 지지와 인식	실험적 접근과 학습이 가능한 조건 및 실패를 인정하는 문화가 필요
접근	선형적 접근	비선형적 접근
대상	사회문제	사회문제, 제도, 시스템, 문화
특징	장기적인 목표를 가지며, 권한과 예산을 활용하여 실행	성장을 촉진, 혁신적인 변화와 새로운 아이디어를 중심으로 실행
구성	목표와 우선순위에 따른 분야별 정책	이종 분야의 통합–복합–융합, 과학기술, 생태계, 디지털화
수단	재정과 인력을 집중적으로 투입하는 정책	새로운 기술, 새로운 아이디어, 새로운 조직 등을 활용하는 정책
효과	장기적인 관점에서 추진되는 경향	신속하게 추진되는 경향
영향	안정적인 삶을 유지하는 데 영향을 미칠 수 있음	변화된 삶에 영향을 미칠 수 있음

실사구시 정치

2006년 청와대에서 근무할 당시 개헌 공론조사를 경험했다. 지금도 꾸준히 데이터 분석·여론조사·숙의토론 관련 일을 하고 있다. 그 과정에서 증거 기반 정치의 중요성이 자연스럽게 체화됐다. 증거 기반 정치(evidence-based politics)는 정치적 의사결정이 권위, 억측 등의 주관적 요소에 바탕을 두고 이루어지는 것을 비판하며 검증된 객관적인 증거에 기반을 둔다.

정치적 의사결정을 철학과 방법론으로 볼 때, '추론 기반의 이성주의 정치'와 '증거 기반의 경험주의 정치'로 나눌 수 있다.

추론 기반의 이성주의 정치는 추론과 철학적 원리에 기반을 둔다. 이론적 논리, 철학적 원칙, 사고의 일관성을 중시하며, 근본적인 원리를 따르는 것을 강조한다. 즉, 논리적 추론과 이론에 따라 의사결정하는 경향을 띤다. 이슈에 논리적으로 접근하며 이때 규범적인 원리를 우선 고려한다. 불변 원리를 강조하고 일관성 있는 정치를 지향한다.

반면에 증거 기반의 경험주의 정치는 경험적 증거와 실증적 연구에 기반을 둔다. 사실과 경험적 데이터를 강조하며, 실제 사례와 연구를 바탕으로 정책 결정을 내리려는 경향을 보인다. 의사결정의 올바른 방향을 찾기 위해 현실 세계의 경험적 증거를 검토하려 한다. 이때 실제 데이터에 기반한 판단을 통해, 현실적이며 타당한 결정을 내릴 수 있다.

추론 기반의 이성주의 정치는 원리에 따라 논리적으로 일관된 결정을 할 수 있지만, 현실적인 변수나 상황을 고려하지 않을 수 있어 실제 세계와의 연결성이 부족해질 위험이 있다.

증거 기반의 경험주의 정치는 현실 증거와 데이터를 기반으로 결정을 내리기 때문에 실세계와 적합성이 높고 정책을 수정하거나 적용하는 데 유리하다. 하지만 유동성 대응에 비용을 부담해야 한다는 단점이 있다.

추론 기반 정치와 증거 기반 정치 모두 강점과 약점을 갖고 있기에 이 둘을 혼합하는 것이 효과적이다. 하지만 현재 한국 정치는 추론 기반의 이성주의 정치에 치우친 모습이다. 증거 기반의 경험주의 정치, 실사구시 정치가 더 필요하다. 특히, 국민께 권한을 위임받은 정치인은 자신의 생각보다는 과학적인 데이터와 증거에 기반한 의사결정을 하는 훈련이 필요하다.

시사점

증거 기반의 경험주의 정치는 연대·협력 정치의 철학과 방법론에 몇 가지 시사점을 제공한다.

첫째, 증거 기반 경험주의는 정책이나 정치적 결정에서 합리적인 접근 방식을 촉진한다. 그래서 연대·협력 정치의 바탕을 형성하고, 이해관계자들 간의 신뢰와 협력을 강화하는 데 도움을 준다.

둘째, 주관적인 견해나 정치적 이데올로기보다는 과학적인 사실과 신뢰할 수 있는 데이터에 근거하여 문제를 다룬다. 그 결과 문제의 본질을 파악하고 사회적 현상에 대한 공통의 이해를 형성하는 데 이바지한다.

셋째, 다양한 의견과 견해를 존중하며, 모든 이해관계자가 참여할 수 있는 포용적인 정치적 과정을 촉진한다.

넷째, 실질적 증거로 비판적 사고를 촉진하고 지속적인 개선을 유도할 수 있다. 따라서 효과적인 정책을 개발하고, 추가적인 대안을 모색하는 데 도움을 준다.

맥락

증거 기반 정치는 다양한 데이터를 필요로 한다. 데이터 중에서 통계 자료도 중요하지만, 사람의 생각을 담은 휴먼 데이터(여론조사 데이터, 행태 인식 데이터, 숙의토론 데이터 등)가 더 중요하다. 휴먼 데이터는 깊은 콘텍스트(context) 즉, 사회문화적 맥락의 이해 속에서 정치하고 정책을 추진할 수 있도록 깊이 있는 관점을 제공받으며, 당사자의 정책 참여와 정책 성공 확률을 높일 수 있다. 그러한 배경은 다음과 같다.

첫째, 인간의 행동, 생각, 가치관 등을 반영하는 휴먼 데이터는 인간의 이해관계를 의사결정에 반영하는 데 중요한 역할을 담당한다.

둘째, 휴먼 데이터를 분석하면 사회적 요구의 우선순위를 직접적으로 파악할 수 있다. 사회적으로 중요한 문제와 이슈를 식별하고 이를 기반으로 연대·협력의 방향을 잡을 수 있다.

셋째, 휴먼 데이터는 다양한 사회 구성원들의 의견을 반영하기에 균형 잡힌 의사결정 및 협력 방안의 정당성을 높인다.

넷째, 휴먼 데이터는 기존 통계 자료와 결합하여 사회문제에 대한 다양한 측면을 분석하는 데 효과적이다. 협력의 방향 설정과 정책 수립 과정에서 리소스를 효율적으로 활용할 수 있게 해준다.

관용적 상호관계

고등학생 시절 보디빌더였다. 보디빌더가 많은 운동량을 소화하려면 체내에 연소시킬 지방을 일정 수준 유지해야 한다. 하지만 대회 날짜가 가까워지면 몸을 쥐어짜서 지방량을 극한까지 감소시킨다. 문제는 그 과정에서 지방량뿐만 아니라 근육량도 함께 감소한다는 것이다. 건강한 다이어트는 지방과 단백질 사이의 관용적 상호작용으로 진행된다.

지난 사반세기 동안 정치 개혁은 슬림화, 즉 다이어트에 집중했다. 주로 줄이고 없애고 버리는 쪽을 선택했다. 정치를 작게 만들어 문제가 되지 않는 편이 낫다고 여긴 탓이다. 문제를 일으킨 대부분의 사회·경제 정책의 결말도 거의 비슷했다. 충분한 숙의와 토론 없이 축소되거나 폐지되었다.

우리는 민주주의를 중시하지만 정작 민주주의를 실천하는 방법에는 큰 관심이 없다. 방법론이 부족한 민주주의는 자칫 합리화된 이성주의와 도덕적 당위론에 갇힐 수 있다. 증거와 관찰을 중시하는 경험주의는 단절과 혁신을 이끌어내는 경향이 있다. 경험주의에 기초한 숙의토론은 개선된 공론을 만들고 의사결정의 책임성·투명성·효율성을 더한다. 숙의토론은 데이터 분석 및 여론조사와 함께 공리주의적 철학을 반영한다. 참여자는 공동의 이익을 추구하며 가장 많은 이익을 도출한다. 이런 과정이 반복되면 숙의토론은 대전환 시대에 필요한 사회협약의 방법론이 될 수 있다.

숙의형 웹조사

여론은 단기적인 추세에서 사회·경제적 이해관계에 반응하지만, 민심은 장기적인 흐름에서 사회적 공의와 보편적 윤리에 의해 작동된다. 당장은 합리적인 판단에 기초한 여론인 것처럼 보여도, 조금만 길게 보면 그렇지 않은 경우가 종종 있다.

혁신적 방법을 통해 숙의를 진행했다. 오프라인에서 진행되어 온 과정을 온라인상에서 구현한 것이다. 2019년 2월에 진행한 국회의원 정수와 관련한 숙의형 웹조사를 살펴보자. 국회의원 정수 확대와 관련한 일반적인 여론조사 결과를 살펴보면, 국회의원 정수를 늘리는 데 반대하는 여론이 60~70%에 달한다. 국회의원 정수와 관련하여 더 정확한 정보를 공유하고, 이를 숙의하고 토론하여 결정할 수 있다면, 좀 더 지혜로운 선택을 할 수 있으리라는 판단으로 숙의형 웹조사를 했다.

2018년 국회 정치개혁특별위원회 자문위원회의 「선거 제도 개혁을 위한 의견과 제언 보고서」에 제시된 국회의원 정수 관련 논거들을 기준으로 설문지를 작성하였다. 숙의형 웹조사는 해당 이슈에 대한 정보 공유와 숙의토론 효과를 얻기 위해 자신과 다른 주장에 지속적으로 노출되도록 설계했다. 특히 '무엇이 다수의 결정인가'보다는 '무엇이 심각한 문제를 줄이는 결정인가'에 초점을 맞췄다.

사전 질문으로, 아무런 정보 제공과 숙의 과정 없이 국회의원 정수를 어떻게 할 것인가를 물었다. 응답 결과, 축소 36%, 유지

● 국회의원 정수 관련 모바일 숙의형 웹조사

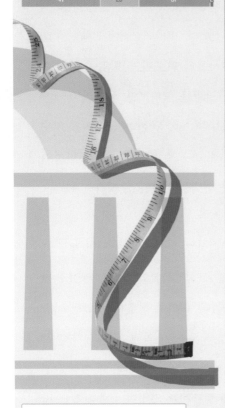

국회의원 정수 관련 모바일 숙의형 웹조사

사전조사 – 숙의 전 판단   사례수(700)

확대	현재 수준 유지	감축	기타 및 잘 모름
31	29	36	4

최종조사(정보제공 및 숙의단계 종료)   사례수(700)

확대	현재 수준 유지	감축	기타 및 잘 모름
41	20	37	2

1차 조사

사례수(700)   확대   감축

38	62

숙의 시작

대표성 문제

Q1. '한국 정치는 다른 정치 선진국에 비해 국회의 생산성이 낮고, 갈등과 정쟁으로 문제해결 능력이 떨어져 국민의 신뢰를 상실했기 때문에 국회의원 수를 줄여야 한다'는 의견에 어느 정도 공감하십니까?

공감	비공감

Q2. '인구수에 비해 우리나라 국회의원의 수는 다른 민주주의 나라에 비해 숫자가 적고, 국회의원 1인이 대표하는 국민 수가 너무 많기 때문에 의원 숫자를 늘려야 한다'는 의견에 어느 정도 공감하십니까?

공감	비공감

비용 증가 문제

Q1. '국회예산 동결을 약속하더라도 일시적일 수 있고, 국회의원 수가 증가하면 결국 비용도 함께 증가할 것이기 때문에 국회의원 수를 늘리면 안된다'는 의견에 어느 정도 공감하십니까?

공감	비공감

Q2. '국회의원의 수가 증가하더라도 국회예산은 동결하고, 국회가 국민 기대에 부응할 수 있도록 강력한 개혁을 추진하면 되므로 국회의원 숫자를 늘려야 한다'는 의견에 어느 정도 공감하십니까?

공감	비공감

국회의원 특권

Q1. '국회의원 수가 증가하면, 특권도 그만큼 증가하기 때문에 국회의원 수를 줄여야 한다'는 의견에 어느 정도 공감하십니까?

공감	비공감

Q2. '국회의원 수를 늘려도, 특권은 약화시키는 국회개혁을 추진하면 되므로 의원 숫자를 늘려야 한다'는 의견에 어느 정도 공감하십니까?

공감	비공감

생산성 문제

Q1. '국회의원의 숫자를 늘린다고 국회의 생산성이 높아지고, 건설적인 정치가 이루어질 것을 기대할 수 없기 때문에 국회의원 수를 줄여야 한다'는 의견에 어느 정도 공감하십니까?

공감	비공감

Q2. '사회발전으로 해결해야 할 문제가 더 복잡하고 많아졌으므로 국회의원 수가 늘어나면 인원 부족으로 못했던 일도 할 수 있기 때문에 의원 숫자를 늘려야 한다'는 의견에 어느 정도 공감하십니까?

공감	비공감

조사대상 19세 이상 전국 성인 남녀
조사방법 모바일 숙의형 웹조사
표본추출 무선 RDD 100%
유효표본 700명(응답률 1.3%)
표본오차 95% 신뢰수준에 최대허용오차 ±3.7%
조사기간 2019년 2월13~14일(2일간)
조사기관 우리리서치
조사기획 공공의창
참고사항 '모바일 숙의형 웹조사'는 특허(제10-19188**)를 받은
　　　　　조사방식으로 무단사용을 금합니다.

국회의원 정수조정 시, 의견조중 계층
단위: %, 사례수(700)

국회의원	0.4
학자나 전문가	20.6
시민사회	4.4
국민 여론	70.6
기타 및 잘 모름	4.0

국회의원 정수조정 시, 숙의토론결정 수용 여부
단위: %, 사례수(700)

매우 그렇다	13.5
대체로 그렇다	47.6
그럴 가봐야 할 것 같다	22.7
대체로 그렇지 않다	6.2
전혀 그렇지 않다	10.0

국가주요정책 의사결정 시, 숙의토론 결정 제도화 여부
단위: %, 사례수(700)

공감	85.2
비공감	10.2
잘 모름	4.6

자료: 「국회의원 정수 몇 명? 숙의 전과 후가 달라졌다」, 《경향신문》 2019. 2. 22.
https://www.khan.co.kr/national/national-general/article/201902221628005

29%, 확대 31%, 기타 및 잘 모름 4% 순이었다. 이후 국민 대표성, 비용·예산 증가 문제, 국회의원 특권 문제, 국회의 생산성 등 4개 주제로 숙의 과정을 거칠 수 있도록 만들어진 장치로 질문의 각 단계를 만들었다. 다시 최종 질문으로 국회의원 정수를 어떻게 할 것인가를 물었다. 그 결과, 확대 41%, 유지 20%, 축소 37%, 기타 및 잘 모름 2% 순으로 응답했다. 정보 제공 및 숙의 과정을 거친 후 응답 결과가 바뀌었다. 정보 제공 이전에 국회의원 정수를 현재 수준으로 유지하는 게 좋겠다고 한 응답자가 정보 습득 및 숙의 후 국회의원 정수 확대로 입장을 선회한 것이다. 정보 제공과 숙의 과정이 더 현명한 의사결정에 도움을 주었다. 바꿔 말하면, 지금까지 알고 있었던 국회의원 정수 관련 여론이 얼마나 취약한 조건에서 형성된 여론인지를 알 수 있다.

사전 질문에선 축소(36%)가 더 높았지만, 최종 질문에선 확대(41%)가 더 높았다. 정보 제공과 숙의 단계를 거치면서, 처음 입장의 강도가 조정되거나 입장을 번복한 응답자는 전체 700명 중 19%에 달했다. 5명 중 1명꼴로 개선된 입장을 견지하기 위해 열린 마음으로 국회의원 정수 확대 문제를 재검토했다. 입장을 바꾼 계기는 무엇이었까?

정수 축소에서 확대로 입장을 바꾼 응답자들은 '비용 증가 문제' 질문에서, "국회의원 수가 증가하더라도 국회 예산은 동결하고 국회가 국민 기대에 부응할 수 있도록 강력한 개혁을 추진하면 되므로 국회의원 정수를 늘려야 된다"는 의견에 많은 공감을 보냈다. 유추해보면, 국회의원 정수 증가를 반대했던 사람들에게 '국회의원 정수가 늘면 비용이 증가할 것이고, 비용 유지 결정을 하더라도 결국 비용을 증가시킬 것'이라는 불신이 크게 자리 잡고 있었다. 정치 슬림화, 정치 다이어트의 잘못된 프레임이 걸림돌로 작용했던 셈이다.

반대로 정수 확대에서 축소로 입장을 바꾼 응답자들도 있었다. 이들은 '국민 대표성' 질문에서, "정쟁으로 인한 갈등으로 문제 해결 능력이 떨어졌고 국민의 신뢰를 상실했기 때문에 국회의원 정수를 줄여야 한다"는 의견에 많은 공감을 보냈다. 또한, '국회의원 특권' 질문에서, "국회의원 수가 증가하면 특권도 그만큼 증가할 것이기 때문에 국회의원 정수를 줄여야 한다"는 의견에 공감을 표시하며 입장을 바꿨다.

두 응답에 내재된 공통된 인식, '믿을 수 없다'는 불신의 정서가 얼마나 크게 작용했는지 짐작할 수 있는 결과였다. 불신 문제는 앞으로도 정치 개혁의 발목을 잡는 가장 강력한 원인이 될 것으로 보인다.

마지막 질문. '국회 생산성' 질문에서는, "국회의원 정수를 늘린다고 생산성이 높아진다고 기대하기 어렵기 때문에 국회의원 정수를 줄여야 한다"는 견해와, "사회적으로 해결해야 할 문제가 복잡해지고 많아졌으므로 국회의원 정수를 늘리면 인원 부족으로 못 했던 일도 할 수 있기 때문에 국회의원 정수를 늘려야 한다"는 견해가 대등하게 맞섰다. 오히려 국회의원 정수 확대 또는 축소 의견의 입지를 각각 강화하는 결과를 남겼다.

또한, "국회의원 정수 조정 문제를 전문가와 일반 국민의 충분한 숙의와 토론을 통해 결정한다면, 나와 생각이 다르더라도 동의할 수 있는지"를 물었다. 응답 결과, '동의한다'는 응답(61%)이 '동의하지 않는다'는 응답(16%)보다 매우 높게 나타났다. 이것은 우리 국민의 민주적 의식이 공화적 가치까지 포괄하고 있음을 방증한다.

또한, "국회의원 정수 조정 시 어떤 사람들의 의견을 존중하는 것이 좋겠는지"를 물었다. 국민 의견(71%), 학계·전문가 의견(21%), 시민·사회단체 의견(4%), 국회의원 의견(0.4%) 순으로 응답되었다.

끝으로 "국가의 주요 정책을 결정할 때 시민의 숙의와 토론을 통해 결정하는 공론조사 등 숙의토론 과정을 제도적으로 도입하는 것에 대해 어떻게 생각하는지"를 물었다. '공감한다'(85%)가 '공감하지 않는다'(10%)보다 압도적으로 높은 응답을 보였다.

국회의원 정수 조정 문제를 비롯하여 주요 현안을 국민이 참여하는 숙의토론을 통해 결정하는 것을 적극 검토해야 할 것이다. 숙의토론이라는 민주주의의 근육을 키울 때이다.

숙의토론 진행 사례

그 외에도 GMO 완전표시제, 학교급식 파업에 대한 청소년들의 생각, 미래 세대가 말하는 개헌, 청소년 모의국회, 대선 캠프와 청년토론(메타버스), 장애인 이동권 숙의토론(온라인 숙의토론) 등을 기획했다. 진행은 한국퍼실리테이터연합회(회장 이병덕)가 주도했다.

GMO 완전표시제 시행

2018년 5월 12일 공공의창, 한국퍼실리테이터연합회,《경향신문》은 'GMO 완전 표시제'에 관한 숙의토론을 진행했다. 중고등학생 71명이 토론자로 참여했다. 이와 별개로 전국 성인 남녀 803명을 상대로 여론조사를 했다.

토론을 시작하기 전 조사에선 'GMO 완전표시제 시행'에 대해

● 토론 전후 참여자들의 입장은 어떻게 변했나?(단위: 명)

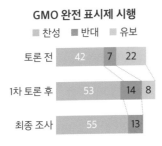

GMO 완전 표시제 시행

■ 찬성 ■ 반대 ■ 유보

	찬성	반대	유보
토론 전	42	7	22
1차 토론 후	53	14	8
최종 조사	55		13

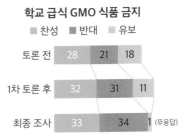

학교 급식 GMO 식품 금지

■ 찬성 ■ 반대 ■ 유보

	찬성	반대	유보
토론 전	28	21	18
1차 토론 후	32	31	11
최종 조사	33	34	1 (무응답)

● GMO 완전 표시제에 대한 여론조사

GMO에 대한 인지도

전혀 모른다	16.7%
잘 모른다	22.5%
그저 그렇다	16.7%
어느 정도 안다	35.8%
매우 잘 안다	8.3%

GMO의 안전성

안전하지 않다	48.8%
판단이 어렵다	36.5%
안전하다	5.1%
잘 모르겠다	9.6%

완전 표시제

전혀 공감하지 않는다	6.0%
대체로 공감하지 않는다	9.0%
대체로 공감한다	19.8%
매우 공감한다	56.5%
잘 모르겠다	8.7%

GMO 식품 완전 표시제 청원

청원 찬성	72.5%
청원 반대	5.7%
내용을 모른다	21.8%

GMO 식자재 급식 금지

금지해야 한다	57.4%
상황에 따라 결정	25.5%
허용해야 한다	7.9%
잘 모르겠다	9.2%

59%인 42명이 찬성했고 7명이 반대했다. '유보'가 22명이었다. '학교급식에서 GMO 식품 금지'에 대해서는 찬성 28명, 반대 21명, 유보 18명이었다.

이후 1차 토론과 2차 토론, 전문가 토론, 3차 토론을 진행했으며, 각 토론 후에는 중간 투표를 했다. 최종 투표 결과 완전표시제에 찬성하는 사람이 81%인 55명으로 늘어 무게추가 확실히 기울었다. 학교급식에서 GMO를 금지하자는 것에는 33명이 찬성하고 34명이 반대했다.

학교급식 파업에 대한 청소년들의 생각

2019년 7월 3일부터 5일까지 급식 조리원 등 학교 비정규직 노동자들이 기본급 인상과 각종 수당 차별 해소 등을 요구하며 총파업을 벌였고 새 학기가 시작되는 9월 2차 총파업을 예고했다. 이때 교육 당국과 노조의 대립 속에서 가장 큰 영향을 받는 학생들이 논의의 장에서 소외되었다.

공공의창, 한국퍼실리테이터연합회, 《경향신문》은 2019년 7월 21일 학교급식 파업에 대한 숙의토론을 진행했다. 중고등학생 42명이 토론자로 참여했다.

토론 전 설문조사에서는 학생 43.8%가 파업 지지, 31.3%가 반대, 판단 유보나 무관심은 25%였다. 3시간 동안 열띤 토론을 벌인

후 학생들은 의견을 바꾸기도 했다. 파업 지지는 53.5%로 9.7%p 늘었고, 파업 반대도 32.6%로 1.3%p 증가했다. 반면 25%에 달했던 유보와 무관심은 크게 줄어 14%에 그쳤다.

미래 세대가 말하는 개헌

정치권 안팎에서 개헌 필요성이 꾸준히 제기되고 있다. 문재인 전 대통령은 2017년 11월 1일 국회 시정연설에서 개헌 추진의 방향에 대해 밝혔다. 개헌의 내용과 과정에서 국민의 참여와 의사가 반영되는 국민 개헌이어야 함을 강조했다. 이러한 개헌을 위해서는 신고리 원전 5·6호기 건설 재개 여부를 결정한 국민공론화위원회처럼 '국민개헌공론화위원회'를 구성해 국민이 참여하는 개헌 작업

을 실행해야 한다는 주장이 설득력을 얻었다.

공공의창, 한국퍼실리테이터연합회, 《한겨레》는 자유한국당(19명), 더불어민주당(18명), 정의당(12명) 등 3개 정당에서 총 49명의 정당 청년 당원들을 토론자로 하여 '미래 세대가 말하는 개헌'이라는 숙의토론을 2017년 10월 28일 진행했다.

● 선호하는 권력 구조

	토론 전	토론 중	토론 후
대통령 4년 중임제	71%	64%	55%
의원내각제	10%	17%	19%
5년 단임제	5%	11%	9%
분권형 대통령제	7%	4%	4%
기타	7%	4%	13%

● 선호하는 선거 제도

	토론 전	토론 중	토론 후
독일식 정당명부제 (연동형 비례대표제)	43%	51%	56%
소선거구제	40%	30%	29%
중·대선거구제	7%	4%	2%
기타	10%	15%	13%

먼저 토론자 49명이 5~6명씩 8개 테이블에 나눠 앉아 한국에 적합한 권력 구조 방안과 선거제도 개혁 방안에 대해 1차 토론을 벌였다. 이후 여기서 나온 의견을 실시간 분석해 의제화한 뒤 다시 의견을 주고받는 2차 상호 토론에 임했다. 토론 전, 토론 중간, 토론 이후 참석자들의 의견을 각각 집계해 토론을 거치며 참가자들이 얼마나 의견을 바꿨는지도 확인했다.

청소년 모의국회

2020년 4·15 총선 때 첫 선거를 경험한 18세 청소년을 비롯해 전국 청소년 54명은 2020년 6월 7일 청소년 모의국회 형식의 숙의토론을 거쳐 교육과 청소년 관련 핵심 정책을 도출했다. 이 숙의토론 행사는 공공의창, 한국퍼실리테이터연합회, 한국청소년재단, 《서울신문》이 기획하고 진행했다. 코로나19 확산에 따라 비대면 토

론 방식을 선택했는데, 줌을 이용한 최초의 비대면 숙의토론으로
기록된다.

3시간여의 토론 끝에 청소년들은 21대 국회에 바라는 6가지
정책을 마련했다.

1	교육 정책 재정비를 통한 일관성 강화	38.9%
2	청소년국회 상설화 등 청소년 참정권 보장	22.2%
3	모든 폭력으로부터의 보호	11.1%
4	직업 선택의 창의성과 다양성 보장	11.1%
5	부모 경제력 되물림 방지	9.3%
6	사회적·심리적 불안감 느끼는 환경 개선	7.4%

숙의토론 참석자들은 또한, 분야별 우선 정책도 선정했다.

교육	코로나19로 피해를 본 고3에 대한 대책
청소년법	소년법 개정 등을 통한 가해자 처벌 강화
자치와 참여	교육감 선거 투표 연령을 청소년이 참여할 수 있게 낮춤
청소년 생활환경	통학 버스 운영 등 청소년 통학비 지원

청년, 대선 캠프와 토론

제20대 대통령 선거(2022년 3월 9일)를 목전에 둔 2022년 2월 26일, 공공의창, 한국퍼실리테이터연합회,《한겨레》는 '청년 5일장 메타버스 토론회'를 열고 청년들의 목소리에 귀를 기울였다. 이 행사는 선거 시기에 메타버스 공간에서 열린 최초의 숙의토론이다.

청년 5일장 메타버스 토론장은 실제 토론이 주요하게 이뤄지는

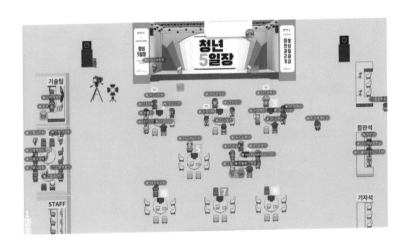

주 토론장을 중심으로, 참가자 출석 확인과 토론장 안내를 담당하는 안내 데스크, 민주당·국민의힘·정의당·국민의당 원내 4개 정당 사무소, 대선 후보의 공약을 확인할 수 있는 공약 게시판 등으로 구성됐다. 그 외에 기자석, 다과 공간 등 실제 현실의 토론장 모습과 유사하게 재현됐다.

장애인 이동권 숙의토론

2021년 12월부터 전국장애인차별철폐연대(전장연)가 주요 지하철역에서 교통약자의 이동권 보장 시위를 비롯하면서 장애인을 비롯한 한국 교통약자들의 이동권 실태에 대한 사회적 관심이 커졌으며 다양한 의견이 분출되었다. 공공의창, 한국퍼실리테이터연

합회,《서울신문》은 장애인 이동권 실태를 파악하고 대안을 모색하기 위해 2022년 6월 25일 장애인 14명과 비장애인 22명을 화상으로 연결하여 장애인 이동권 숙의토론을 열었다.

토론 전과 토론 후 조사에서 참가자들의 의견이 변화한 모습을 보였다. 장애인 콜택시 문제를 지적하는 사람은 늘었고, 지하철과 열차 역사를 지적한 사람의 비율은 줄었다. 토론 후 조사에서 가장 시급하게 개선해야 할 장애인 이동권 문제는 장애인 콜택시(42.9%), 시내버스(25.7%), 지하철과 열차 역사(11.4%), 고속버스와 시외버스(11.4%), 인도(5.7%), 버스정류장(2.9%) 순서로 파악되었다.

당원 품성론

연대·협력의 시대정신을 구현하려면 연대와 협력을 매개하고 촉진하는 데 강점을 발휘하는 인물이 필요하다. 이들은 능력뿐만 아니라 품성을 갖추어야 한다. 사전적으로 품성(品性)은 품격과 성질을 아울러 이르는 말이다. 개인이 지속적으로 유지하는 자질 중에서 도덕적 원칙과 규범이 얼마나 체화되어 기질이나 습성으로 드러나는가를 기준으로 품성을 평가한다.[1] 총체적인 인간 됨됨이가 품성이라 할 수 있다.

좋은 정치 시스템을 갖추었다 하더라도 이것을 움직이는 사람의 품성이 나쁘다면, 시스템이 정상적으로 작동하기 어렵다. 품성

---

1 크리스찬 B. 밀러(김태훈 옮김), 「인간의 품성」, 글로벌콘텐츠, 2021.

을 갖춘 사람은 연대와 협력의 정치에 필수적이다. 품성은 국민 신뢰를 얻는 데 중요한 덕목이다.

올림

———

국회의원 비서관으로 일할 때 모시던 의원에게서 한 가지 특이한 모습을 발견했다. 문자 메시지 끝에 "올림"을 썼다. 받는 사람의 나이나 지위는 상관없었다. 처음에는 대수롭지 않은 습관 정도로 생각했다. 그러나 시간이 지나면서 여기에 의미가 담겨 있고, 효과도 있었음을 알게 되었다.

"올림"이라고 쓰기 위해서는 그 사람을 섬기는 마음가짐이 있어야 한다. 형식적으로라도 그렇게 한다면 겸손하고 조심하는 마음이 생기고, 자연스럽게 존중의 메시지가 담긴다. 그리고 올림을 반복적으로 쓰면서 스스로 훈련이 된다. 상대방이 누구든, 존중하고 배려하며 협력하고자 하는 자세가 길러진다.

내가 모시던 의원은 단순한 말이나 글이 아니라 삶 전체에 '올림'이 배어 있었다. 2018년 4월, 《경향신문》에 「갑의 역습」이라는 제목의 칼럼을 게재한 적이 있다. 국회의원이 비서의 약속을 지켜주기 위해 자신이 직접 운전대를 잡고, 허름한 모텔방에서 비서를 침대에 재우고 자신은 바닥에 누워서 잠을 청한 이야기를 실었다. 실명을 밝히지 않았기에 칼럼이 나간 후에, 이 미담의 주인공이 누구인지 궁금해하는 독자가 많아 화제가 되었다. 그의 이런 모습은 올림의 품성에서 비롯된 것이라 생각한다.

나는 국민권익위 위원으로 활동하고 있다. 권익위 회의에서는 국장급 공무원에게 지시하기도 하지만, 지방정부와 공동 연구를 수행할 때는 7급 주무관을 올림의 대상으로 실천한다. 올림은 세상을 대하는 자세이며 관점과 태도의 중요한 정서적 기준점이다.

조직시민행동

연대와 협력의 정치에 기초가 되는 훌륭한 품성에 대해 구체적인 기준이 필요하다. 체계적이며 종합적인 지침이 있어야 한다. 조직심리학 및 경영학에서 연구된 '조직시민행동(organizational citizenship behavior)'이 정치인과 당원의 품성론을 설명하는 데 적합하다고 생각했다.

조직시민행동은 경영학에서 1980년대 유행하다 최근에 연구가 다시 활발해졌는데, 이는 조직시민행동이 시대정신에 부합하는 품성이라는 방증일 것이다. 인디애나대학의 데니스 오건(Dennis

Organ) 교수가 그 개념을 조직행동 연구에 도입하면서 본격적으로 소개되었다. 그 내용을 간략히 살펴보겠다.

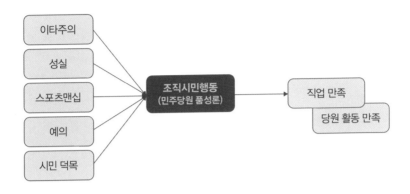

조직시민행동은 조직 구성원 스스로가 조직을 위해 행하는 자발적인 행동으로, 직무기술서에 열거된 핵심 과업 이상으로 조직의 효율성 증진에 기여하는 행동을 말한다. 즉 직무에 대한 최소한의 요구를 넘어서서 조직을 위해 과업 수행을 지원하는, 사회적·심리적 맥락의 유지와 강화에 기여하는 행동을 일컫는다.

자신이 속한 공동체를 위한 자발적 행동이라는 측면에서 정치인과 당원이 갖추어야 할 품성에 대해 가이드를 제공한다.[2]

조직시민행동은 이타주의(altruism), 성실성(conscientiousness), 스포츠맨십(sportsmanship), 예의(courtesy), 시민 덕목(civic virtue)

2 네이버 백과사전
https://terms.naver.com/entry.naver?docId=2070238&cid=41991&categoryId=41991.

등 다섯 가지 하위 차원으로 구분되는데, 자세한 내용은 다음과 같다.

① 이타주의(Altruism): 자기 직무상 필수적이지는 않더라도, 도움이 필요한 다른 구성원들을 아무런 대가 없이 자발적으로 도와주는 행동을 의미한다.

② 성실성(conscientiousness): 양심성으로 번역하기도 한다. 조직 구성원이 자기 양심에 따라 조직의 명시적·암묵적 규칙을 충실히 수행하는 것이다. 조직이 요구하는 최저 수준 이상을 감당하는 것인데, 조직 구성원들이 갈등 상황에 처했을 때 더욱 나타나기 쉽다.

③ 스포츠맨십(sportsmanship): 신사적 행동으로 번역하기도 한다. 자신에게 불합리한 상황에서도 긍정적인 자세로 정정당당하게 대응하는 행동이다. 조직 내 갈등과 문제가 발생하더라도 불평이나 비난하는 대신 가능하면 조직 생활의 고충이나 불편함을 스스로 해결하려 한다.

④ 예의(courtesy): 자신의 업무나 의사결정, 행동, 개인적 사정 등으로 인해 다른 구성원이 갑자기 당황하거나 어려움을 겪는 일이 생기지 않도록 구성원 간 정보를 공유하거나 미리 조치하는 행동이다.

⑤ 시민 덕목(civicvirtue): 시민의식으로 번역하기도 한다. 조직

내 다양한 공식적·비공식적 활동에 관심을 갖고 적극 참여하는 행동이다. 조직 내 상황에 대해 책임감을 가지고 기꺼이 참여하며 몰입한다.[3]

조직시민행동은 행위자의 헌신만을 강요하는 개념이 아니다. 조직시민행동은 직업 만족도와 긍정적인 영향 관계에 있다. 조직시민행동의 효과는 직업 만족도를 높이는 것 외에도 상호작용하는 삶의 다양한 요소와 긍정적 인과관계에 놓여 있다. 즉, 삶의 행복을 이끌어낼 수 있다. 이것은 통계적으로 검증됐다. 앞의 그림은 조직시민행동을 이론으로 삼는 연구에 일반적으로 나오는 OCB 모델이다.

당원 품성론

연대와 협력의 시대를 이타적이고 창의적인 국민과 함께 이끌어갈 민주정당의 품성 체계를 제안한다. 민주당원은 품성 있는 리더십을 통해, 당·지역·직장에서 품성론으로 협력과 신뢰를 증진해야 한다. 당원들이 모범적인 행동을 보여줌으로써 긍정적인 문화와 변화를 촉진할 수 있다. 민주당원 품성론은 앞에서 이야기한 조직

---

3 Dennis Organ·Philip Podsakoff·Scott MacKenzie, 「Organizational citizenship behavior」, Sage Publications, 2006.

시민행동의 개념을 차용한다.

또한, 아래와 같은 방식으로 증거 기반 정치와 당원 품성론은 상호작용한다.

첫째, 정책 결정의 객관성이 강화된다. 품성은 당원들이 도덕적 가치와 원칙을 기반으로 정치적 의사결정을 내리는 데 도움을 준다. 주관적인 이해관계나 이익을 배제하고 과학적이고 객관적인 증거를 바탕으로 정책을 결정하게 한다.

둘째, 공공 이익을 우선하게 만든다. 증거 기반 정치에서는 데이터와 연구 결과를 통해 공공의 이익을 최우선으로 고려한다. 이는 당원들이 정치적 활동을 통해 개인적인 이익보다는 사회 전체의 이익을 추구하게 한다.

셋째, 정치적 영향력을 강화한다. 증거 기반 정치를 추구하는 당원들은 신뢰성 있는 정보와 데이터를 바탕으로 자신들의 정치적 영향력을 행사한다. 이로써 당원들은 다양한 이해관계자와 협력하고 이들을 설득하는 과정에서 도덕적인 행동과 우위를 보일 수 있다.

넷째, 투명성과 신뢰를 구축하게 된다. 당원들은 정치적 활동의 투명성을 강조하며 정책 결정 과정을 공개하고 설명함으로써 시민의 신뢰를 얻을 수 있다. 증거 기반 정치에서는 이러한 투명성이 중요한데, 품성을 통해 신뢰 관계를 구축하면 정책 결정에 대한 지지와 협력이 더 효과적으로 이루어진다.

당파성↓ 리더십↑

당원 품성론은 사회적 책임을 다하고 민주주의를 실천하며 지속 가능한 성장을 모색하는 민주당원을 길러낼 수 있다. 품성 운동을 통해, 당원의 리더십을 높이고, 주민과의 연대의식을 강화하게 된다. 지역 내에서 당파성은 낮추고 사회적 공헌을 높일 수 있다.

또한, 당원 간 유대를 강화하고 사회적 공동 목표를 실현하기 위해 협동할 수 있는 조직문화적 기초를 제공한다. 민주당원은 국민께 봉사하고 국가의 발전과 안정에 중요한 역할을 하는 깨어 있는 시민이며 행동하는 시민이어야 한다. 이 역할을 당원 품성론을 통해 더욱 효과적으로 수행할 수 있다.

당원 품성론은 교육과 훈련이 필요하다. 당원들이 조직의 가치와 목표를 이해하고 품성의 중요성을 깨닫도록 돕기 위해서다. 워크숍이나 세미나 등을 열어서 당원들이 품성론의 개념을 이해하고 논의할 수 있게 하는 것이 바람직하다. 실제 상황을 시뮬레이션하여 다양한 품성론 요소로 상황 대처 능력을 향상시키는 롤 플레이 및 시나리오 연습도 효과적일 것이다. 또한, 당원 품성 활동의 성공 사례 공유가 필요하다. 품성론이 조직 내에서 어떻게 긍정적인 영향을 미칠 수 있는지를 공유해야 한다. 당원들이 조직 내부와 외부에서 봉사활동을 통해 다양한 품성론 요소들을 발현할 수 있도록 유도하는 것이 중요하다.

당원 품성론 확산을 위해 작은 그룹을 조직하고, 각종 이슈에 대한 시각을 학습하고 토론하도록 운영하면 더욱 효과적일 것이다. 경험이 많으며 존경을 받는 당원이 신입 당원들에게 당원 품성론의 가치를 가르치는 멘토링 프로그램 운영도 검토해볼 수 있겠다.

해마다 필요한, 당원 10대 강령 제작을 위한 대토론회를 숙의 토론 방식으로 열 것을 제안한다. 당원들이 스스로 숙의하고 토론하여 한국 사회 상황에 맞는 당원의 윤리적 행동 가이드를 결정하게 하는 것이다.

지역사회와의 연대·협력 프로그램 예시

- 이웃 청소: 쓰레기를 줍고 치우고 주변을 정리하는 지역 청소 활동을 조직.
- 헌혈: 지역 혈액은행과 협력하여 지역사회 구성원들이 헌혈하도록 장려.
- 집 고쳐주기 운동: 건축, 토목, 목공 등에 경험이 있는 당원들이 앞장서서 일을 계획하고, 도움이 필요한 사람들을 위한 저렴한 주택 건설과 유지보수를 지원.
- 노숙인 지원: 노숙인 개인들에게 돌봄 패키지를 배포하기 위해 그룹을 구성.
- 환경 보호: 봄철 산불 지역의 나무 심기 운동을 대규모 조직. 서울시당, 경기도 당과 공동으로 협업을 기획하며 모금도 진행.
- 어르신 지원: 지역 요양원 또는 생활 보조 시설과 협력하여 방문을 조직하고, 교제를 제공하거나 활동을 조직. 종교 시설과 협력 검토.
- 시·도당 재해 복구 특별위원회: 재해 복구에 지식이나 경험이 있는 당원으로 조직을 구성하고 재해 발생 시, 당원 자원봉사 센터를 조직하고 지휘·관리하게 함.
- 사회문제 대응: 빈곤층, 노인, 장애인 등에 대한 지원 활동을 수행.
- 교통안전 홍보: 교통안전 캠페인을 주도하여 교통사고 예방에 기여.
- 환경 보호 교육: 교육 프로그램을 개최하여 지역 주민들의 환경 의식을 높임.
- 지역 안전 캠페인: 범죄 예방과 안전한 생활 촉진을 위한 캠페인을 주도.
- 사회적 기업 지원: 사회적 기업이나 비영리단체를 지원하고 지역 내 발전을 지원.

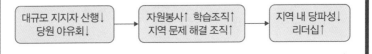

새로운 사회협약

앞에서 증거 기반의 경험주의 정치와 당원 품성론이라는 연대·협력 정치의 두 가지 혁신 조건을 이야기했다. 훌륭한 품성을 지닌 정치인이 증거 기반 의사결정을 한다면 연대와 협력의 정치가 활성화될 것이다.

그렇다면 연대·협력의 정치를 통해 이루어낼 결과물은 무엇일까? 두 가지다. 하나는 사회협약이고 다른 하나는 정치 혁신이다.

지금 왜 사회협약인가?

사회협약이 필요한 이유는 연대·협력이 요구되는 이유와 같다.

투표 지층, 국민 성향, 시대정신, 리더십 선호의 변화가 새로운 사회 협약을 요구하고 있다.

사회협약은 사회 구성원들이 공동의 문제 해결을 위해 국가 수준의 정책 수립에 참여하여 공식적인 합의를 이루는 과정이다. 주로 특별한 상황에서 기존 정치·행정 체계와 별개로 이루어진다. 법과 제도가 잘 작동하여 사회 구성원이 어려움과 갈등을 겪지 않는 이상적인 환경이라면 굳이 사회협약을 추진할 필요가 없다. 지금 사회협약이 필요하다는 것은 대한민국을 위기와 전환의 상황으로 진단했다는 의미이다.

대한민국은 일제강점기와 전쟁의 폐허에서 일어나 산업화와 민주화를 이루었다. 전 세계에서 유례를 찾기 힘든 위대한 성취다. 그러나 지금 대한민국이 부강하고 안전하며 행복한 나라라고 말하기는 힘들다. 찬란한 성장의 이면에 짙은 그림자가 자리하고 있기 때문이다.

한국의 행복 지수는 OECD 국가 중 최하위권이다. OECD 국가 중 자살률은 1위이다. 수많은 사람이 불행과 박탈감을 호소하고 있다. 양극화가 심화되어 빈부 격차가 점점 커지고 있다. 빈곤율이 높은 노인 세대, 노후 준비가 부족하여 불안에 시달리는 중년층, 일자리가 부족해 취업난이 심각한 청년층, 입시 지옥에 신음하는 청소년 등 모든 세대가 고통을 안고 있다. 사회 갈등도 심각하다.

● 변화와 위기를 마주한 우리 사회에는 사회협약이 필요하다.
노사정 협약식에 참석한 문재인 전 대통령.

노사 간, 지역 간, 세대 간, 보수·진보 간 대립과 반목이 일어나고 있다.

기존 정치 시스템은 한국 사회의 위기와 갈등을 해결하지 못하고 누적시켜왔다. 기존 시스템을 손보아야 한다. 그러나 기존 체계와 관행은 오래되고 복잡한 이해관계가 얽혀 있다. 변화를 시도할 때 극심한 대립이 예상된다. 따라서 이해당사자 간의 사회적 대화를 통해 이해관계를 조정해야 한다. 그것을 협약의 형태로 만들고 제도화하여 이행해야 한다.

혁신으로서 사회협약

사회 곳곳에서의 사회협약 추진을 제안한다. 사회협약이라고 하면 정부와 기업, 노동자 대표 간에 고용과 노동 조건을 조정하고 합의하는 국가 차원의 거대한 협약을 떠올린다. 국내외 대부분의 사회협약이 이런 형태로 이루어졌다. 노사정위원회에서 출발해 경제사회발전노사정위원회, 경제사회노동위원회로 이름을 바꾸어 온 국가 기구도 이러한 거대한 사회협약 추진의 결과물이다.

하지만 내가 이야기하는 새로운 사회협약은 이와는 조금 다르다. 물론 국가 단위의 노동 문제를 포괄하는 사회협약도 중요하게 다루지만, 우리 사회의 다양하고 구체적인 문제에 관해 그리고 지역이나 직종 등의 이해관계별로 세부적인 사회협약을 추진할 수 있다고 본다. 앞에서 의료계 내의 이해관계 대립과 교육 현장에서의 갈등을 이야기했다. 이런 문제를 놓고 다양한 구성원이 숙의토론하여 새로운 계약을 맺을 수 있다.

사회 곳곳의 조정이 필요한 현장에서 낡은 제도와 관행을 어떻게 개선할지, 이해관계와 갈등을 어떻게 조정할지 숙의토론하고 새로운 계약을 체결하는 것은 대한민국을 혁신하는 의미 있는 과정이 될 것이다.

3장과 4장에서 사회협약에 대해 더 자세히 이야기하겠다.

정치 혁신

연대·협력 정치와 정치 혁신은 순환적이다. 정치 혁신을 통해 연대·협력 정치를 할 수 있고, 연대·협력 정치의 결과로 정치 혁신이 이루어진다. 대화와 합의가 부족하고 갈등과 대립이 거센 한국 정치 현실에서 연대와 협력은 어려운 과제로 보인다. 이에 대해 5장에서 상세한 방안을 이야기할 것이다.

정치 혁신의 첫 번째 목표이자 방안은 스마트 국회 만들기이다. 스마트 국회란 견제와 협력을 동시에 이루면서 유기적 의사결정 능력을 발휘하는 국회를 말한다. 이를 위해서는 비례대표 확대와 권역별 석폐율제 등의 선거 제도 개편이 요구된다.

두 번째로 '대한민국 비전 2050 위원회' 출범을 제안한다. 대전환 시대의 세기적 위기에 직면한 대한민국은 공멸을 막고 위기

● **정치 혁신의 첫 번째 목표이자 방안은 스마트 국회 만들기이다.**

를 기회로 바꾸어야 한다. 국가 혁신의 중장기 전략을 수립하기 위해 입법부와 행정부, 사법부가 힘을 모을 필요가 있다. 2050년을 준비하며 대한민국 대개조 중장기 전략을 수립해야 한다. 쟁점을 도출하고 합의하는 체계적인 기구와 시스템을 만들어 운용할 필요가 있다. 대한민국 비전 2050 위원회는 중장기 제도 개선안, 예산안, 정책 기획안을 수록한 「대한민국 비전 2050 보고서」를 작성하고 정기적으로 점검해야 할 것이다.

세 번째로 '원내 정책협약 위원회'다. 국회 상임위별로 당과 이해관계 시민사회(단체, 학계, 노조 등)가 함께 모여 현안이 되는 정책을 논의하고 이를 정책협약으로 완성하는 구조다. 숙의토론 → 강령 축조 → 정책협약의 과정을 전방위적으로 진행하게 된다.

네 번째로 '제3섹터 운동'이다. 민주정당과 민주정당의 소극 지지자 및 교차 투표자 사이의 가교 역할을 하는 공간을 지방정부, 여성, 청년, 소상공인 등 주요 분야별로 중간 조직 형태로 확보하는 방안이다. 이를 통해 동심원 외곽에서 다수 지지자 연합을 구축하는 효과를 거둘 수 있을 것이다.

다섯 번째는 중앙당 데이터센터이다. 당이 일상적으로 유권자 데이터를 수집·분석하여 증거 기반 정치와 선거를 진행함으로써 이기는 정치 개혁을 지원하는 조직을 만들어야 한다.

여섯 번째는 정당 운영 혁신이다. 다원성·투명성·유연성·개방성을 조직 혁신 원리로 삼아, 정치 시스템 현대화 세부 과제를 추진하자는 것이다. 다원성을 위해서는 당론 심의 위원회·합의 쟁점 승인제·공직 후보자 선출 배심원제를, 투명성을 위해서는 의원총회 의사결정 기술 지원·정책 정당 지원에 관한 특별법·당원/지지자 수시 정책 투표를, 유연성을 위해서는 계파 등록제·당 3권 분립·중앙당 데이터센터를 개방성을 위해서는 시·도당 생활정치위원회·시민과 함께 만드는 대학원대학교 설립·미래 의제 제안위원회 등을 다룬다.

3장

사회협약

사회협약이란 무엇인가?

사회 구성원에 의한 국가 수준의 의사결정

사회협약은 말 그대로 '사회 구성원끼리 약속을 맺는 것'이다. 구체적으로 풀면 사회 구성 주체들이 공동의 문제를 해결하기 위해 국가 수준의 정책 결정에 공식적으로 참여하여 사회적으로 합의하고 약속하는 행위이다.

사회·경제적 변화는 상반되는 가치의 충돌로 표출된다. 효율성과 형평성, 성장과 분배, 경쟁과 연대처럼 상대적 가치관이 대립한다. 상대적 세계관의 대립은 엄연한 현실이며 사회는 이 문제를 해결해야 한다. 사회협약의 필요성은 여기에 있다. 협의와 대화를 통해 상반되는 가치의 공존에 대해 타협하는 것이다.

● IMF 외환 위기라는 상황에서 사회협약이 시작되었다.
1998년 1월 15일 제1기 노사정위원회가 출범했다.

민주주의 사회에서 국가 수준의 의사결정은 보통 구성원의 직접 참여가 아니라 위임을 통해 이루어진다. 국가 행정은 중앙정부에, 지역 행정은 지방자치단체에, 입법과 대의는 국회에, 사법은 법원에 위임된다. 그리고 이것은 시스템으로 정착되어 있다. 선거를 통해 선출된 사람과 공적 절차를 거쳐 임명된 사람이 국가 수준의 의사결정을 수행하는 것이 일반적이다. 그런데 경제 위기 등 특수한 상황에서는 구성원이 공식적으로 직접 참여하여 국가 수준의 의사결정을 하고, 이 결정을 국가가 수행하는 경우가 생길 수 있다. 이때 사회협약이 작용한다.

사회협약을 뭉뚱그려 정의했지만, 사실 사회협약을 명확하게 규정하는 것은 쉽지 않다. 사회별로, 시대별로 존재했던 다양하고 구체적인 상황을 사회협약이란 개념으로 묶어 설명한 것이기 때문이다.

학자들은 사회협약의 출발을 1980년대 이후 유럽의 선진국에서 발생한 정책 협의 모델에서 찾는다. 이른바 '신조합주의'로 일컬어지는 형태이다. 정부 주도 정책 결정이나 대의민주주의 체계만으로는 당면한 사회 갈등이나 경제 위기에 적절히 대응할 수 없는 상황에 봉착하자 이를 해결하기 위해 이해관계자의 참여와 협력을 구하게 되었다. 그리고 구성원(주로 이해관계자 단체)과 정부 간 사회적 대화를 통해 이해 조정을 추구하여 정책을 결정하는 신조합주의적 정책 협의가 이루어졌다. 이러한 정책 협의는 사회협약이라는 형태로 구현되어 국가 정책이나 제도처럼 실행되었다.

유럽과 우리나라 등에서 다양한 사회협약이 시도되고 이루어 졌는데, 각각 구체적 상황을 근거로 하고 있기에 그 형태를 하나의 모델로 묶어서 설명하기 어렵다. 여러 논문과 보고서가 사회협약에 대해 다양한 정의를 내리는 것은 이 때문이다. 구체적인 사회협약 이 먼저 이루어지고 이에 대하여 학술적이고 전문적인 분석이 뒤 따랐다. 따라서 사회협약에 대한 개념적 정의보다는 구체적 실천 형태를 살피는 게 더 효과적이다.

위기 상황에서 추진되는 사회협약

사회협약은 안정적인 상황에서는 잘 추진되지 않는다. 그럴 필 요가 없어서이다. 법과 제도, 사회 관행이 의사결정을 내리고 기준 을 제공하기 때문이다. 이때 구성원들은 법률과 제도, 관행 또는 국 가 기관의 통치에 따라 자연스럽게 이해관계를 조정받는다. 이것이 보통의 상황이다.

그런데 국가적 위기 상황이라면 이야기가 달라진다. IMF 외환 위기 등 경제 위기 때를 떠올려보자. 환율과 금리가 급등하여 기업은 생존에 위협을 느끼며, 실제 파산하는 기업이 늘어난다. 기존 고용도 유지할 능력이 안 되는 기업이 신규 채용을 늘릴 수는 없다. 기존 노동자가 일터에서 밀려나고 청년들은 취업할 곳이 사라져 일자리가 턱없이 부족해진다. 사회적으로 가처분소득이 줄어들면서 내수가 빈약해진다. 이것은 다시 기업 매출 부진과 경기 저하로 이어지며 경제 침체의 악순환이 일어난다.

이럴 때 기업과 노동자 등 사회 구성 주체가 기존 법률과 제도, 관행을 근거로 자기 이익 극대화를 추구한다면 어떤 일이 빚어질까. 기업은 위기를 근거로 법적으로 보장된 구조조정 등을 시도하고, 노동자들 역시 보장된 권리를 따라 쟁의를 통해 임금 인상 등을 요구하며 팽팽히 맞서는 상황이 전개될 것이다. 대립과 갈등은 사회 전체로 볼 때 일자리 창출과 위기 극복에 도움이 되지 않을 것이다.

이러한 상황에서 사회협약이 실마리가 될 수 있다. 기업주 단체와 노동조합, 정부가 모여 합의한 후 의사결정을 내리는 것이다. 기업은 인위적인 고용 조정을 시도하지 않고, 노조는 한시적으로 임금을 삭감하거나 인상을 유보하며, 정부는 조세와 재정 정책을 통해 기업과 노동자를 지원하는 방식으로 말이다. 합의한 내용으로 협약을 체결하고, 특별법이나 시행령으로 추진한다.

사회협약은 극심한 사회 갈등을 해결하는 중요한 수단이 된다.

한 예로 빈부 격차가 깊어져 사회 존립 기반이 흔들리는 상황을 가정해보자. 부유층과 서민층 간의 갈등이 깊어졌고, 빈민층 지원을 위해 큰 폭의 증세 등을 추진해야 하는데, 이것이 기존 제도를 크게 뛰어넘는 수준이라면 갈등은 깊어질 것이다. 이때 이해당사자 간 협의가 추진될 수 있다. 부유층은 사회 안전성이 무너지는 것보다는 세금의 증가를 선택하게 하고, 서민층은 사회복지 지원을 받아들이며 고용 유도 정책에 협력하는 식의 협약을 추진할 수 있다.

또한, 사회협약은 기존 법률과 제도, 관행이 낡고 후진적이어서 시대의 요구를 따라잡지 못할 때 효과적이다. 일반적으로 기존 제도와 관행에는 오래된 이해관계가 얽혀 있다. 이런 제도나 관행을 손볼 때는 극심한 이해관계 대립이 빚어지리라는 것을 쉽게 예상할 수 있다. 따라서 이해당사자를 중심으로 사회적 대화를 전개하고 이해관계를 조정하여 협약을 체결한 후에 제도 혁신을 추진하는 것이 바람직하다.

요컨대, 사회협약은 법률과 제도, 관행이 효과적으로 기능하는 이상적 상황이 아니라, 위기와 갈등이 확대되어 혁신이 요구되는 비상한 사회 상황에서 위기와 대립을 극복하고 이해관계를 효과적으로 조율하여 구성원의 공리를 추구하는 특별한 문제 해결과 의사결정 방식이다.

사회협약은 국가 개조 프로그램이자,
사회 대전환 운동이다.

다양하게 추진되어온 사회협약

사회적 대화를 통해 이루어진 합의를 제도나 정책으로 만드는 사회협약은 다양한 모습으로 추진되어왔다. 초기 사회협약은 유럽 선진국들이 위기 상황에서 노사 양보를 이끌어내는 제도적 장치로 도입되었다. 노사정 3개 주체가 구조조정, 일자리 창출 등 노동과 경제 정책을 의제로 설정하여 합의하였다. 그러나 최근에는 노사 문제를 넘어 여러 가지 사회적 갈등을 조정하는 정책 수단으로 활용되고 있다. 사회협약의 범위와 내용, 참여 주체가 확대되었다.

노사정 협약과 달리, 다수의 이해관계자가 참여하는 사회협약 사례를 국내외에서 찾아볼 수 있다. 우리나라의 경우 2006년 저출산·고령화 문제 해결을 위한 사회협약을 추진하였다. 그밖에도 2005년 투명사회협약, 2019년 청렴사회협약 등 사회 전반의 문제 해결을 위한 여러 유형의 협약을 채결하였다.

이러한 사회협약의 목표는 민관 파트너십에 기반을 둔 공공 정책 결정과 집행을 이룸으로써 이해관계자 간 갈등과 이해관계 대립 상태를 조정하고 해결하는 것이다. 이 과정에서 국가와 사회 구성원이 협력하여 혜택과 이익을 창출하도록 시도하였다.

사회협약에서는 이해관계자가 상호 협력하여 정부와 효율적으로 권력을 공유하게 된다. 협약 참여 주체는 정부와 정책을 협의할 뿐만 아니라 정책 결정과 수행 과정에 참여한다.

사회협약은 상향식으로 정당성이 확보되고, 책임 있는 양질의 의사결정과 집행을 보장하는 강점이 있다. 이익 갈등을 조정하고 사회 통합에 기여한다. 또한, 이해관계자가 조정 기구를 통해 직접 대표되기 때문에 대의제 민주주의에 내재하는 주인-대리인 문제[1] 를 극복할 수 있다.

대한민국 개조 프로그램

이 책은 국민 집권 전략의 핵심적 도구로 사회협약을 제시한다. 사회협약은 위기와 갈등이 고조되고 혁신이 요구되는 비상한 시대 의 불가피한 선택이다. 지금 대한민국의 상황이 그러하다. 묵은 갈 등과 낡은 시스템, 복잡하게 얽힌 이해관계를 조정하고 문제 해결 방안과 정책적 합의점을 찾아야 할 상황이다. 특히 공동체 전체의 광범위한 동의를 기반으로 강력한 개혁의 동력을 마련해야 한다.

---

1   계약 관계에서 권한을 위임하는 사람을 주인(principal)이라고 하며 권한을 위임받는 사람을 대리인 (agent)이라고 한다. 이때 주인은 대리인에게 자신의 권한을 위임하면서 주인을 위해 노력해줄 것을 약속받고 그에 따른 보상을 해주기로 계약을 맺는다. 하지만 정보의 비대칭성으로 인해 대리인이 주 인이 아니라 자신의 이익을 위해 일하는 도덕적 위해(moral hazard)가 발생하면서 주인의 경제적 효 율성이 달성되지 않거나 피해를 입을 수도 있는데 이러한 상황을 가리켜 대리인 문제라고 한다(『한국 경제 용어사전』).

사회협약은 이를 위한 효과적인 해결책이 될 수 있다.

지금 대한민국은 위기이다. 물론 1997년의 IMF 외환 위기나 2008년의 글로벌 금융 위기 같은 단기 집중적 위기 상황은 아니다. 그러나 사회와 경제 전반에 걸친 구조적 위기가 도사리고 있다.

사회 양극화는 이미 심각한 수준이다. 부유층과 서민, 대기업과 중소기업, 정규직 노동자와 비정규직 노동자, 수도권과 그 외 지역, 도시와 농산어촌 등의 간극은 극심하게 벌어져 이중 구조로 굳어지는 형국이다. 기업과 노동자, 기성세대와 청년세대, 이념적 보수와 진보 등으로 나뉜 사회 갈등 역시 골이 깊다. 또한, 산업별로 낡은 관행과 부패가 청산되지 않은 채 발전을 가로막고 있다.

이러한 가운데 기후 변화와 환경 위기, 저출생 고령화에 따른 인구 구조 변화, 미·중 대립으로 요약되는 국제 질서 급변 등의 시대적 과제를 풀어야 한다.

그러나 해결의 실마리는 보이지 않는다. 기존 제도나 정치권에 희망을 두기도 어렵다. 과거 관행으로 풀 수 있는 문제였다면 벌써 해결되었을 것이다. 심지어 정치권은 협의와 중재를 포기하고 대립의 한 편에서 서서 갈등을 부추기는 모습까지 보인다. 정치공학적 표 계산에 급급한 무책임한 행보이다.

양극화가 더 깊어지면 사회 안전과 건전한 내수 기반이 무너져 경제 발전의 동력을 잃고 침체의 나락에 빠지게 될 것이다. 극심한 대립이 완화되지 않고 깊어진다면 긴장과 갈등이 만연한 사회 분위기가 형성될 것이다. 사회 여러 분야의 낡은 관행과 부패가 잔존한다면 정체와 퇴보에 빠진 무기력한 사회가 될 것이다.

지금 대한민국은 선택해야 한다. 새로운 합의를 이루어야 한다. 사회협약을 체결하고 혁신에 나서야 한다. 사회적 공리를 지향하는 양보가 결국은 자신에게도 항구적인 이익을 줄 것임을 신뢰하고, 잠시 이해관계를 유보하는 선택을 해야 한다.

우리 국민은 그럴 의지와 역량이 충분하다. 기꺼이 협의에 나서고 협약을 체결하고 이를 실천할 것이다. 관건은 리더십이다. 비전과 의지를 가진 정치권이 사회협약을 이끈다면 국민 집권 시대의 새로운 혁신이 이루어질 것이다.

지금 왜
새로운 사회협약인가?

시대가 변했기 때문에 그에 부응하는 혁신이 이루어져야 하고 이를 추진하기 위해 새로운 사회협약이 요구된다. 앞에서 살펴보았듯이, 투표 지층이 변화하고 국민 성향이 변화했으며 시대정신이 변화하고 리더십 선호가 변화하였다. 이런 거대한 변화의 흐름을 반영하여 낡은 시스템을 새롭게 바꾸기 위해서 사회협약이 필요하다.

쓰레기더미 위 장미꽃

대한상공회의소가 2023년 3월 15일 발표한 자료는 대한민국의 눈부신 발전상을 수치로 보여준다. 국내총생산(GDP) 규모는 1974년 195.4억 달러에서 2022년 1조 6,643.3억 달러로 85.2배 상승했다. 같은 기간 1인당 GDP는 563.3달러에서 3만 2,236.8달러로 57.2배 상승했다. 전 세계 GDP 순위도 30위에서 10위로 크게 올랐다. 1974년 당시 대한민국의 GDP 순위는 베네수엘라(25위), 인도네시아(26위), 나이지리아(29위)보다 낮았다. 1974년 당시 우리나라의 수출 총액은 44.6억 달러에 불과했으나, 2022년 총수출액은 6,835.8억 달러로, 50년 전과 비교해 153.3배 상승했다.[2]

대한민국의 위대한 성취는 경제 분야에 국한되지 않는다. 국민 자부심의 또 다른 주요한 원천은 이 기간 내에 이루어진 민주화운동과 이의 결과로서의 한국 민주주의이다. 1960년대 박정희 정권 이후 계속된 권위주의 정부는 1987년 최고조에 달한 시민적 저항에 봉착하여 마침내 민주주의로의 이행에 동의하였다. 민주주의로의 이행은 매우 점진적으로 이루어졌다. 노태우·김영삼 대통령이 이끄는 두 번의 과도기 정권을 거쳐, 김대중이 대통령에 당선되면서 한국 민주화는 마침내 완성된 것으로 보였다.

그로부터 5년 후, 대한민국에서 민주화운동 세력의 광범위한 지원을 받아 노무현 대통령이 당선된다. 이를 통해 '민주개혁' 정부

---

2 대한상공회의소, 「통계로 보는 한국 경제 50년」, 대한상공회의소, 2023. 3. 15.

가 연속적으로 집권하며, 한국의 민주화는 돌이킬 수 없이 정착된 것으로 보였다. 이러한 과정을 통해 한국은 성공적인 산업화와 근대적 민주주의를 동시에 이룬 세계적으로 희귀한 성공 사례로 자리매김하게 되었다.[3]

또한, 대한민국은 문화적 역량을 세계에 과시하고 있다. 백범 김구 선생은 우리나라가 문화 강국이 되기를 소망했다. 그는 "오직 한없이 가지고 싶은 것은 높은 문화의 힘이다. 문화의 힘은 우리 자신을 행복하게 하고, 나아가서 남에게 행복을 주기 때문이다"라고 썼다. 그리고 "우리나라가 남의 것을 모방하는 나라가 되지 말고, 이러한 높고 새로운 문화의 근원이 되고, 목표가 되고, 모범이 되기를 원한다"라고 국가적 비전을 밝혔다.[4] 한국 영화와 드라마, 대중음악이 전 세계를 휩쓸고 있다. 불고기나 비빔밥 같은 전통 한식뿐만 아니라 김밥, 치킨, 토스트와 핫도그 등 한국식으로 변형된 음식이 세계인의 입맛을 사로잡고 있다. 대한민국은 아름다운 나라, 흥미롭고 역동적인 나라, 꼭 가보고 싶은 나라로 꼽힌다. 일제 강점지배와 동족상잔의 전쟁을 거친 폐허의 땅에서 일어나 경제적으로나 정치적으로나 문화적으로 발전한 나라를 만들었다. 그야말로 쓰레

3   이종오, 「한국 민주주의의 성취와 과제」, 『민주화운동기념사업회 연구소 학술행사 자료집』, 민주화운동기념사업회, 2007.
4   김구, 「나의 소원」, 『백범일지』, 돌베개, 2005.

기더미에서 장미꽃을 피운 것이다.

성장의 그늘

그동안 이루어낸 위대한 성취에도 불구하고, 대한민국이 진정으로 부강하고 안전하며 행복한 나라가 되었다고 말하기는 어렵다. 정작 국민은 삶 속에서 이러한 성취를 체감하지 못하고 있는 듯하다. 유엔 지속가능발전해법네트워크(Sustainable Development Solutions Network)가 2023년 3월 발표한 「세계 행복 보고서(World Happiness Report) 2023」에 따르면 국민의 행복지수는 10점 만점에 5.951점으로 조사 대상 137개국 중 57위에 머물렀다. OECD 38개국 중에서는 35위로 최하위권을 기록했다.[5]

사회조사가 직업인 나는 국민이 느끼는 불행과 좌절, 불안과 분노를 체계적으로 들어왔다.

낮과 밤, 평일과 휴일을 가리지 않고 몸 바쳐 일해서 한국의 산업화를 일구어낸 노년 세대는 아이러니하게도 빈곤에 시달린다. 한국의 노인 빈곤율은 OECD 1위이다. OECD 국가 평균 노인 빈곤

---

5   김미향, 「국민 행복도 OECD 최하위권…유엔 "국민 행복이 국가 성공 척도"」, 《한겨레》, 2023. 3. 22.

● **풍요로운 한국의 이면에는 극심한 빈곤이 자리 잡고 있다.**
서울의 한 쪽방촌에서 파지 리어카를 끄는 할머니.

율은 15% 정도인데, 우리나라는 그 2.5배 이상인 40% 내외이다. 이것은 최소 생활비를 확보하지 못하는 노인이 절반 가까이 됨을 의미한다. 그런데 급속한 고령화로 인해 이런 참상이 더욱 가속화되는 실정이다.

미래의 동량인 청년들은 한 치 앞을 보기 힘든 안갯속에서 불안과 좌절을 느끼며 의기소침하다. 취업 문은 바늘귀 같다. 꿈과 능력을 펼칠 기회는 좀처럼 주어지지 않는다. 높은 주택 가격 등으로 대도시에서 기본적인 생활을 유지하는 것조차 버겁다. 암호화폐 투자 같은 데 잠시 희망을 두어보지만, 결과는 신통치 않다. 그래서 많은 청년이 취업, 연애, 결혼, 출산, 내 집 마련, 자기계발, 인간관계 등을 포기하고 있다. 더 억울한 일은 기성세대로부터 "게으르다", "도전정신이 없다", "이기적이다" 등의 애꿎은 비난까지 듣는 것이다.

아이들은 입시 지옥에 시달린다. 어느 학교를 졸업했느냐에 따라 일찌감치 인생이 갈리는 혹독한 경쟁 사회를 어린 나이 때부터 겪어내며 웃음을 잃어간다. "이생망(이번 생은 망쳤어)"와 같은 살벌한 말이 아이들 입에서 거침없이 나온다.

중년층도 삶이 팍팍하기는 매한가지다. 고도성장기의 기회를 누렸다고 하지만, 정작 자신에게 주어진 것은 별로 없다. 눈앞에 닥쳐온 은퇴 이후가 막막할 뿐이다. 이들은 노년층의 자녀이며 아이와 청년들의 부모이다. 뇌졸중이나 치매 같은 질환에 걸린 부모를 염려하고 아이들의 교육비를 마련하느라 정신이 없다. 모든 세대의 아픔이 중년 세대에게 공유된다.

모든 세대가 가혹한 삶의 무게를 지고 살아가는 가운데, 사회 곳곳에선 대립과 갈등이 일어난다. 세대 간, 지역 간, 노사 간, 심지어 남녀 간에 다툼이 일어난다. 의사와 간호사처럼 함께 일하는 사람들 사이에서도 갈등이 존재한다.

기업주들은 각종 규제와 강성 노조 때문에 사업하기가 어렵다고 한다. 노동자들은 성장의 열매를 기업주들이 다 가져갔다고 토로한다. 그런데 노동자들 사이에서도 대기업·정규직·조직 노동자들과 소기업·비정규직·비조직 노동자들의 이해관계가 엇갈리곤 한다.

이러한 사회적 불행과 갈등은 오래 계속되어왔지만, 해결의 실마리를 찾기가 힘들다. 한국 정치는 그 역할을 제대로 감당하지 못하고 있다. 저마다 자신이 집권하면 번영과 행복을 가져올 수 있다고 장담했지만, 약속은 끝없이 미루어졌다.

갈등과 대립

우리는 일제강점기, 좌우 대립의 혼란기, 6·25 전쟁, 반공 통치기, 산업화, 민주화, 세계화 시대를 거치며 거센 도전에 맞섰고 이를 극복해왔다. 그런데 이 과정에서 상처와 부작용을 남겼다. 상처와 부작용은 이후에도 제대로 치유되지 못했고 감당하기 어려운 정치·경제·사회·문화 갈등으로 고착되었으며 정부와 기업과 시민사회가 정상적으로 작동할 수 없게 만들었다.

고용주와 근로자, 정규직과 비정규직, 중소기업과 대기업, 민주세력과 산업 세력, 고소득층과 저소득층, 도시와 농촌, 수도권과 지방, 기성세대와 젊은 세대 등 다층적이고 전방위적인 갈등과 균열

● 한국의 이념 갈등은 심각하다. 같은 날 같은 시각, 서울 도심에서 도로 하나를 사이에 두고 진보와 보수 단체 집회가 각각 열렸다.

구조로 몸살을 앓게 되었다.

이러한 갈등과 균열 구조를 정치의 장으로 끌어내고 대화와 타협으로 해결하기 위한 새로운 대책이 필요하다.

안타깝게도 대한민국은 합의가 무너진 사회이다. 역사적 상처와 급속 성장이 낳은 시대적 불행이다. 정치권이 집권을 위한 정치공학적 기술로 이를 부추겨온 측면이 있음도 부인할 수 없다.

전 지구가 성장 부작용으로 몸살을 앓고 있다. 환경 오염, 양극화, 핵전쟁 위협 등의 파괴적 현상에 맞서 지속 가능하고 균형 잡힌 성장을 이루어내야 할 과제를 안게 되었다. 대한민국 역시 이 도전을 피할 수 없다. 이와 함께 역사적이고 지정학적인 숙명을 감당해야 한다. 남북 분단의 현실과 함께, 미국과 중국을 중심으로 한 국제 질서의 변동에 지혜롭게 대처하지 않으면 생존과 번영을 장담할수 없다.

이런 과제를 수행하는 데 사회적 합의는 그 조건이자 토대가 된다. 산업화와 민주화 모두에 성공한 것도 그 과정에서 빈부 격차 등의 부작용과 사회적 갈등의 상처를 남긴 것도 모두 우리의 역사다. 무너진 합의를 일으켜 세우고 앞으로 나아가야 한다.

새로운 미래로 나아가기 위한 사회적 합의를 복원하는 데 현재 가장 효과적인 방법이 사회협약이다. 묶은 갈등을 털어내고 우리의 발목을 잡는 과거로부터 해방되어 앞으로 나아가기 위해서 사회협약이 꼭 필요하다.

지금까지 우리 사회를 움직여온 근원적인 시스템을 바꾸기 위해서는 국민의 동의가 반드시 있어야 한다. 그리고 혁신적 조치들은 기존 법령만으로는 추진할 수 없다. 묵인되었던 과거 관행에 대한 조사와 처벌 등의 부작용을 감당해야 하며, 이는 무엇보다도 인식과 관행을 바꾸는 문제이기 때문이다. 따라서 사회적 공감대와 합의를 이루어야 하고, 이를 협약 형태로 공식화하는 과정이 뒤따라야 한다.

위기의 시대와
사회협약

90초 전

인류가 이루어낸 찬란한 성취와 번영은 얼마나 지속될까. 인류는 계속 행복을 누릴 수 있을 것인가. 안타깝게도 이 질문에 절망적인 답변을 내놓는 사람이 더 많은 것 같다.

기후 변화, 대기와 수질 오염, 오존층 파괴, 산성비, 사막의 확장과 미세먼지, 악성 전염병의 전 세계적 유행, 인구의 불균형, 극심한 빈부 격차, 핵무기 고도화 속 대규모 전쟁 가능성 증가 등 인류의 미래를 위협하는 소식들이 끊이지 않는다.

남극의 빙하는 빠르게 녹아내리고 있으며 초원은 사막으로 변화하고 있다. 물고기 떼가 떼죽음을 당하고 있고, 아마존의 열대우

림은 적색으로 변화하며, 아프리카 대륙은 동물의 낙원이 아닌 지옥으로 변하고 있다. 농업과 산업의 성장도 조만간 한계에 도달할 것으로 예측된다. 또한, 지진, 화산 폭발, 쓰나미, 그리고 홍수와 같은 자연재해가 더 자주 발생하고 그 크기도 더욱 커질 것으로 예상된다. 이러한 징후들은 지난 20~30년 동안 빈번하게 나타나고 있어, 이는 우리에게 경각심을 불러일으키고 있다.[6]

'환경 위기 시계'라는 것이 있다. 지구 멸망 시각을 자정으로 본다면 현재 시각이 어디쯤인지를 측정하는 것으로, 우리나라 환경재단과 일본의 아사히글라스재단이 매년 발표한다. 학계, 시민단체, 지자체, 기업 환경 정책 담당자 등 환경 분야 전문가를 대상으로 설

환경 위기 시계
자료: 환경재단

---

6   도넬라 H. 메도즈·데니스 L. 메도즈·요르겐 랜더스(김병순 옮김), 『성장의 한계』, 갈라파고스, 2021.

문조사한 내용을 바탕으로 환경 파괴 위기를 시간으로 표시한다.

2022년 9월 8일 발표된 한국 환경 위기 시각은 오후 9시 28분, 세계 환경 위기 시각은 오후 9시 35분이다. 멸망의 시점까지 3시간도 남아 있지 않은 상황에서 시계는 째깍째깍 소리를 내며 종말로 향하고 있다.

인류가 처한 위험을 환경 위기 시계보다 더 극적으로 표현하는 것도 있다. '지구 종말 시계'라고도 불리는 '운명의 날 시계(The Doomsday Clock)'이다. 이것은 핵과학자들이 핵무기 경쟁 위험을 경고하기 위해 1947년에 만들었으며《핵과학자회보》를 통해 발표

운명의 날 시계
자료: 《핵과학자회보(BAS, Bulletin of the Atomic Scientists)》

한다. 환경 위기 시계와 마찬가지로 자정을 인류 멸망 시각으로 본다. 첫해 '자정 7분 전'에서 시계가 움직이기 시작했고, 2022년까지 자정 '17분 전'에서 '100초 전' 사이를 오가며 지구가 처한 위협을 경고해왔다. 핵과학자회는 2007년에 '기후 변화'를 인류 멸망의 새로운 위협 요인으로 추가했다. 2023년 1월 핵과학자회는 2020년 이후 '자정 100초 전'이던 시계를 '자정 90초 전'으로 조정했다. 러시아의 우크라이나 침략과 핵 확산 위험 증가가 시계를 10초 움직인 주된 이유라고 한다. 운명의 날 시계에 따르면 인류 전체의 삶은 그야말로 경각에 달려 있다.

최근 개봉하는 블록버스터 영화 중에는 디스토피아를 그린 것이 많다. 미래의 인류는 인공지능과 로봇의 폭압 아래 신음하거나, 복제 인간과 뒤엉켜 인간으로서의 정체성과 존엄을 위협받는다. 아니면 핵전쟁 이후의 피폐한 땅이나 환경이 완전히 파괴되어 오염된 곳에서 간신히 생존을 이어간다. 이런 디스토피아적 상상력은 대중의 의식에 자리 잡은 불안감을 반영한 것으로 보인다.

성장의 한계

파멸에 대한 공포는 일부 학자의 호들갑이나 대중의 막연한 불안에서 비롯된 것은 아니다. 자연과학과 사회과학을 넘나들며 학계의 진지한 연구 결과로도 발표되었다. 대표적인 사례가 『성장의 한계』이다. 1972년 도넬라 H. 메도즈 등이 집필하여 출간하였는데, 당시 성장과 환경에 관한 뜨거운 논쟁을 불러일으켰다. 1992년에는 두 번째 책 『성장의 한계, 그 이후』를 발행하며 논쟁을 한층 가열시켰다. 그리고 2021년 코로나19가 인류의 건강을 위협하던 때 『성장의 한계-30주년 기념 개정판』[7]을 내며 위기에 처한 지구와 인간 사회에 경종을 울렸다. 첫 번째 책은 미래 가능성 수준으로 재앙을 언급했지만, 두 번째 책은 성장의 부작용이 지구 수용 능력을 넘어섰다고 분명히 지적했다. 세 번째 책의 경고는 더욱 엄중하다. 지난 30년간의 환경 재앙을 객관적 자료로 확인하고 고갈·파괴·종말을 피해 '지속가능한 성장'을 하기 위한 대안을 촉구한다.

이미 50년 전에 출간되고 20년 후 개정판이 나온 『성장의 한계』는 1,000만 부 이상 팔리며 세계적으로 성장에 관한 논란을 일으켰다. 그리고 코로나19라는 독특한 상황에서 새로운 개정판이 주목을 받았다. 1972년의 고전이 50년 가까운 세월 동안 세계인의 의식에 영향을 끼치고 있다.

『성장의 한계』는 기후 변화, 핵 위협, 환경 파괴, 질병, 인권 탄

---

7 도넬라 H. 메도즈·데니스 L. 메도즈·요르겐 랜더스(김병순 옮김), 『성장의 한계』, 갈라파고스, 2021.

압, 기아 등은 한 나라에 국한하지 않고 전 지구적인 걱정거리가 되었음을 환기하고 인류 문명의 지속 가능성에 의문을 던진다. 미덕처럼 자리 잡은 더 많은 생산과 더 많은 소비 속에 지구·인류·문명과 같은 근본적인 가치는 가려졌다고 꼬집는다. 세계 경제는 그 어느 때보다 성장했지만, 자원 감소와 환경 파괴가 뒤따랐다. 이러한 패턴의 성장은 오히려 성장 여력을 감소시키고 도시로 감염병을 유입시켰다.

『성장의 한계』는 18개월간 컴퓨터 모형을 사용하여 1900년에서 2100년까지 전 세계의 인구·농업 생산·천연자원·산업 생산·오염의 추세를 제시했다. 이 책의 결론은 명확하다.

첫째, 성장에는 물리적 한계가 있다. 21세기의 어느 시점에 천연자원·인구·산업 생산·식량이 걷잡을 수 없게 위축되고 붕괴할 것이다. 둘째, 전환이 가능하다. 성장 추세를 바꾼다면 생태·경제적으로 지속 가능하며 더 평등하고 공정한 사회를 설계할 수 있다. 셋째, 시간이 중요하다. 일찍 시작할수록 성공할 가능성이 커진다는 것이다. 『성장의 한계』 2002년 개정판의 예측은 실제 추이와 거의 일치하는 양상을 보였다. 2012년 호주의 물리학자 그레이엄 터

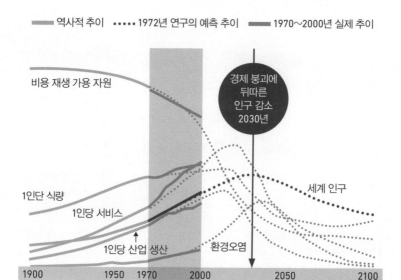

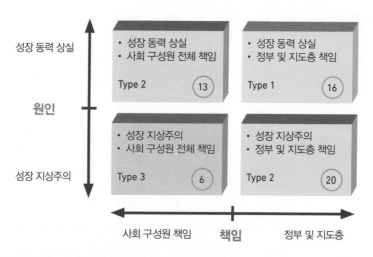

자료: KAIST 미래전략대학원은 2014년 오피니언 리더 대상으로 진행된 '성장의 한계' 설문조사 결과

너도 1992년 개정판의 예측과 현실이 일치함을 발견했다. 그리고 2023년 현재 인류는 성장의 한계를 겪으며 붕괴를 향해 나아가고 있다.[8]

국부론도, 자본론도 오지 않은 세상

인류의 미래에 대해 비관적 전망만 있는 것은 아니다. 역사적으로 볼 때 인류의 삶은 지속해서 나아졌으며 수많은 도전을 극복하며 현재의 번영을 이루었다. 따라서 당면한 위기 역시 이겨내고 더 나은 미래를 만들 수 있다고 주장하는 사람도 적지 않다. 이들은 발전한 기술을 잘 활용하면 인류가 단순히 생존을 넘어 무한한 풍요와 사회정의가 잘 조화된 이상적인 세상을 만들 수 있다고 주장한다.[9]

그런데 이런 낙관론은 한 가지 점에서 비관론과 똑같다. '지금 위기에 적절하게 대응해야 함'을 강조한다는 것이다. 사실, 비관론도 인류가 피할 수 없는 멸망의 운명을 지녔다고는 말하지 않는다.

8   조현철, 「'성장의 한계' 50년, 무엇을 할 것인가?」, 《경향신문》, 2022. 1. 18. 참고.
9   매트 리들리(조현욱 옮김), 「이성적 낙관주의자」, 김영사, 2010.

재앙이 현실화되기 전에 지금 행동에 나설 것을 역설할 뿐이다. 『성장의 한계』에서도 지금 실천하면 불행한 미래로 가는 인류의 운명을 바꿀 수 있다고 말한다. 그리고 조금이라도 일찍 시작한다면 그 가능성이 더 커진다고 보았다. 인류의 미래에 대한 낙관적 전망이든 비관적 전망이든 똑같이, 인류가 처한 상황이 유례없이 위험하며 이에 맞서 지금 어떻게 하느냐에 따라 미래가 달라질 것이라는 결론에 도달한다.

그렇다면 현재의 실천은 어떤 것이야 할까. 위기의 규모와 다급함이 역사상 유례없는 것이듯, 인류의 실천 역시 과거의 방식과는 달라야 한다. 핵전쟁과 환경 파괴, 빈곤 문제에 전 세계가 뜻을 모으고 공동 실천에 나서는 흐름이 생긴 것은 이 때문이라 생각한다. 불행한 미래로 가는 흐름을 번영과 정의의 미래로 가는 길로 바꾸기 위해서는 지구 차원의 비범한 실천이 필요하다.

현대 사회를 설계하는 데 결정적인 영감을 준 두 권의 책이 있다. 하나는 1776년 애덤 스미스가 발행한 『국부론』이고 다른 하나는 카를 마르크스가 1867년에 제1권을 낸 『자본론』이다. 전자는 욕망을 위한 인간의 자유로운 활동이 '시장'을 통해 조율되며 풍요로운 사회로 나아간다고 보았고, 후자는 노동계급의 지배와 계획경제를 통해 분배의 정의가 꽃피는 세상이 실현된다고 전망했다. 『국부론』 이후 3세기, 『자본론』 이후 2세기가 흐른 지금, 두 선각자의 뜻을 각각 이어받은 사람들이 여전히 팽팽히 맞서고 있다. 그러나『국부론』의 세상도,『자본론』의 세상도 오지 않았다. 이 두 신념은 여전히 설득력이 있지만, 그것만으로 충분하지 않다. 이제 두 이념을 뛰어넘는 새롭고 비상한 사고와 상상력, 그리고 실천이 요구된다.

그 실천은 사회적 가치를 새롭게 정립하는 차원이어야 한다. 사회적 가치에 대해 제프 멀간(Geoff Mulgan)은 "한 사회에서 어떤 현상, 사물, 행위 등이 구성원에게 의미 있고 바람직하다고 인정되는 것"이라 정의하고 마크 업턴(Mark Upton)은 "한 지역의 경제적·사회적·환경적 복리(well-being)를 증진하는 것"라고 말했다. 즉 사회적 가치란 사회적·경제적·환경적·문화적 영역에서 공공의 이익과 공동체 발전에 기여하는 가치이다.

이제 인류는 성장을 향해 달리던 관성에서 벗어나 지속 가능성과 평등, 공정성을 지향하는 가치의 이동을 해나가야 한다. 코로나19는 변화의 절박성을 더욱 일깨워주었으며 새로운 사회 리더십과 거버넌스의 중요성을 확장시켰다. '사회적 거리 두기'는 사람 사이의 밀접 접촉을 막자는 의미이지만, 방역 기술로써 효과를 내려면 '사회 체제로부터 거리 두기'가 필요하다. 노동과 경제 활동은 말할 것도 없고 교육, 종교, 가족, 젠더, 복지, 보건의료 등 기존 체제 대부분

을 바꾸지 않으면 절반의 거리 두기를 면치 못할 것이기 때문이다.[10]

전 세계의 협력 대응과 함께 국가 단위 혹은 지역 단위의 독자적 실천도 이루어져야 한다. 이것은 전 지구적 딜레마에 대응하는 차원에서도 중요하지만, 그 나라나 지역의 고유한 문제를 풀어가는 과정이기도 하다.

대한민국 역시 마찬가지다. 전 지구적인 문제와 우리 고유의 문제를 함께 안고 있으며 이 위기를 헤쳐나가야 할 절박한 상황이다. 지금 어떤 선택을 하고 어떤 행동을 하느냐에 따라 미래는 완전히 달라질 것이다.

대한민국이 부닥친 장벽이 유례없는 것이듯 헤쳐나가는 방법 역시 달라야 한다. 과거의 이념과 관점, 사고방식, 관행으로는 시대적 난제를 풀 수 없다. 더욱이 다양한 이해관계가 얽힌 실타래처럼 꼬여 있다. 이제 비범하고 대담한 선택을 해야 한다. 그것이 사회협약이 필요한 이유이다.

---

10 김수련 외, 『포스트 코로나 사회』, 글항아리, 2020.

인류는 지속 가능성의 위기에 처해 있다.
대담한 선택과 결단이 필요하다.

국내외 사회협약 사례

외국의 사회협약

독일, 네덜란드, 아일랜드, 핀란드, 오스트레일리아 등 외국에서 사회협약의 사례를 찾을 수 있다. 이들 국가의 공통점은 극심한 재정 적자와 경제 침체 등의 위기가 닥쳤을 때 노사가 대결하는 대신, 사회적 대화를 통한 타협을 선택했다는 것이다. 노동자와 사용자 조직이 국가 경제 안정성과 경쟁력 확보를 목표로 삼아 해결 방안을 마련하고 사회협약을 체결했다. 사회 구성원들은 각각 양보할 것은 내어주는 대신 경영난과 높은 실업률이라는 심각한 위기를 돌파하고자 했다.

이들 국가의 사회협약은 일회성으로 머무르지 않고 제도화되

● 독일은 오랜 사회협약의 전통을 쌓아왔다. 사진은 노사가 경영에 대해 의논하는 공장평의회 장면.

어 연속적으로 이어졌다. 협의의 전통이 생기면 당면한 환경과 목표에 따라 사회협약을 갱신했다. 사회협약 체결의 전통은 때로는 정치적 상황에 따라 중단되기도 했으나, 국가 발전에 긍정적인 역할을 하였다.

협약 내용은 초기에는 임금, 고용 등 노동시장 정책에서 출발했다. 그리고 발전 과정에서 일과 가정생활의 균형, 양성평등, 사회복지와 연금, 조세 정책 등도 포괄하게 되었다. 노동자와 사용자 조직 외에도 여성, 실업자, 종교 등 시민단체의 참여로 확장되었다. 각국 정부는 협약의 당사자가 되기도 하였으나, 대체로 협약을 중개하고 촉진하며 지원하는 역할을 담당했다. 특히 법률과 제도를 통해 협약의 이행을 돕는 데 주력했다.

독일은 정권 교체에 따라 부침이 있긴 하지만, 국가 주도로 고용과 노동, 기업 경쟁력 향상을 위한 사회협약을 이어가고 있다. 독일의 사회협약은 '경쟁적 코포라티즘(competitive corporatism)'으로 불리는데, 일자리 연대가 큰 역할을 하고 있다. 네덜란드는 1982년 '바세나르 협약'으로 사회협약을 시작했고, 1993년 '새로운 길(A New Course)' 이후 '고용에 관한 노동재단의 공동선언문'을 거의 2년 단위로 체결하는 방식의 사회협약 전통을 이어가고 있다. 아일랜드에서는 1987년 이후 경제 위기에 맞서 '국가재건협약(PNR: Programme for National Recovery)'을 체결했는데, 중요한 위기 때마다 협약의 내용을 바꾸고 있다. 오랜 사회민주주의 전통을 지닌 핀란드는 2년 단위로 노동시장 및 복지정책 등에 관한 협약을 체결하고 있다. 오스트레일리아는 국가 소득정책에 초점을 맞추어 협약을 체결한다. 임금 동결에 따른 소득 감소가 불황과 실업을 가속화할 수 있기에 소득과 부를 사회적 약자에 재분배하는 소득과 가격정책을 원활히 추진하는 것이 합의의 핵심이다.

일찍이 사회협약을 체결하고 그 전통을 이어온 국가들에서 연대·협력의 시사점을 찾을 수 있다. 사회적 위기가 닥쳤을 때, 한쪽이 다른 한쪽을 굴복시키는 방식의 해결책 대신 협의를 통해 공생하는 방안을 찾았다. 기업의 급격한 생산성 하락이나 노동자의 일방적인 희생을 초래하지 않고 사회 안정과 재도약의 활로를 모색했다. 정부는 전담 기구와 제도를 통해 뒷받침하였으며 협약을 상시화하여 발전시켰다.

한국의 사회협약

IMF 외환 위기라는 절체절명의 위기에 맞서 대한민국은 사회적 대화를 통한 사회협약 체결에 나섰다. 정부, 사용자단체(전경련, 경총), 노조연합체(한국노총, 민주노총) 3자는 국가 경제의 구조조정을 위해 재벌 개혁과 노동시장 유연성 등에 관한 논의를 시작하였다. 1998년 1월 사회적 합의를 위한 노사정위원회가 조직되었다.

그리고 노동조합의 총파업 위협과 같은 격한 논쟁을 겪고 나서 노사정은 광범위한 정치·경제·사회적 개혁에 대한 사회협약을 1998년 2월 6월 체결하였다. '경제 위기 극복을 위한 사회협약'은 재벌 지배구조와 경영 투명성 개선, 노동시장 유연성 제도 도입, 사회복지 개선, 노동 기본권 보장, 그리고 공공정책 결정 과정에 노동자와 사용자단체의 참여 등 개별적으로 보면 3자 간 합의가 이루어지기 극히 어려운 내용을 포함하였다.

사회협약의 행로는 불안정해 보였다. "정리해고제 도입을 위한

● 한국에서도 주요 현안에 대해 사회협약을 시도하였다. 2003년 8월 14일 국회 환노위원장과 노사 대표가 주5일제 도입 협상을 벌였다.

임시방편"이라고 비판하며 냉소적으로 보는 시선도 존재했다. 그리고 경제 위기의 절정이 지나가면서 그 유용성을 잃어가는 듯했다.

민주노총은 정리해고를 허용하는 결정을 받아들이도록 조합원들을 설득하는 데 실패했다. 사회협약 체결 후 15개월 동안 두 노총은 세 차례에 걸쳐 탈퇴를 결의하였다. 그리고 사용자단체 역시 탈퇴를 감행하고 맞섰다. 정부·사용자·노동조합은 사회협약의 이행이 늦추어지는 것에 대해 서로를 비난했고, 이것은 불신을 증가시켰다. 사회협약이 위기에 처했다.

그런데도 1998년 사회협약은 붕괴하지 않았다. 한국의 노사정은 사회협약을 4년이 넘게 지탱하였고, 그동안 한국은 IMF 구조조정과 경제 관리 체제를 졸업하였다. 그리고 노사정위원회를 공공정책을 논의하고 결정하는 법적 상설기구로 격상시켰다. 위원회가 세 번의 회기를 거치는 동안 이들은 대부분의 사회협약을 이행하였을 뿐만 아니라 노동시간 단축에 대한 원론적 합의와 사용자의 노조 전임자에 대한 임금 지급 허용 연장과 같은 새로운 합의를 이루는 데도 성공하였다.

IMF 관리 경제의 절박함에서 비롯된 노사정위원회는 사회적 대화와 합의, 사회협약을 통한 사회 개혁의 새로운 가능성을 보여주었으며 법제화된 기구로 발전하였지만, 미완의 협약으로 그치고 말았다. 노사정위원회 2기부터 민주노총은 정리해고제와 근로자 파견제를 재논의해야 한다는 조건을 내걸고 노사정위원회에 불참하였다. 그 가운데 노사정위원회는 정부의 신자유주의적 정책 속에서 노동 부문에 대한 일방적인 공격을 정당화하는 기구로 기능하고 있다는 비판을 받기도 했다. 이 기구는 2018년 경제사회발전노사정위원회라는 이름으로 재출범했다.

일자리협약

노동시장 양극화, 청년 실업 증가 등의 문제가 심각하게 대두되던 2003년 12월, 노사정위원회는 본회의에서 일자리 만들기를 2004년 핵심 의제로 채택하고 사회협약을 체결하기로 했다. 논의를 이어간 끝에 2004년 '일자리 만들기 사회협약'을 체결하였다. 그 전문에서 "양질의 일자리를 늘려 청년실업 등 당면한 고용불안을 해소하고 여성·고령자 등 잠재 인력이 최대한 노동시장에 진입할 수 있도록 하며, 부문 간 소득 격차를 완화하여 성장과 고용과 분배가 선순환되는 지속 가능한 경제·사회 발전을 뒷받침하는 데 목적을 두고 이를 위한 노사정의 협력 정신과 각 경제 주체의 역할을 담았다"고 사회협약의 목표를 밝히고 있다.

이 협약은 체결 후 4년간 부분적으로나마 긍정적 변화를 가져왔다. 구직자와 근로자 측면에서 고령자, 청년, 여성, 장애인 등 취업애로 계층의 고용 촉진과 일자리 유지를 위한 체계적인 지원책이 마련되었다. 그리고 기업 측면에서 인력 양성과 고용 전달 체계의 개선에 따라 필요한 인력을 적기에 노동시장에서 공급받을 수 있게 되었고, 정부의 각종 지원 정책들에 의한 고용 비용 부담 완화로 안정적인 기업 활동과 투자 확대가 가능해졌다. 노동시장 측면에서는 산업 수요를 반영할 수 있는 인력 양성 체계의 근간을 마련하고 원활한

● 노무현 대통령과 이남순 한국노총 위원장이 2004년 2월 10일 노사정 합의로 일자리 만들기 사회협약안을 확정한 후 악수하고 있다.

인력 공급을 위한 고용 서비스 전달 체계를 구축하였다.

그러나 이러한 장점에도 불구하고 '일자리 만들기 사회협약'은 여러 한계가 존재하였다. 원론적 수준의 합의로 실행과 측정이 곤란했고, 정책의 일관성 유지도 미흡했다. 민주노총이 빠진 상태의 합의였기에 민주적 수렴과 국민 지지 결여라는 사회협약 체결 과정과 수준의 문제를 노출했다. 그리고 사회협약의 구속력 문제, 협약 행위자의 실행력 확보 미흡, 노사 간 신뢰 미흡 등 실효성에도 한계가 있었다.

사회협약 모델의 변모 가능성

21세기에 들어 세계 곳곳에서 사회협약의 영향력이 감소한 것은 사실이다. 글로벌화로 인해 노동과 경제 환경이 바뀌었기 때문이라는 분석이 지배적이다. 이것은 국가 수준에서 노동자와 사용자 중심으로 체결하는 사회협약의 주된 방식이 변모할 가능성을 보여주는 것이기도 하다.

기업의 해외 아웃소싱이 늘고 자영업자와 프리랜서, 플랫폼 노동 등이 등장하면서 노동시장의 구조가 달라졌지만, 사회적 갈등은 더 증폭될 여지를 보인다. 그리고 이런 갈등은 여러 층위로 나뉘며 복잡하고 다양해졌다. 이것을 반영하는 새로운 사회협약의 모습이 국내외에서 나타나기 시작한 것에 주목할 필요가 있다.

사회협약은 다양한 영역으로 확대되어 여러 가지 사회적 갈등을 조정하는 정책 수단으로 활용되고 있다. 과거 사회협약은 국가의 경제 위기 극복을 위해 노동자, 사용자, 정부 대표가 협약을 맺는 방식이 지배적이었다면, 최근에는 특정 사회문제 해결을 위한 협약부터 교육이나 복지와 같은 분야별 협약 등에 이르기까지 협약의 내용과 범위가 확대되고 있다. 노사정 협약 이외에 다수의 이해관계자가 참여하는 사회협약 사례가 발견된다.

우리나라의 경우 2005년의 투명사회협약, 2006년 저출산고령

● 2006년 6월 20일에 열린 저출산·고령화 문제 해결을 위한 사회협약 체결식

화문제 해결을 위한 사회협약, 2019년 청렴사회협약 등 특정 사회 문제 해결을 위한 협약이 진행되었다.

영국의 협치협약도 이와 관련한 중요한 사례로 살펴볼 수 있다. 전통적 복지 모델이 정부 재정 부담으로 위기에 처하자 영국 정부는 새로운 복지 모델을 구상하였다. 공공 서비스 공급을 중심으로 정부와 시민·사회단체가 상호 신뢰와 자율성을 바탕으로 파트너십 관계를 형성하고자 했다. 이를 위해 정부와 시민사회 간 새로운 사회협약을 모색했다. 1998년 세계 최초로 정부와 시민사회 간 협치협약(Compact)이 체결되었다. 이때 영국 정부는 2만여 개 조직과 협의를 진행하였고, 협약의 실천 방법을 명확히 하기 위해 실천 규약도 발표하였다. 2000년 제1회 협약 연례 회의를 열었고 2003년에는 협약 지원 프로그램도 추진하였다. 2007년부터는 실효성 있는 협약의 실행을 위해 협치협약 위원회를 설치하여 운영하였다. 그리고 협치협약을 지방정부 단위로까지 세분화하고 확장하여 운영하였다. 영국은 협치협약을 통해 정부와 시민사회가 협력하여 공공복지 서비스 공급의 새롭고 현대적인 모델을 만들어 운영할 수 있었다.

이 책에서 말하는 사회협약은 노·사·정이라는 3개 주체가 구조조정, 일자리 창출 등 경제 현안을 의제로 삼아 합의하던 전통적 형태는 아니다. 다양해진 사회문제와 갈등 구조에 적합한 새로운 사회협약을 추진하는 것이다. 이것은 우리 사회의 낡은 관행을 벗고 혁신을 추진하는 중요한 과정이 될 것이다.

4장

새로운 사회협약의 질문들

문제의식

앞 장에서 살펴본 것처럼 사회협약을 어떻게 추진하고 무엇을 의제로 삼을지에 대한 본격적인 연구가 필요한 시점이다. 이를 위해 설문조사를 진행했다. 이번 장에서는 이 설문조사 결과를 중심으로 사회협약 추진을 위한 여러 질문을 던지며 논의를 이어가고자 한다.

대한민국에 새로운 사회협약이 필요한 이유는 다음과 같다. 첫째, 시대정신이 연대와 협력으로 변화하고 있다. 한국 사회는 빨강·파랑의 밈 가치 시스템(법·질서·공정)에서 파랑·초록 밈 가치 시스템(유대·평화·공존)으로 바뀌는 중이다. 둘째, 창의성과 이타성이 대표적인 국민 성향으로 증가하고 있다. 우리 국민의 성향은 사람을 잘 돌보고 이해심이 많고 이타적이며 관대한 스타일이 강하다.

셋째, 리더십 선호에 변화가 일어났다. 혁신적이고 성과를 중시하는 리더십을 원하는 사람이 늘었다. 넷째, 유권자 지층이 변화했다. 30년간 기울어져 있던 운동장이 평평한 운동장이 되었다.

이 4가지의 시대 변화는 산업화·민주화 담론의 종식을 의미하는 동시에, 새로운 사회협약을 추진해야 할 동기로 작용한다.

세계은행과 IMF 부총재를 역임한 런던정치경제대학교 총장 미노슈 샤피크는 "환경이 달라지면 주기적으로 사회협약을 둘러싼 재협상이 이루어져야 한다"고 강조한다. 그녀는 "우리 시대에는 수많은 사회의 사람들이 사회협약이 제공하는 삶에 좌절되고 있다. (…) 여러 개발도상국에서 5명 가운데 4명이 '사회 시스템'이 자신들을 위해서 작동하지 않는다고 생각하는 것으로 나타났다. (…) 교육, 보건의료, 취업을 향한 사회적 열망에 비해서 이를 구현할 사회적 역량은 한참 모자란 경우가 많다. 그리고 지구상의 수많은 노동자는 기술 부족이나 자동화 기술의 발전으로 인해서 생계 수단을 잃게 될까 봐 근심하고 있다"라고 말한다. 그리고 새로운 사회협약이 필요한 이유로 '고령화, 인공지능, 기후 변화'를 들고 있다.[1] 요컨대 우리 사회에도 변화한 시대에 걸맞은 새로운 사회협약이 요구된다.

또한, 미노슈 샤피크는 복잡하게 느껴지는 사회협약의 개념을

---

[1] 미노슈 샤피크(이주만 옮김), 『이기적 인류의 공존 플랜』, 까치, 2022. 본 장의 설문조사 주요 내용도 이 책에 언급된 아이디어에 착안함.

명확히 정의한다. 그것은 "서로에 대한 사회 구성원의 요구를 규정한 것"이다. 즉 "사회는 각 구성원에게 어떤 의무를 지는지, 개개인은 사회에 어떤 의무를 지는지에 대한 약속"이다. 더 나아가 이 시대에 필요한 사회협약의 지침을 제시한다.

첫째, 사람은 누구나 인간다운 삶을 누릴 최소한의 요인들을 보장받아야 한다. 둘째, 모든 사람은 할 수 있는 만큼 사회에 일조해야 한다. 셋째, 질병과 실직, 노화와 같은 위험 요인과 관련해서 최소한의 것을 제공하는 일은 사회가 분담해야 한다는 것이다.

이런 지침을 바탕으로 아이를 양육하고 교육하는 일, 아픈 사람을 돌보는 일, 새로운 경제 현실에 적응하도록 돕는 일, 노인을 부양하는 일, 세대 간 이해관계에서 균형을 유지하는 일 등 요람에서 무덤까지 적용될 여러 사안에 대해 사회협약을 진행해야 한다.[2]

설문조사 문항을 작성할 때 이러한 미노슈 샤피크의 논의에 영감을 받았다. 설문조사는 지방자치데이터연구소가 2023년 8월 3일~10일, 전국의 15~34세 200명을 대상으로 웹 패널 조사 방식으로 진행했다. 새로운 사회협약의 다양한 측면에서 질문을 던지고, 이에 대한 국민의 생각을 살펴보고자 한다.

---

2 미노슈 샤피크, 앞의 책.

● 새로운 사회협약을 위한 여론조사 개요

조사 대상	전국 16~34세
조사 방법	웹패널조사
표본 추출	5세간 할당 무작위 추출
유효 표본	200명
표본 오차	95% 신뢰 수준의 최대 허용 오차는 ±7.3%
조사 기간	2023년 8월 3일~10일(5일간)
수행 기관	지방자치데이터연구소

새로운 사회협약의 환경

오작동

현재 사회 시스템이 본인을 위해 작동하지 않는다고 생각하는 사람이 절반 이상이었다. 이들이 현재 시스템이 기대와 목표를 충족시키지 못하거나 불공정하다고 인식하고 있음을 의미한다. 사회 시스템에 대한 불만이 있거나 개선이 필요한 부분들을 직접 경험하고 있을 가능성도 크다. 불평등 감소와 포용적 정책, 투명성과 참여 촉진 등이 필요하다. 자신의 삶과 현재 사회 시스템 간의 간극이 큰 것은 새로운 사회협약의 필요를 방증하기도 한다.

● 한국 사회의 전반적인 시스템이 본인을 위해 작동하고 있다는 느낌을 받아본 적이 있으십니까? %

● 전체 소득에서 상위 소득자가 차지하는 비율 %

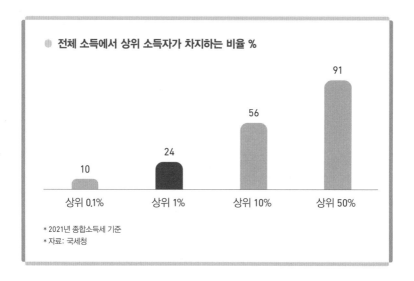

* 2021년 종합소득세 기준
* 자료: 국세청

● 최근 10년간 우리나라의 피케티지수

구분	2010	2011	2012	2013	2014	2015	2016	2017	2018	2019	2020	2021
피케티지수 (법인 포함)	9.1	9.3	9.3	9.2	9.4	9.4	9.5	9.5	10.1	10.6	11.4	11.9
피케티지수 (피케티β)	7.5	7.6	7.6	7.5	7.7	7.7	7.8	7.8	8.2	8.6	9.2	9.6

* 피케티지수는 프랑스 경제학자 토마스 피케티가 고안한 개념이다. 한 나라의 자본 총량이 그해 소득의 몇 년 치에 해당하는지에 대해 측정한 것이다. 국민순자산을 국민순소득으로 나눈 값과 비슷하다. 피케티지수가 높아질수록 국민 경제의 소득 분배에서 자본이 가져가는 비율이 커지는 것으로 알려져 있다. 한 사회에서 평균적인 소득을 올리는 사람이 평균적인 부를 쌓는 데 그만큼 오랜 시간이 걸린다는 뜻으로, 자산 분포가 불평등하다는 것을 함의한다.
* 자료: 더불어민주당 고용진 의원실(피케티지수는 의원실에서 계산)

정책 변화

한국 사회에서 가장 크게 변화해야 할 정책에 대해 노동, 교육, 보육, 고령화, 보건의료, 기타 순으로 답했다. 노동 환경의 변화와 더불어 노동자의 권리와 복지에 관심이 증가한 것으로 보인다. 젊은 세대가 노동시장에 진출하면서 안정적인 일자리와 공정한 노동 조건에 대한 요구가 높았다. 노동자의 권리와 안전 보호 강화, 일-생활 균형 유지, 적극적인 직업 훈련 및 전환 지원 등이 우선되어야 할 것으로 보인다.

● 한국 사회가 지속 가능하기 위해서, 가장 큰 정책적 변화가 필요한 분야는 어디라고 생각하십니까? %

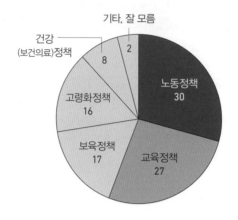

기타, 잘 모름 2

건강 (보건의료)정책 8

고령화정책 16

보육정책 17

교육정책 27

노동정책 30

● 소득 최상위 1%가 전체 소득에서 차지하는 비중의 변화 폭 %

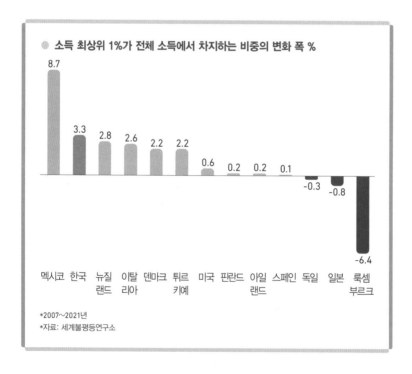

멕시코	한국	뉴질랜드	이탈리아	덴마크	튀르키예	미국	핀란드	아일랜드	스페인	독일	일본	룩셈부르크
8.7	3.3	2.8	2.6	2.2	2.2	0.6	0.2	0.2	0.1	-0.3	-0.8	-6.4

*2007~2021년
*자료: 세계불평등연구소

시스템 편향

한국 사회 시스템이 어떤 연령층을 중심으로 작동하는가에 대해 응답자들은 40~50대, 60세 이상, 20~30대, 19세 이하 순으로 답했다. 한국 사회 시스템이 기성세대에 맞추어져 있다고 생각하는 경향이 뚜렷하다. 세대 간 공정 분배를 실현하고 다양한 세대의 요구를 반영하는 정책을 개발하여 각 세대 간 공정한 혜택 분배가 이루어질 수 있도록 해야 함을 알 수 있다.

◉ 한국 사회의 시스템은 주로 어느 계층을 위해 배려하며 작동하고 있다고 보십니까? %

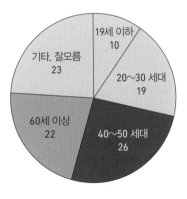

임금 노동자 성별·연령별 연간 평균임금 및 격차

(단위: 원)

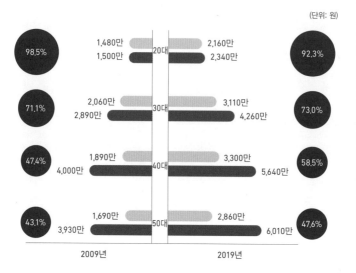

98.5%	1,480만 / 1,500만	20대	2,160만 / 2,340만	92.3%
71.1%	2,060만 / 2,890만	30대	3,110만 / 4,260만	73.0%
47.4%	1,890만 / 4,000만	40대	3,300만 / 5,640만	58.5%
43.1%	1,690만 / 3,930만	50대	2,860만 / 6,010만	47.6%

2009년   2019년

● 여성의 남성 대비 평균임금 비율

2019년 노동소득 5분위 성비 %

여성
남성

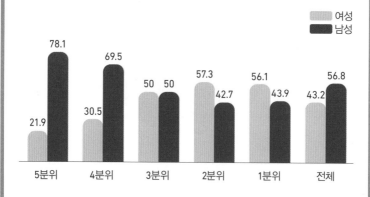

	5분위	4분위	3분위	2분위	1분위	전체
여성	21.9	30.5	50	57.3	56.1	43.2
남성	78.1	69.5	50	42.7	43.9	56.8

* 1분위(저소득)~5분위(고소득)
* 자료: 기본소득당 용혜인 의원실(국세청 제공 자료 분석)

172

무지의 장막

정치철학자 존 롤스(John Rawls)가 제안한 개념인 '무지의 장막'은 사회적 의사결정에 참여한 사람들은 자신의 정체성, 즉 출신 배경, 가족관계, 사회적 위치, 재산 상태 등을 아예 잊고 무시한 상태에서 결정해야 한다는 것이다. 왜냐하면, 자신에게 유리하도록 선택하는 것을 막고 공정한 원칙을 세우기 위한 개념 장치가 필요하기 때문이다. 이러한 '무지의 장막' 원칙이 정책 결정 과정에서 지켜지고 있는지를 물었다. 68%가 지켜지지 않는다고 대답했다. 정책 결정이 특정 계층의 이익을 우선시하거나, 다양한 의견을 충분

● 새로운 정책을 결정할 때, 나 자신이 어떤 계층에 속할지를 알지 못한 상태에서 결정해야 공정하다는 '무지의 장막' 원리가 있습니다. 한국 사회는 이러한 원리가 잘 지켜지고 있다고 보십니까? %

히 수렴하지 못한다고 생각하는 것이다. 이는 우리 사회에 투명하고 개방적인 정책 결정 프로세스가 아직도 상당히 부족함을 의미한다. 정책 결정 과정의 투명한 공개, 다양한 시민의 참여와 의견 수렴이 필요하다. 연령, 성별, 직업 등 계층별 다양한 요소를 고려하여 정책 결정에 참여하는 이들의 대표성을 확보해야 한다.

계층 사다리

한국 사회에서 계층 간 이동이 잘 이루어지는지 물었다. 80%가 부정적인 답변을 했다. 한국 사회에서 계층 간 이동이 어렵고 불

● **한국 사회는 불평등 완화 등 계층 간 이동이 잘 이루어지는 사회라고 보십니까? %**

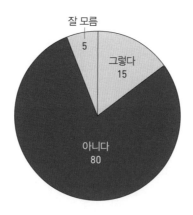

잘 모름
5

그렇다
15

아니다
80

● SNS 수저론

	금수저	은수저	동수저	흙수저
가구 자산	20억 원 이상	10억 원 이상	5억 원 이상	5억 원 이하
가구 연수입	2억 원 이상	8,000만 원 이상	5,500만 원 이상	5,500만 원 이하

● 계층 구분 기준

	부유층	중산층	빈곤층
재산	하나뿐인 물건, 유산, 혈통	물건	사람
돈	보존하고 투자하는 것	관리하는 것	소비하는 것
교육	인맥 만들고 유지에 필요	성공 사다리의 핵심	추상적으로 존재. 현실적으론 아님
가족 구성	돈 있는 사람 중심	남성 중심	여성 중심
사랑	사회적 지위와 인맥에 따라감	상대의 성취에 따라감	상대를 좋아하느냐에 따라감
유머 소재	사회적으로 무례한 행동	우스운 상황에 관해	사람과 섹스

* 자료: 루비 페인, 「계층이동의 사다리」, 황금가지.

평등하다고 인식하는 경향이 강하다. 경제, 교육, 일자리 등에서의 불평등이 큰 문제로 꼽힐 수 있다. 경제적 불평등을 완화하기 위해 취약 계층의 일자리 기회를 확대하고 소득 분배의 공정성을 강화하는 정책이 요구된다. 또한, 젊은 세대에게 고등교육과 진로 선택 기회를 보장하는 정책을 강화해야 한다.

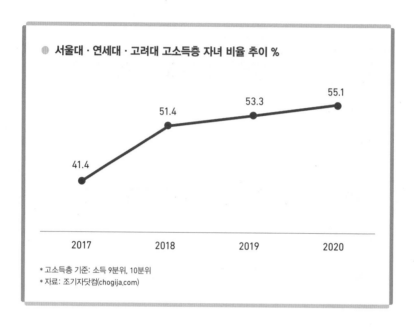

● 서울대 · 연세대 · 고려대 고소득층 자녀 비율 추이 %

55.1

53.3

51.4

41.4

2017   2018   2019   2020

* 고소득층 기준: 소득 9분위, 10분위
* 자료: 조기자닷컴(chogija.com)

새로운 사회협약

한국 사회의 지속 가능한 발전을 위해 새로운 사회협약이 필요하다고 보는지 질문했다. 절반이 넘는 사람이 "전적으로 필요하다"고 응답했다. 개인, 기업, 시민사회, 국가가 협력을 강화하여 사회적 문제를 해결하고 지속 가능한 발전을 추구해야 한다고 인식하는 것으로 보인다. 새로운 사회협약을 논의할 때 다양한 이해관계자들 간에 포용적인 대화와 협력을 촉진하여 폭넓게 의견을 수렴하고 합의점을 찾아야 한다. 또한, 새로운 사회 구조 설계 시, 사회적 불

● 한국 사회가 지속 가능하려면 개인, 기업, 시민사회, 국가가 새롭게 사회협약을 해야 한다는 주장에 어떻게 생각하십니까? %

평등을 완화하고 지속 가능한 개발을 위한 새로운 사회적·경제적 구조를 설계하는 노력이 필요하다.

비전 총량

국가 비전을 수립하고 중장기 정책을 설계할 때 우선적인 고려 사항이 무엇인지 물었다. 응답자의 53%가 국가 및 공동체의 안전과 발전이라고 답했고, 41%가 개개인이 성취할 수 있는 만족의 총량이라고 답했다. 개개인이 성취할 수 있는 만족은 대체로 건강, 편안함, 사회적 관계, 자아실현, 경제적 안정, 자기 존중감, 문화 활동,

취미, 개인 목표 달성 등 매우 다양할 수 있다. 중장기적 국가 정책 설계에서 공동체에 우선순위를 두는 사람이 더 많긴 하지만, 개인의 만족과 성취를 중요시하는 의견도 상당수이다. 개인의 삶의 질

● 국가 비전 및 중장기적인 정책을 설계할 때, 다음 중 어떤 정책 방향이 우선 고려되어야 한다고 보십니까? %

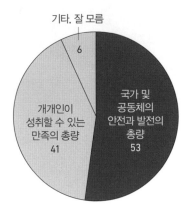

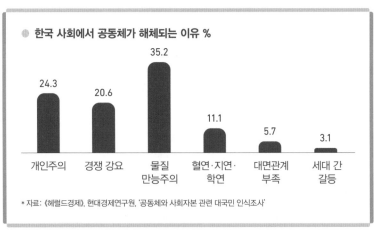

* 자료: 《헤럴드경제》, 현대경제연구원, '공동체와 사회자본 관련 대국민 인식조사'

과 행복을 중요시하며, 정책이 이를 고려하여 설계되어야 한다고 생각하는 것이다. 두 가치에 대한 균형 있는 접근이 요구된다.

이타적 기업

기업의 이익을 주변 이해관계자들과 나누는 것에 대해 70% 가까운 응답자가 "장기적 관점에서 기업의 가치를 극대화하는 행위"로 인식했다. 기업이 사회적 책임을 다하면서도 기업의 경제적 지속 가능성을 고려해야 한다고 인식하는 것으로 보인다. 한국 사회에서 기업의 사회적 책임 강화가 필요하다. 기업은 이익을 추구하면서도

● **기업이 이익을 주변 이해관계자들 즉 노동자, 협력회사, 소비자, 지역사회와 나누는 것에 대해 어떻게 생각하십니까? %**

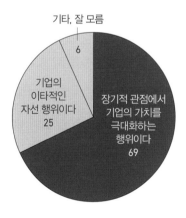

기타, 잘 모름
6

기업의 이타적인 자선 행위이다
25

장기적 관점에서 기업의 가치를 극대화하는 행위이다
69

한국 대기업의 사회적 공헌 현황

사회공헌 지출액	지출 총액	2조 6,122억 7,779만 원
	1회당 평균 지출액	136억 7,685만 원
	이익 대비 지출 비율	3.7%
대표 사회공헌 프로그램 평균 나이		9.5세
신규 사회공헌 프로그램 대상		아동·청소년 50.6%
임직원 1인당 연평균 봉사 활동 시간		5.3시간
임직원 봉사 활동 지원 제도		사내 봉사 조직 구축 37%

*매출액 기준 500대 기업 중 210개 회사 분석 결과(사회공헌 지출액은 191개 회사)
*자료: 한국경제인연합회, 국내 기업 사회공헌 지출액 통계

방 2칸 임대주택서 숨진 11조 원 부호 찰스 프란시스 피니

92세의 나이로 영면에 든 세계 최대 면세점 업체 DFS 창립자 찰스 프란시스 피니. 찰스 프란시스 피니는 평생 쌓은 막대한 재산 중 200만 달러(약 27억 원)만 남기고 5개 대륙에 걸쳐 80억 달러(10조 8,000억 원) 이상을 익명으로 기부하였다. 주로 아동·청소년, 인구, 의료·건강, 교육, 과학·기술, 인권, 평화 분야에 집중되었으며, 그가 기부하지 않은 분야를 찾기가 어려울 정도로 체계적으로 기부가 이루어졌다.[3] 찰스 프란시스 피니는 생존에 "돈은 매력적이지만 그 누구도 한 번에 두 켤레의 신발을 신을 수는 없다. 자랑하지 마라. 받은 이의 부담을 덜어주고 싶다면 자랑하지 마라.", "내가 기부한 것이 밝혀지면 지원을 끊겠다"라고 할 정도로 기부의 지속 가능성을 깊게 고민했다. 워런 버핏은 찰스 프란시스 피니에게 "척은 모범이다. 그는 나의 영웅이자 빌 게이츠의 영웅이기도 하다. 그는 모두의 영웅이 되어야 한다"고 그의 행적을 평가하기도 했다.

주변 이해관계자들과의 관계를 존중하고 사회적 책임을 다하는 방향으로 노력해야 한다. 기업의 투명한 경영과 의사소통도 요구된다. 이익 분배 원칙과 방식을 투명하게 공개하고 주변 이해관계자들과의 의사소통을 강화하여 신뢰를 구축하는 노력이 효과적일 것이다.

지속 가능성

한국 사회의 지속 가능성을 해치는 문제가 무엇인지 물었다. 고령화, 적극적 노동시장의 부재, 여성의 사회·경제적 역할 제약, 기후 변화, 인공지능의 급속한 발전 순으로 나타났다. 고령화라고 답한 비율이 42%로 이를 한국 사회의 지속 가능성을 저해하는 가장 큰 문제로 인식하고 있었다. 고령화로 인해 복지 부담이 커지고 노동인구 감소 등의 문제가 발생하는 데 대해 우려하는 것으로 보인다. 노인 복지와 건강 관리를 적극적으로 수행하여 고령화 부담을 완화할 필요가 있으며, 동시에 고령화를 적극적으로 활용할 수 있는 혁신 정책도 필요해 보인다.

그 외에도, 청년들의 취업 기회 확대와 일자리 창출을 위한 정

---

3 이혜진, 「방 2칸 임대주택서 숨진 11조 원 부호, 13년간 숨겼던 비밀」, 《조선일보》, 2023.10.15.

책을 펼쳐서 노동시장의 적극적인 참여를 유도해야 한다. 또한, 성별 평등과 여성 참여 확대가 요구된다. 여성의 사회·경제적 역할을 강화하기 위한 정책을 촉진하고 성 평등을 실현해야 한다. 기후 변화 대응과 환경 보호도 중요하다. 자연자원 관리와 지속 가능한 발전을 모색해야 한다. 이와 함께 인공지능의 발전과 활용에 대한 윤리적인 고려와 교육을 강화하여 사회적 안정성을 유지하는 노력이 필요하다.

● 한국 사회의 지속 가능성을 저해하는 문제로, 최근 가장 큰 영향을 미치는 문제는 무엇이라고 생각하십니까? %

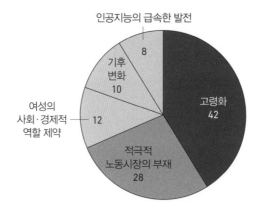

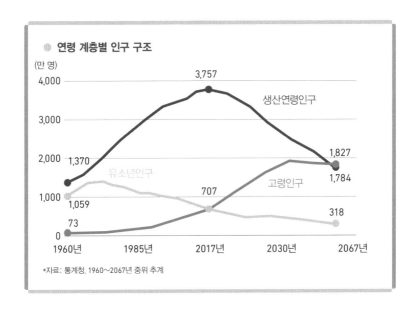

● 연령 계층별 인구 구조

(만 명)

4,000

3,757

3,000

생산연령인구

2,000 — 1,370

1,827

유소년인구

1,000

707

고령인구

1,784

1,059

73

318

0

1960년   1985년   2017년   2030년   2067년

*자료: 통계청, 1960~2067년 중위 추계

사회협약의 원칙

새로운 사회협약에서 가장 중요한 원칙이 무엇인지 물었다. "개인의 기본적인 경제적 요구를 보장하고 인간다운 삶을 누릴 수 있는 환경을 조성"하는 것이 최우선이라고 답한 비율이 절반 가까이 되었다. "모든 사람은 할 수 있는 만큼 사회에 일조하도록 설계해야 한다"와 "질병과 실직, 노화와 같은 위험 요인과 관련해서 최소한의 것을 제공하는 것을 개인이 아닌 사회가 분담하도록 설계해야 한다"라고 답한 비율이 각각 1/4 정도였다.

사회적 경제적 불평등을 줄이기 위해 기본적인 생활보장제도를 도입하거나 강화하는 정책을 모색해야 한다. 또한, 모든 사람이 사회에 기여할 수 있는 환경을 조성하기 위해 교육, 훈련, 노동, 보육 등의 기회를 제공하는 정책을 강화해야 한다. 이와 함께 위험 요인에 대한 사회적 보호망을 확대하고, 취약한 계층에 대한 지원을 개인이 아닌 사회가 분담하는 정책을 확대할 필요가 있다.

● 대한민국에 새로운 사회협약이 필요하다면, 가장 먼저 고려해야 하는 문제는 무엇입니까? %

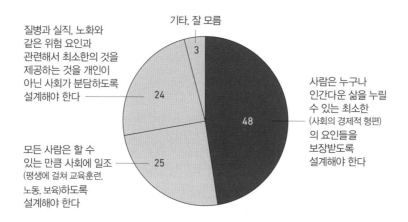

질병과 실직, 노화와 같은 위험 요인과 관련해서 최소한의 것을 제공하는 것을 개인이 아닌 사회가 분담하도록 설계해야 한다 —— 24

기타, 잘 모름 3

사람은 누구나 인간다운 삶을 누릴 수 있는 최소한 (사회의 경제적 형편)의 요인들을 보장받도록 설계해야 한다 48

모든 사람은 할 수 있는 만큼 사회에 일조(평생에 걸쳐 교육훈련, 노동, 보육)하도록 설계해야 한다 —— 25

● 65세 이상 인구 연금 수급 현황

연금 1개 이상 수급자	776만 8,000명(90.1%)
연금을 받지 않는 인구	85만 2,000명(9.9%)
연금을 2개 이상 수급한 중복 수급자	34.40%
월평균 연금 수급 금액	60만 원

● 연금 수급자 수령 금액

기타,
미수급
10.8%

25만 원 미만
21.1%

25~50만 원
43.4%

50~100만 원
24.7%

● 18~59세 연금 가입 현황

연금에 1개 이상 가입한 인구	2,373만 7,000명(78.8%)
가입한 연금이 하나도 없는 인구	640만 명(21.2%)
연금 가입자가 내는 월평균 보험료	32만 9,000원

*자료: 통계청, 2016~2021년 연금 통계 개발 결과

여성과 일

여성 경제 활동

자녀를 둔 여성의 사회적 역할과 경제 활동 참여를 지원하는 가장 효과적인 방법이 무엇인지에 대해 "육아휴직을 늘리고 휴직 급여를 정부가 일부 보조하여 가정과 경제 활동을 조화시키는 것"이라는 답변이 58%, "모든 유아 및 아동에게 보육시설을 무료로 제공하는 것"이라는 답변이 35%로 나타났다.

이는 전통적으로 가족 공동체를 중요시하는 한국 사회의 역사와 문화가 반영된 결과로 보인다. 관련 연구를 더 심화하여 보육정책의 획기적 변화도 고려해보아야 할 수도 있다. 참고로, 유럽 등 선진국은 여성 일자리 단절을 막기 위해 공공보육 서비스를 강화하는 쪽으로 정책 노선을 유지하고 있다.

● 자녀가 있는 기혼 또는 미혼 여성의 사회적 역할 또는 경제 활동 참여를 위해 다음 중 가장 효과적인 것은 무엇이라고 보십니까? %

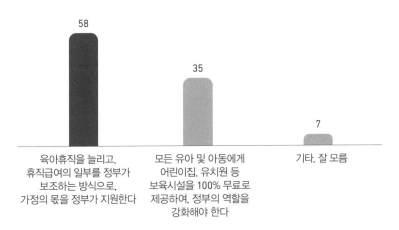

58	35	7
육아휴직을 늘리고, 휴직급여의 일부를 정부가 보조하는 방식으로, 가정의 몫을 정부가 지원한다	모든 유아 및 아동에게 어린이집, 유치원 등 보육시설을 100% 무료로 제공하여, 정부의 역할을 강화해야 한다	기타, 잘 모름

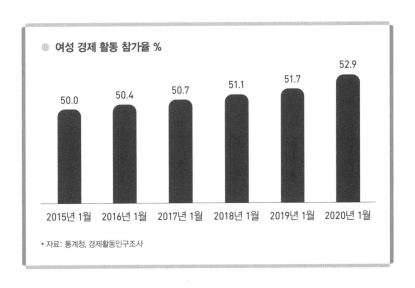

● 여성 경제 활동 참가율 %

2015년 1월	2016년 1월	2017년 1월	2018년 1월	2019년 1월	2020년 1월
50.0	50.4	50.7	51.1	51.7	52.9

* 자료: 통계청, 경제활동인구조사

출산이라는 불이익

　한국 사회에서 출산이 여성에게 불이익이라는 주장에 대해 동의하는 사람이 62%, 동의하지 않는 사람이 30%였다. 출산이 여성에게 불이익이라고 생각하는 사람이 그렇지 않다고 생각하는 사람보다 2배가량 많았다. 여성들이 출산과 관련하여 경제적·사회적·직업적 어려움에 직면하고 있음을 의미한다. 출산은 여성에게 다양한 어려움을 불러오지만, 이와 동시에 가족과 사회에 중요한 역할이다. 여성들이 출산과 경제 활동을 조화롭게 이행할 수 있도록 육아휴직과 보육시설 확대를 포함한 정책의 확대 적용이 필요하다. 이를 통해 여성이 직업적 발전과 가족 역할을 함께 실현할 수 있도록 지원해야 한다.

● 한국 사회에서 출산은 여성에게 불이익이다는 주장에 대해 어떻게 생각하십니까? %

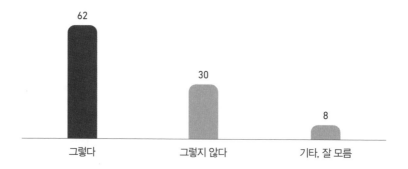

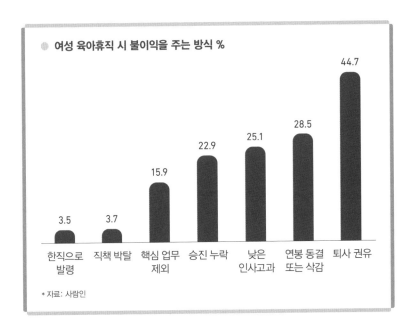

여성 육아휴직 시 불이익을 주는 방식 %

한직으로 발령	직책 박탈	핵심 업무 제외	승진 누락	낮은 인사고과	연봉 동결 또는 삭감	퇴사 권유
3.5	3.7	15.9	22.9	25.1	28.5	44.7

* 자료: 사람인

조부모의 역할

손주를 돌보는 조부모들에게 정부가 교육·훈련·돌봄 비용을 제공하는 것에 동의하는지를 물었더니 78%가 동의하였고 18%는 동의하지 않았다. 정부 지원을 통해 노인 부모가 손주 돌봄 역할을 더 수월하게 이행할 수 있다면 여성들의 경제 활동 참여가 증가할 수 있다고 생각한다. 이는 복합 정책으로 어르신 일자리로도 연결될 수 있다.

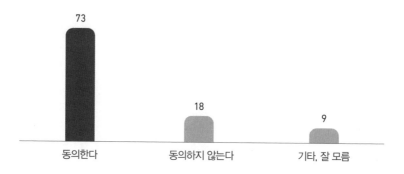

● 손주를 돌보는 모든 조부모에게 정부가 교육 · 훈련 · 돌봄 비용을 제공하는 것에 대해 어떻게 생각하십니까? %

73 동의한다
18 동의하지 않는다
9 기타, 잘 모름

외국인 돌봄 노동자

육아나 어르신 돌봄 서비스에 외국인 근로자를 활용하는 것에 대한 찬반을 물었다. 동의한다 38%, 동의하지 않는다 44%로 엇비슷했다. 외국인 근로자를 통해 돌봄 서비스 분야의 부족한 인력 공급을 해결할 수 있다는 판단과 내국인 일자리 보호나 문화적 차이를 고려하여 반대하는 의견이 함께 존재하고 있다.

외국인 근로자를 활용하는 것은 늘어나는 돌봄 서비스 수요에 대응하는 방법 중 하나이다. 하지만 그에 따른 노동 환경 변화와 권익 보호 등 다양한 측면을 고려해야 한다. 정책적으로는 외국인 근로자 관리와 지원을 강화하고, 문화적 이해 증진을 통해 다문화 협력을 강화하는 방향으로 나아가야 한다.

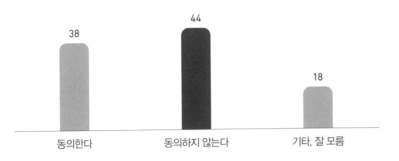

● 육아 및 어르신 돌봄 서비스 일자리에 외국인 근로자를 활용하는 것에 대해 어떻게 생각하십니까? %

	38	44	18
	동의한다	동의하지 않는다	기타, 잘 모름

● 전 세계 가사노동자 통계

규모	약 7,560만 명(이 중 외국인 가사노동자가 15%가량인 1,150만 명)
성별 비율	여성이 약 76%
임금	비가사노동자의 약 56%
비공식 고용	전체의 약 80%(유급연차, 병가, 사회보험 혜택 없음)

출처: 국제노동기구 (ILO), 여성 비공식 고용정책 네트워크 WIEGO (《경향신문》, 2023. 10. 3.)

노동시장과 보육정책

노동시장을 더 평등하게 만들기 위해 보육정책을 최우선으로 고려해야 하는지 물었다. 응답자의 2/3가 그렇다고 대답했다. 보육정책은 부모들이 노동시장 참여와 가족 역할을 조화롭게 이행할 수 있도록 돕는 중요한 요소이다. 보육정책 강화는 여성과 남성 모두의 경제 활동 참여 기회를 확대하고 노동시장을 더 평등하게 만드는 데 기여할 것이다.

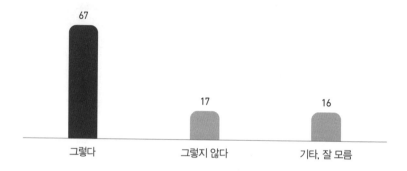

● **노동시장을 보다 평등하게 만들려면, 보육정책을 최우선 정책으로 고려해야 한다는 주장에 대해 어떻게 생각하십니까? %**

그렇다	그렇지 않다	기타, 잘 모름
67	17	16

공공의료

공익성과 효과성

의료에 관한 사회적 투자를 어떤 기준으로 하는 것이 좋을지 질문해보았다. '치료 효과가 있는지에 대한 의학적 평가가 잘된 서비스'와 '국가가 개입하는 것이 공익에 해당하는지에 대한 평가가 잘된 서비스' 중 어떤 의료 기술 서비스에 공적 자금을 투입하는 것이 더 좋을지 물었다. 64%의 응답자가 의학적 평가를 통해 치료 효과가 검증된 서비스에 더욱 높은 우선순위를 부여하는 것에 동의했다. 의료에 공적 자금을 투입하는 경우에는 환자의 건강에 실제로 도움이 되는 서비스에 먼저 투자해야 한다는 의견으로 보인다. 하지만 나머지 36%의 의견인 국가의 개입이 공익에 부합하는지에

● 어떤 의료 기술 서비스에 공적 자금을 투입하는 것이 좋겠습니까? %

치료 효과가 있는지에 대한
의학적 평가가 잘된 서비스 ── 64

국가가 개입하는 것이 공익에
해당하는지에 대한
평가가 잘된 서비스 ── 36

● 세대별 실손보험 비교

구분	자기부담금	갱신주기	인상률
1세대(~2009년 9월)	0%	1~5년	평균
2세대(2009년 10월~2017년 3월)	10~20%	1~3년	16%
3세대(2017년 4월~2021년 6월)	10~20%	1년	8.9%
4세대(2021년 7월~)	20~30%	1년	

* 자료: 보험업계 종합(2022)

대한 평가가 잘된 서비스에 공적 자금을 투입해야 한다는 의견도 중요하다.

　의료 기술 서비스에 대한 공적 자금 투입 결정은 환자의 건강과 공익을 기준으로 이루어져야 한다. 의학적 평가와 공익성 평가 모두를 통해 서비스의 효과와 사회적 가치를 고려하여 투자하는 것이 바람직하다. 또한, 이러한 결정 과정을 투명하게 공개하고 시민들의 의견을 반영하며 진행하는 태도가 필요하다.

의료 자원 총량제

의료 자원의 사회적 지출이 증가하면서, 자원 사용의 공평성 문제가 제기되곤 한다. 특히 청장년층과 노년층 등 세대별 자원 배정이 문제가 된다. 의료 자원 지출의 공평성을 확보하는 한 방안으로 한 개인이 평생에 걸쳐 사용할 의료 자원을 정해놓고 이를 생애주기별로 분배하는 방안이 제기되기도 한다. 이 경우 노년의 연명 치료보다는 일찍부터 건강과 복지를 향상하는 데 자원을 더 많이 투입하게 될 것이라는 예측이 가능하다.

이렇듯 한 개인이 평생을 걸쳐서 필요한 의료 자원을 생애주기별로 분배하는 방법에 대한 동의 여부를 물었다. 60%가 긍정적, 20%가 부정적 의견이었다. 경쟁이 아닌 협력에 바탕을 둔 평등한 의료 자원 사용을 지향하는 입장이 강하게 나타난 것이다.

한 개인의 평생에 걸쳐서 필요한 의료 자원을 공정하게 분배하는 방법은 경쟁보다는 협력과 평등을 강조하는 정책적 방향이다. 이를 위해 의료 자원의 공정한 분배와 사회적 합의를 도모하기 위한 노력이 필요하며 교육과 의사소통을 통해 사회 전반에 의해 이해되고 받아들여질 수 있는 정책을 개발하는 것이 바람직하다.

한정된 의료 자원을 놓고 세대 간 불만과 경쟁의 관점에서 벗어나 한 개인이 평생을 걸쳐서 사용할 의료 자원을 생애주기별로 분배하는 방법에 대해 어떻게 생각하십니까? 이는 다른 사람들의 생명과 자원을 두고 경쟁하는 것이 아니라, 생애 전체에 걸쳐 필요한 의료 자원을 운영하는 방법입니다. %

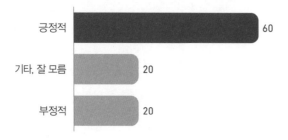

기능에 따른 병상 수

단위: 개/인구 1,000명당

구분	독일	프랑스	일본	한국	미국	멕시코	OECD 평균
총 병상 수	7.9	5.3	12.3	12.4	2.3	1.0	4.5
급성기 병상 수	6.0	3.0	7.7	7.1	2.5	–	3.5
재활 병상 수	2.0	1.6	–	0.04	0.1	–	0.5
장기 요양 병상 수 (65세 인구 1,000명당 기준)	–	2.3	3.3	35.6	1.2	–	
정신 병상 수	1.3	0.3	2.6	1.2	0.3	0.03	0.7

*2019년 기준, 미국은 2018년 기준
*자료: OECD, 2021년. 재구성

데이터 소유권

의료 및 정보기술 발전으로 휴대폰과 인터넷을 이용한 비대면 진료가 세계적으로 증가하는 추세이다. 우리나라에서도 제한적인 범위에서 비대면 진료가 시행되고 있다. 그런데 비대면 진료를 포함하여 정보 기기와 통신망을 이용한 진료는 의료 데이터를 발생시킨다. 이것을 누가 어떻게 관리해야 하는지가 쟁점이 되고 있다.

의료 행위 이후 발생한 환자의 건강 데이터를 누구의 소유라고 생각하는지 물었다. 58%의 응답자가 '환자의 소유'라고 답했다. 개인 건강 정보에 대한 소유권을 강조하는 관점으로 보인다.

환자의 건강 데이터는 민감하고 개인적인 정보이므로 개인의

● **인터넷 또는 휴대폰을 통한 비대면 진료가 제한적으로 시행되고 있습니다. 의료 행위 이후 발생한 환자의 건강 데이터는 누구의 소유라고 생각하십니까? %**

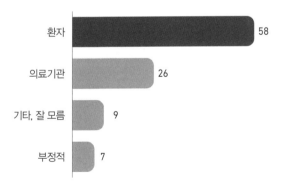

소유권과 개인정보 보호가 중요한 고려 사항이 되어야 한다. 의료기관과 정부는 환자의 동의를 받고 개인정보 보호를 준수하며 건강 데이터를 활용해야 한다. 그리고 이에 관한 명확한 정책과 가이드라인을 수립하여 환자의 권리와 개인정보 보호를 보장해야 한다.

황원재 계명대학교 교수는 정보 주체의 정보 통제권을 강화한 의료 분야 마이데이터와 관련한 해외 사례도 소개했다. 유럽연합의 경우, 개인정보에 대한 처리 제한권과 자료 전송 요구권을 도입했다.

미국은 2009년 스마트 공개 제도를 시작으로 전자 건강 기록 활용에 관한 경제적 및 임상적 건전성을 위한 의료 정보 기술에 관한 법률을 통해 정보 주체의 건강 기록 사본 요구권을 규정했다. 2010년부터는 '블루버튼' 서비스를 통해 개인 의료 정보를 단일 파일 형태로 쉽게 다운로드할 수 있도록 했다. 복용 약물, 알레르기, 진료 정보, 보험 청구 등 여러 군데 분산된 데이터를 편리하게 다운받을 수 있다는 설명이다.

영국은 2019년부터 국가 보건의료 서비스를 통해 보건의료 정보에 대한 접근을 허용하고 있으며, 호주 역시 2012년부터 원하는 사람에 한해 개인 건강 기록 서비스에 접근할 수 있도록 하고 2016년부터 원치 않는 사람의 기록을 삭제하는 방식으로 개인 건강 기록 서비스를 운영하고 있다.

자료: 《한의신문》, 2021년 8월 10일, 계명대학교 황원재 교수 발언 내용

치료보다 예방

공공보건의료정책은 질병의 예방과 치료 중 어디에 우선순위를 두어야 할까? 이에 대한 의견을 물어보았다. 질병의 예방이 55%, 질병의 치료가 42%였다. 질병의 예방에 가중치를 두는 의견이 많았으나, 그 차이는 크지 않았다.

공공보건의료정책에서 예방과 치료의 양면을 종합적으로 고려하는 접근 방식을 채택하는 것이 바람직해 보인다. 예방적인 접근으로 질병을 예방하고 건강한 생활습관을 촉진하는 것뿐만 아니라, 질병 발생 시 적절한 치료와 의료 서비스를 제공하는 정책을 추진해야 한다. 공공보건의료정책을 수립할 때 다양한 이해관계자와 시민들의 의견을 수렴함으로써 정책 결정에 사회적 참여를 강화할 필요가 있다.

● **공공보건의료정책이 어떤 방향을 좀 더 고려해야 한다고 보십니까? %**

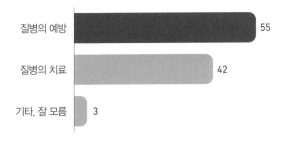

질병의 예방　55

질병의 치료　42

기타, 잘 모름　3

● 건강하게 생활하는 만성질환자 식사법과 운동법

구분	이런 음식이 좋아요	이런 운동이 좋아요	피해주세요
당뇨	찌거나 날음식	걷기 등 유산소, 근력 운동 등	튀기고 볶은 요리, 과도한 운동
고혈압	저염식	주 3회 이상 규칙적인 유산소 운동	기온이 낮은 새벽에 하는 운동
관절염	단백질 포함 다양한 영양소	걷기, 자전거 타기	등산, 달리기 등 관절에 무리가 가는 운동

*자료: 《성인병 뉴스》, 2022년 4월 20일

노동과 소득

근로계약서

한국의 노동 환경은 안정적일까? 노동자가 법률로 권리를 보호받고 있을까? 이를 파악하기 위해 가장 기초적인 질문을 해보았다. 근로계약서를 쓰지 않고 일해본 경험이 있는지를 물었다. 응답자의 39%가 근로계약서 없이 일해본 경험이 있다고 응답했다. 이 결과는 노동자 권리 보호와 안정적 노동 환경 조성이 우려할 만한 수준임을 드러낸다.

노동자의 권리를 보호하고 노동법을 준수하는 것, 그리고 근로계약서를 체결하여 노동자의 권리와 의무를 명확히 규정하는 것은 기초적인 원칙이다. 노동 관계 교육을 통해 고용주와 노동자 모

● 귀하는 근로계약서 없이 일해본 경험이 있으십니까? %

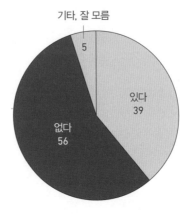

기타, 잘 모름
5

있다
39

없다
56

● 업·직종별 아르바이트 근로계약서 작성 현황 %

전체	83.3
회사 사무 보조	92.6
학원 강사	90.8
고객 상담/텔레마케터	90.5
백화점/마트	90.4
생산직 공장	87.7
택배 등 운반/물류	87.6
편의점/PC방	87.1
커피숍/레스토랑	85.6
운전/배달	75.0
행사/이벤트	71.2
일반음식점	69.5
기타	60.5

*자료: 알바몬(2021)

두가 근로계약서의 중요성을 이해하고 계약 내용을 준수할 수 있도록 지원해야 한다.

일과 삶

노동시장이 사회와 경제의 변화에 맞추어 변화하는 정도를 노동 유연성이라고 한다. 노동 수요 변화에 맞춰 근로시간이나 노동자 수를 조정하는 수량적 유연화, 직무 순환이나 기능공 양성 등을 통한 기능적 유연화, 기업 성과에 따른 성과급제 등 임금 유연화 등이 노동 유연성에 속한다. 그런데 노동 유연성이 높아지면 노동 생산성이 향상되어 경제 발전에 유리한 측면이 있지만, 노동자의 고용 조건이 불안정해지는 치명적 약점 또한 존재한다. 노동 유연성을 높여서 경쟁력을 확보하려면 노동자의 생활 안정을 동시에 추구해야 한다. 즉, 노동 유연성 정책과 사회안전망 정책을 균형 있게 추진해야 한다.

이를 위해 우선적으로 고려해야 할 것이 무엇인지를 물었다. "누구에게나 최저소득을 보장해서 인간다운 생활 유지(주거, 식품, 의료)를 위한 설계를 해야 한다"는 답변이 42%, "정규직·시간제·유연근무제로 일하는 노동자를 보호하는 안전망 설계가 필요하

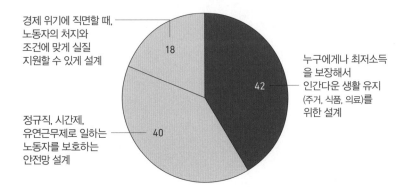

● 노동 유연성 정책과 사회안전망 정책을 균형 있게 추진하기 위해 가장 고려해야 하는 문제는 무엇입니까? %

경제 위기에 직면할 때, 노동자의 처지와 조건에 맞게 실질 지원할 수 있게 설계 — 18

누구에게나 최저소득을 보장해서 인간다운 생활 유지 (주거, 식품, 의료)를 위한 설계 — 42

정규직, 시간제, 유연근무제로 일하는 노동자를 보호하는 안전망 설계 — 40

● 대표적인 사회안전망 정책

음의 소득제	최저 소득 보장제	기본소득
고소득자에게는 세금을 징수하고 저소득자에게는 보조금을 주는 제도. 특정 수준 이하의 소득이 있는 사람은 세금을 내지 않고 정부로부터 보조금을 지급 받는다.	하위 소득자에게 특정 금액을 지급하는 제도. 부의 소득세가 기존 현금성 복지 지원을 폐지하는 것과 달리 소득보장만 통합하고 사회수당은 유지한다.	모든 사람에게 소득·재산과 상관없이 정기적으로 지급하는 소득으로 보편성이 특징이다.

다"는 답변이 40%, "경제 위기에 직면할 때, 노동자의 처지와 조건에 맞게 실질적으로 지원할 수 있게 설계해야 한다"는 의견이 18%였다. 사회적 불평등을 완화하고 인간다운 생활을 위한 기반을 마

련해야 한다는 시각, 다양한 근로 조건에 따른 노동자 보호의 필요성을 강조하는 시각, 위기 때의 긴급하고 실질적 지원이 중요하다는 시각이 각각 나타난 것으로 보인다.

사회안전망과 노동 유연성 정책을 균형 있게 추진하기 위해서는 다양한 노동자들의 상황을 고려한 종합적인 정책이 필요하다. 노동자들의 최소한의 생활 유지를 보장하며 동시에 다양한 근로 조건에 대한 보호를 제공하는 정책적 프레임워크를 구축하여 삶의 질을 유지하는 동시에 노동자들의 안정성을 확보할 수 있는 노력이 필요하다.

음의 소득제

빈곤을 줄이고 소득 격차를 완화하는 정책 대안으로 '음의 소득세(Negative income tax)' 또는 '부(負)의 소득세'라는 개념이 있다. 간단히 말해 고소득자에게는 세금을 징수하고 저소득자에게는 보조금을 주는 방식이다. 이 제도는 가난한 계층이나 경제적으로 취약한 계층에게 최소한의 생활을 보장하고 사회적 격차를 줄이는 효과를 기대한다. 이러한 '음의 소득세' 도입에 대해 응답자의 75%가 동의하는 것으로 나타났다. 사회적 공정성과 안전망의 필요성을 인식한 것으로 보인다.

가난한 계층이나 경제적으로 취약한 계층을 지원하고 사회적 격차를 줄인다는 정책 목표를 명확하게 하는 것이 먼저다. 그리고 효율적인 운영이 요구된다. 목표 대상자에게 적절한 혜택을 제공할 수 있는 시스템을 구축해야 한다. 제한된 사회적 자원을 효율적으로 활용하는 것도 매우 중요하다. 또한, 다양한 이해관계자들의 의견을 수렴하고 정책을 수립하고 보완하는 노력이 필요하다.

● **소득이 일정 수준 이하인 가구 또는 개인에게 현금 지원 또는 혜택을 제공하는 제도를 음의 소득 제도라고 합니다. 음의 소득 제도를 통해 가난한 계층이나 경제적으로 취약한 계층에게 일상의 최소생활을 보장하고, 사회적 격차를 줄이는 것에 대해 어떻게 생각하십니까? %**

기타,
잘 모름
7

동의하지
않는다
18

동의한다
75

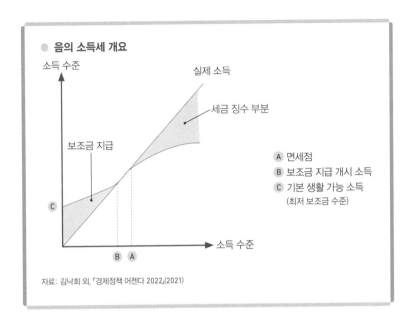

자료: 김낙회 외, 『경제정책 어젠다 2022』(2021)

기본소득제

정부가 모든 시민에게 정기적으로 일정한 금액을 제공하는 것을 기본소득 제도라 한다. 기본소득 제도에 대해 응답자의 53%가 동의한다고 답했고, 38%는 동의하지 않는다고 답했다. 동의한다는 의견은 사회적 안정성과 경제적 안정성을 높이고 불평등을 완화하는 방안으로 기본소득의 필요성을 인식하기 때문으로 보인다. 동의하지 않는다는 의견은 정부가 모든 시민에게 정기적으로 일정한 금액의 기본소득을 보장하는 것이 경제적으로 부담스러울 수

● 정부가 모든 시민에게 정기적으로 일정한 금액의 기본소득을 보장하는 기본소득 제도에 대해 어떻게 생각하십니까? %

기타, 잘 모름
9

동의하지 않는다
38

동의한다
53

● 기본소득 시행·준비 국가

아이슬란드 (국가)
핀란드(국가)
미국(알래스카주)
네덜란드 (지자체)
독일(지자체)
캐나다(지자체)
스페인 (지자체)
인도 (지자체)
미국(지자체)
우간다 (비영리단체 실험)
나미비아 (지자체)
브라질 (지자체)

■ 부분 시행 중
■ 2017년부터 시범 시행
■ 시범 시행 논의 중
※ 괄호 안은 시행 주체

* 자료: 《한겨레》, 2017년 1월 3일.

있음을 우려하기 때문이라 파악된다.

기본소득 제도는 사회적 불평등을 완화하고 경제적 안정성을 높일 수 있는 정책 방안으로 논의되고 있다. 이러한 정책의 영향과 부담을 평가하고 효과적인 자금 조달 방안을 마련하는 것이 중요하다. 그리고 다양한 이해관계자들의 의견을 수렴하며 정책을 도입하고 보완하는 노력이 요구된다.

적정 임금

'전문직 적정 임금 권장 제도'란 전문직에 종사하는 노동자들에 대해 정부가 공식적으로 적정한 임금 수준의 규모를 권고하는 제도를 말한다. 이 제도에 대한 의견을 물었다. 43%가 긍정적으로 평가했다. 이 제도는 전문직이 높은 수준의 교육과 전문성을 요구받으며 사회적으로 중요한 역할을 담당하기 때문에 적정한 임금을 보장하거나 유지하는 데 타당한 판단을 제공할 수 있다. 반대로 사회나 기업이 경제적 어려움에 처해 있거나, 산업의 특성에 맞지 않은 높은 임금 상태이거나, 공급 및 수요의 불균형 또는 심각한 사회·경제적 양극화 상태일 때는 임금을 조정하는 데 합리적인 판단을 제공할 수 있다.

어떤 직업이 전문직으로 분류되는지 정확한 범위를 정의하고 이에 따라 적정 임금 권장 제도를 설계해야 한다. 또한, 전문직 적정 임금의 산정 근거와 방식을 투명하게 제시하여 공공성과 공정성을 확보해야 한다. 전문직 적정 임금 권장 제도는 전문직의 사회적 역할을 인정하며 적정한 임금을 투명하게 보장하기 위한 제도이므로 정확한 범위 정의와 산정 근거의 투명성을 유지하면서 전문직의 가치를 존중하며 공정한 임금을 확보할 방안을 모색해야 할 것이다.

● **전문직 적정 임금 권장 제도란, 공정한 임금을 보장하고 사회적으로 적절한 임금 수준을 유지하며, 전문직에 종사하는 노동자들에 대해 국가나 정부가 공식적으로 적정한 임금 수준을 권고하는 제도입니다. 이 제도의 시행에 대해 어떻게 생각하십니까? %**

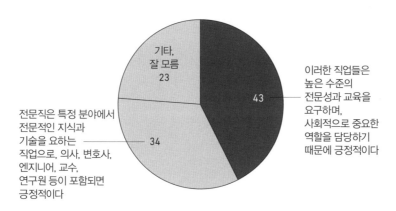

기타,
잘 모름
23

전문직은 특정 분야에서
전문적인 지식과
기술을 요하는
직업으로, 의사, 변호사,
엔지니어, 교수,
연구원 등이 포함되면
긍정적이다

34

43

이러한 직업들은
높은 수준의
전문성과 교육을
요구하며,
사회적으로 중요한
역할을 담당하기
때문에 긍정적이다

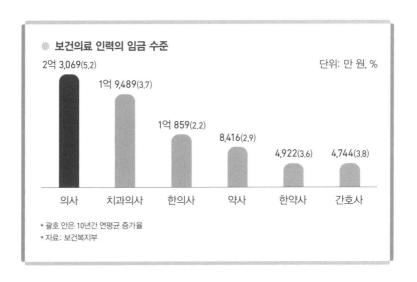

보건의료 인력의 임금 수준

단위: 만 원, %

2억 3,069(5.2)

1억 9,489(3.7)

1억 859(2.2)

8,416(2.9)

4,922(3.6)

4,744(3.8)

| 의사 | 치과의사 | 한의사 | 약사 | 한약사 | 간호사 |

* 괄호 안은 10년간 연평균 증가율
* 자료: 보건복지부

1억

정부가 25세가 되는 청년에게 1억 원의 현금을 지급하는 '기본 자산 제도' 추진에 대한 의견을 물었다. 긍정 의견이 39%, 부정 의견이 42%로 나타났다. 오차 범위 안의 결과였다. 부정 의견의 이유는 더 많은 지원이 필요한 다른 계층 사람들을 배려하지 않기 때문인 것으로 나타났다. 긍정 의견의 이유는 청년들이 사회생활을 시작하기 위해 높은 초기 비용을 부담해야 하는 현실을 고려했기 때문이다. 기본자산 제도를 추진하려면, 우선 사회적 인식과 합의를 확대하는 일이 필요하다.

● 정부 재정이 허락하는 조건을 만들어 25세가 되는 청년에게 현금 1억 원을 지급
하는 기본자산 제도를 추진하려 합니다. 어떻게 생각하십니까? %

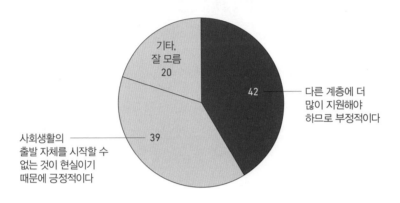

기타,
잘 모름
20

42 ─ 다른 계층에 더
많이 지원해야
하므로 부정적이다

사회생활의 ─
출발 자체를 시작할 수
없는 것이 현실이기
때문에 긍정적이다

39

상속세

우리나라의 상속세 제도가 쟁점이 되고 있다. 높은 세율의 상
속세가 이중 과세이므로 부당하고, 사유재산을 침해하며 기업 경
영권 위협 등의 부작용이 존재하므로 폐지하거나 세율을 낮추어야
한다는 의견도 있고, 상속세가 부의 사회적 재분배와 차별 완화에
효과적이며 부의 세습을 막기에 공평하다는 의견도 있다. 상속세
를 찬성하는 사람 중에서 각종 공제를 폐지하고 세율을 더 올려야
한다는 적극적 주장도 나온다.

상속세 확대에 관한 의견을 물었다. 확대에 동의한다는 응답이
46%, 동의하지 않는다는 의견이 38%로 나타났다. 상속세를 확대

함으로써 부의 불평등을 완화하고 사회적 평등을 증진시킬 수 있다고 판단하는 동의 의견과 상속세 확대가 개인 재산권을 침해하

● **상속세를 확대하여, 사회 불평등을 완화하는 것에 대해 어떻게 생각하십니까? %**

● **미성년자 증여재산가액 추이**

단위: 억 원

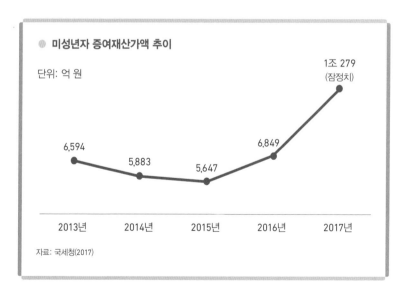

자료: 국세청(2017)

고 자유로운 경제 활동을 제약할 수 있다고 판단하는 비동의 의견이 공존한다.

상속세 확대에는 공정성이 가장 중요하다. 상속세를 통해 부의 불평등을 완화하는 한편, 공정한 세율과 예외 규정을 통해 경제 활동에 대한 제약을 줄이는 접근이 요구된다. 또한, 세금 수입과 사용의 투명성을 높여서 사회적 합의를 이끄는 데 노력해야 한다. 상속세 확대 정책은 사회 불평등을 완화하고 재분배를 통해 사회적 평등을 증진시키는 방안 중 하나이다. 그러나 경제적, 정치적, 사회적 등 다양한 측면을 종합적으로 고려하여 상속세 확대가 사회적 목표와 원칙에 부합하는지를 평가하고 신중하게 실행하는 자세가 필요하다.

이주지원청

최근 고령화에 따른 생산가능인구 감소에 대응하기 위해 외국인 이민 촉진 관련 지원 조직 설립에 대한 논의가 시작되었다. '외국인이주지원청'을 설립하여 외국인 이주를 돕고 국내 경제를 활성화하는 것에 대한 의견을 물었다. 긍정적 50%, 부정적 40%의 답변이 나왔다. 50%는 외국인이주지원청을 신설하여 이주노동자가 국내의 각종 연금과 세금을 내고 필요한 일자리를 채우는 데 긍정적인 영향을 미칠 것으로 생각하는 것으로 나타났다. 반면 40%는 외국인들과 사회적 자원을 공유하고 일자리를 나누는 것에 대해 우려했다.

긍정적 의견과 부정적 우려를 고려한 균형 있는 이주 정책이 필요하다. 외국인이주지원청을 신설하면서 국내 노동자와 외국인 이주노동자 사이의 경쟁과 권리 보호 등을 함께 살펴야 한다. 이주노동자가 국내 의료와 교육 자원을 사용하면서 발생하는 부담을 균형 있게 분담하는 방안도 모색해야 한다. 다양한 측면을 세밀하게 살펴서 국내 경제 활성화와 외국인 이주노동자의 권리 보호를 동시에 추진하는 방안을 구상하고 실행해야 한다.

● **외국인이주지원청을 신설하여, 외국인의 이주를 돕고, 국내 경제를 활성화하는 것에 대해 어떻게 생각하십니까? %**

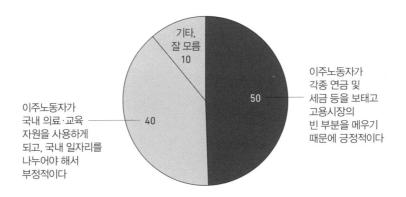

기타,
잘 모름
10

이주노동자가
각종 연금 및
세금 등을 보태고
고용시장의
빈 부분을 메우기
때문에 긍정적이다

50

이주노동자가
국내 의료·교육
자원을 사용하게
되고, 국내 일자리를
나누어야 해서
부정적이다

40

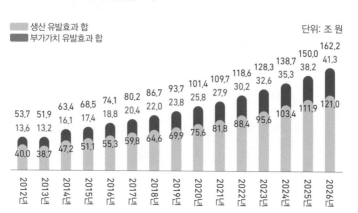

● 이민자에 의한 경제적 유발효과

생산 유발효과 합
부가가치 유발효과 합

단위: 조 원

연도	합계	부가가치 유발효과 합	생산 유발효과 합
2012년	53.7	13.6	40.0
2013년	51.9	13.2	38.7
2014년	63.4	16.1	47.2
2015년	68.5	17.4	51.1
2016년	74.1	18.8	55.3
2017년	80.2	20.4	59.8
2018년	86.7	22.0	64.6
2019년	93.7	23.8	69.9
2020년	101.4	25.8	75.6
2021년	109.7	27.9	81.8
2022년	118.6	30.2	88.4
2023년	128.3	32.6	95.6
2024년	138.7	35.3	103.4
2025년	150.0	38.2	111.9
2026년	162.2	41.3	121.0

* 출처: 이민정책연구원(2022)

고령화

사회적 행동

    고령화는 필연적으로 다양한 사회적 도움을 요구한다. 이런 도움에는 공적 복지제도도 있지만, 사적으로 이루어지는 사회적 행동도 있다. 그런데 사적으로 이루어지는 사회적 행동을 일자리의 하나로 간주하고 국가나 지방정부가 급여를 지급해야 한다는 의견이 설득력을 얻고 있다. 이에 대한 의견을 물었다. "무거운 짐 옮겨주기, 청소해주기, 자녀 돌봐주기 등 사회적 선행, 사회적 행동도 일자리로 간주하여 지방정부가 비용을 지급해 주는 것에 대해 어떻게 생각하십니까?"라는 질문에 대해 동의한다는 답변이 50%, 동의하지 않는다는 답변이 42% 나왔다.

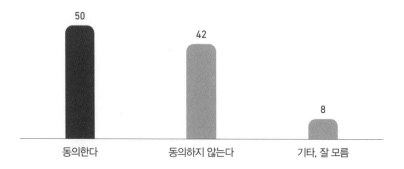

● 무거운 짐 옮겨주기, 청소해주기, 자녀 돌봐주기 등 사회적 선행, 사회적 행동도 일자리로 간주하여 지방정부가 비용을 지급해 주는 것에 대해 어떻게 생각하십니까? %

50 동의한다
42 동의하지 않는다
8 기타, 잘 모름

사회적 선행이나 행동을 일자리로 간주하여 지원하는 정책은 사회적 연대와 공정성을 강화하고 사회적 가치를 존중하는 관점에서 설계되어야 한다. 어떤 사회적 선행이 일자리로 간주되어 지원을 받을 수 있는지에 대한 명확한 정책 기준을 마련하는 것이 선결되어야 한다. 혼동을 방지하고 공정한 지원을 실현하기 위해서다. 그리고 사회적 선행이나 행동이 경제적인 가치뿐만 아니라 사회적 가치를 지닌다고 인정하는 정책이 필요하다.

비경쟁

젊은 층들은 노동시장에서 고령자들을 어떻게 받아들이고 있

● **현실적으로 65세 이상의 노령자가 일자리시장에서 경쟁 상대라고 생각하십니까? %**

을까? "현실적으로 65세 이상의 노령자가 일자리시장에서 경쟁 상대라고 생각하십니까?"라고 물었다. 75%의 응답자가 고령자를 고용시장 경쟁 상대로 인식하지 않는다고 답했다. 이는 반대로, 현재의 고령 노동자들의 경쟁력이 취약함을 보여주는 것이기도 하다.

고령 노동자들이 일자리시장에서 경쟁할 수 있도록 교육 및 기회를 확대하고 경력과 기술 개발을 지원하는 정책도 검토해볼 만하다. 고령 노동자에 대한 공정한 대우와 평가를 보장하는 정책을 마련해야 한다. 이러한 정책적 개선을 통해 고령 노동자들이 더욱 활발하게 고용시장에 참여할 수 있도록 도와주어야 한다. 그래야 경제적 안정과 사회적 포용을 실현할 수 있다.

연장된 노동

고령자를 위한 가장 효과적인 복지정책은 일자리를 주는 것이라는 의견이 전문가들 사이에서 나오고 있다. "65세 이상 노령자의 돌봄, 의료 등 사회적 비용을 줄이기 위해 근로 나이를 연장하는 것에 대해 어떻게 생각하십니까?"라고 물었다. 74%의 응답자가 동의한다고 답했다.

고령 노동자들이 더 오랫동안 일자리에 참여할 수 있는 환경을 조성해야 한다. 연장된 근로 기간 동안 건강하고 안전하게 일할 수 있도록 환경을 조성하고 재택근무 등 다양한 근로 형태를 지원하는 정책이 요구된다. 이러한 정책적 개선을 통해 고령 노동자들이 더 오랫동안 노동시장에 참여할 수 있는 조건을 만들어야 한다. 이를 통해 사회적 비용을 효과적으로 관리할 수 있다.

● **65세 이상 노령자의 돌봄, 의료 등 사회적 비용을 줄이기 위해 근로 나이를 연장하는 것에 대해 어떻게 생각하십니까? %**

	74	17	9
	동의한다	동의하지 않는다	기타, 잘 모름

인구 구조와 노동시장 환경 변화

	급속한 고령화 속도	생산연령인구 감소
인구 구조 변화	한국은 세계에서 고령화가 가장 빠르게 진행되어 2025년 초고령사회 진입 예상	생산연령인구는 2019년부터 감소 2050년에는 2019년 대비 1/3 이상 감소 전망
	낮은 55~64세 고용률	장래 근로 희망 비율 증가
노동시장 환경 변화	55~64세 고용률이 고령화율이 높은 독일, 일본 대비 낮은 편	노동시장에서 오래 일하고자 하는 고령층 증가

* 자료: 한국고용정보원(2023)

노동의 개념

고령자들의 일상적인 활동을 사회적 근로로 인정하자는 의견이 있다. 이 방안은 고령자의 사회적 참여를 증진시키고 활동성을 유지하는 데 도움이 될 수 있다. 그리고 활동에 따라 급여를 제공하기에 사회적·경제적 가치 창출 효과도 있다. "65세 고령자가 약 먹기, 책 읽기, 화단에 물 주기, 가족에게 전화하기 등을 했을 때 사회적 근로로 인정하고 지방정부가 비용을 지급하는 것에 대해 어떻게 생각하십니까?"라고 물었다. 54% 응답자가 동의하지 않는다고 답했다. 동의한다는 응답자는 34%였다.

고령자 일상 활동을 근로로 간주하고 급여를 지급하는 정책을

● 65세 고령자가 약 먹기, 책 읽기, 화단에 물 주기, 가족에게 전화하기 등을 했을 때 사회적 근로로 인정하고 지방정부가 비용을 지급하는 것에 대해 어떻게 생각하십니까? %

54

34

12

동의한다   동의하지 않는다   기타, 잘 모름

도입하려면 사회적 인식 개선이 우선되어야 할 것이다. 고령자 활동을 사회적 근로로 인정하고 지원함으로써 사회적 보상을 제공하고 동시에 사회적 경제 활동을 활성화할 수 있는 정책을 고려해야 한다. 이러한 정책적 개선을 통해 고령자들의 사회적 기여를 강화하는 것이 중요하다.

의료 주권

고령화에 따라 의료 관련 쟁점들이 잇달아 불거지고 있다. 최근에는 간호법 개정을 두고 의료 이해관계자 간 갈등이 불거졌다. "최근 간호법 개정 등을 둘러싼 의사, 간호조무사 등의 의료 이해관계자의 논쟁이 누구를 위한 것이라고 보는지" 물었다. 의료인 64%, 일반 국민 19%의 답변이 나왔다. 의사, 간호사, 간호조무사 등 의료 이해관계자 간 갈등은 의료인을 위한 것으로 받아들여지는 경향이 나타났다.

조사 결과를 고려할 때 의료정책에서 투명성 강화가 필요해 보인다. 정책 결정 과정을 투명하게 공개하고 의료 서비스 향상을 위한 목표를 명확히 전달하는 것이 중요하다. 그리고 정책 논의 과정에 다양한 이해관계자가 참여해야 한다. 의료 관련 정책의 개정이나 결정 때는 의사, 간호사, 간호조무사 등 직접 당사자뿐만 아니라 일반 국민의 의견을 수렴하여 균형을 이루도록 노력해야 한다. 이러한 접근을 통해 의료 관계자와 국민의 이익을 모두 고려하는 정책을 개발할 수 있다.

● **최근 간호법 개정 등을 둘러싼 의사, 간호사 등의 의료 이해관계자의 논쟁이 누구를 위한 것이라고 보십니까? %**

의료인	일반 국민	기타, 잘 모름
64	19	17

간호법 주요 쟁점 팩트 체크

쟁점	간호법 내용
간호사의 단독 진료 및 개원 가능	간호사 업무(제10조 2항)는 '진료 보조'로 규정. '의사 지시 없이 진료 가능' 내용 없음. 다만 의사 단체는 "향후 개정·시행령 제정으로 가능" 주장.
간호사가 간호조무사, 응급구조사 등 타 직역 업무 침해	제10조 1~4항 등 현행 의료법과 간호사의 업무 범위 동일하게 규정. '간호사 영역 확대' 내용 없음.
대졸자(전문대 이상)는 간호조무사로 일할 수 없음	간호조무사 자격 기준을 간호특성화고 졸업자, 간호학원 수료자(고졸)로 한정. 학력 상한 있음.

자료: 《동아일보》, 2023년 4월 17일.

사전연명의료 의향서

고령화가 급속도로 진행되면서 연명의료를 받는 사람이 늘고 있다. 연명의료는 회복 가능성이 거의 없고 사망에 가까운 상태인 데도 생명을 유지하는 치료를 이어가는 것이다. 연명의료를 받는 환자는 대부분 의식이 없거나 의사결정 능력을 발휘하기 힘든 상태이다. 그래서 환자 보호자가 의사결정을 한다. 기적 같은 회복을 기대하기도 하지만, 대부분은 가족의 죽음을 결정해야 한다는 부담감으로 연명의료를 계속한다. 이를 위한 비용도 매우 크다. 이런 상황에 미리 대비하기 위한 것이 '사전연명의료 의향서'이다. 성인이 앞으로 자신의 의사결정 능력이 상실되었을 때를 대비하여 연명의료에 대한 의사를 문서로 남겨두는 것이다. 이러한 연명의료 의향서의 확대에 대한 의견을 물어보았다. "사전연명의료 의향서를 활성화하여 존엄한 죽음을 지원하고 의료비의 사회적 부담을 줄이기 위해 75세 이상 입원 시 상담, 85세 이상 입원 시 의무 조건으로 하는 것에 대해 어떻게 생각하십니까?"라는 질문에 59%가 동의한다고 답했다.

사전연명의료 의향서의 이점과 절차를 상세히 설명하고 개개인의 의사를 존중하는 방식으로 정책을 소개하고 설명하는 과정이 필요하다. 그리고 사전연명의료 의향서와 관련된 정책을 결정할 때에는 다양한 세대의 의견을 수렴하여 균형을 이루도록 노력해야 한다. 이러한 접근을 통해 존엄한 죽음을 지원하고 의료비 부담을 관리하는 정책의 이행이 가능해진다.

사전연명의료 의향서를 활성화하여 존엄한 죽음을 지원하고 의료비의 사회적 부담을 줄이기 위해, 75세 이상 입원 시 상담, 85세 이상 입원 시 의무 조건으로 하는 것에 대해 어떻게 생각하십니까? %

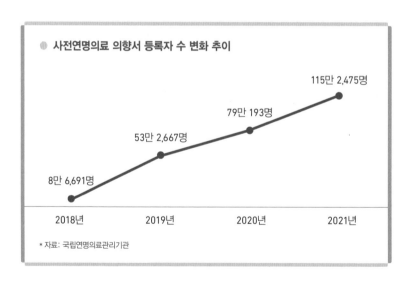

새로운 사회협약의
대자적 모색

연대·협력

우리나라 젊은이들은 연대·협력의 가치에 대해 어떻게 인식하고 있을까. "한국 사회는 경쟁도 중요하지만, 연대·협력하는 것이 더 중요하다는 주장에 대해 어떻게 하십니까?"라고 물어보았다. 74%의 응답자가 경쟁뿐만 아니라 연대와 협력도 중요하다고 생각하는 것으로 나타났다. 반면 동의하지 않는다고 답한 11%는 연대·협력보다 경쟁을 더 중요하게 생각하는 것으로 보인다.

사회에서 경쟁과 협력은 상호 보완적인 요소이다. 이것을 고려하여 경쟁적인 환경에서도 협력과 연대의 중요성을 강조하는 교육과 정책을 강화할 필요가 있다. 그리고 경쟁과 연대를 조화롭게 결

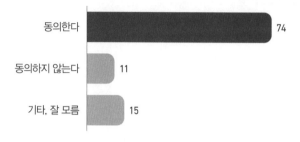

● 한국 사회는 경쟁도 중요하지만, 연대·협력하는 것이 더 중요하다는 주장에 대해 어떻게 생각하십니까? %

동의한다 — 74

동의하지 않는다 — 11

기타, 잘 모름 — 15

합한 포용적 접근을 통해 사회의 다양한 이해관계자들을 아우르고 소외되는 사람이 없는 정책을 추진해야 한다.

필수 직업

한국 사회의 지속 가능성을 위해 꼭 필요하다고 생각하는 직업이 무엇인지를 물었다. 복수 응답하도록 요청했다. 소방관, 의사, 경찰관, 간호사, 변호사, 청소노동자, 회계사, 배달라이더 등의 순으로 답변이 나왔다.

경찰관, 소방관, 의사 등의 직업군은 사회 안전과 보건을 유지하는 데 필수적인 역할을 하므로, 그들의 근무 환경과 조건을 개선하고 필요한 인력을 확보하는 정책을 더욱 강화해야 한다. 간호사

● 한국 사회의 지속 가능성을 위해 꼭 필요하다고 생각하는 직업 5개를 순위에 따라
   선택해주세요(중복 응답) %

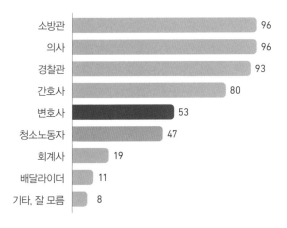

소방관 96
의사 96
경찰관 93
간호사 80
변호사 53
청소노동자 47
회계사 19
배달라이더 11
기타, 잘 모름 8

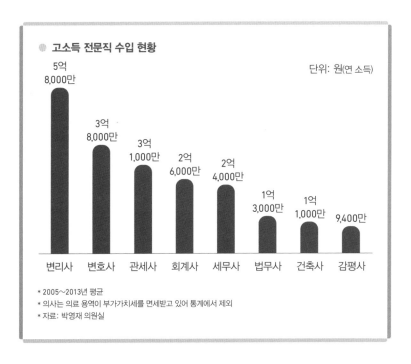

● 고소득 전문직 수입 현황

단위: 원(연 소득)

5억 8,000만 변리사
3억 8,000만 변호사
3억 1,000만 관세사
2억 6,000만 회계사
2억 4,000만 세무사
1억 3,000만 법무사
1억 1,000만 건축사
9,400만 감평사

* 2005~2013년 평균
* 의사는 의료 용역이 부가가치세를 면세받고 있어 통계에서 제외
* 자료: 박영재 의원실

역시 의료 분야에서 중요한 역할을 하므로 의료 서비스의 질을 높이기 위해서 충분한 간호사 인력을 확보하고 근무 환경을 개선하는 일이 필수적이다. 청소노동자의 역할은 공공장소나 일상생활 공간의 청결, 위생과 환경을 유지하기 것이므로, 청소노동자의 근로 환경과 노동 조건을 개선하고 존중받을 수 있는 직업으로 만드는 노력 또한 필요하다.

다양한 직업군에 대한 관심과 지원이 필요하다. 예를 들어, 배달라이더도 고령 사회 또는 보건 위기 사회 등에서 중요한 역할을 수행할 수 있다.

이러한 분석을 토대로 위 직업들의 노동 조건과 근로 환경을 개선하는 데 대한 사회적 합의를 만들고 정책을 수립하는 것이 지속 가능한 사회를 구축하는 데 도움이 된다.

사회적 비례 임금

한국 사회의 지속 가능성을 위해 필수적인 직업의 고용과 임금 문제에 대해서 물었다. 응답자의 78%가 필수 노동자의 고용과 임금 문제 개선을 지지하는 것으로 나타났다. 이것은 사회적으로 중요한 역할을 하는 직종들에 대한 공정한 임금을 보장하기 위해 정

● **그렇다면 고용 문제와 임금 문제를 어떻게 하는 것이 좋겠습니까? %**

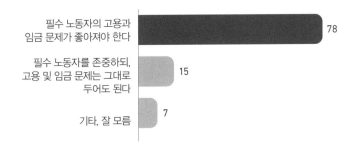

필수 노동자의 고용과 임금 문제가 좋아져야 한다	78
필수 노동자를 존중하되, 고용 및 임금 문제는 그대로 두어도 된다	15
기타, 잘 모름	7

부와 기업이 노력해야 함을 시사한다.

이를 통해 노동자들의 삶의 질을 향상시키고 사회적 불평등을 줄일 수 있다. 필수 노동자들은 사회적으로 중요한 역할을 한다. 그들의 노고와 공헌을 존중하는 것은 당연해 보인다.

책임 소재

"한국 사회에서 혼자 힘으로 해결해야 하는 문제가 더 많아지고 있습니까? 사회적으로 함께 책임지고 해결해야 할 문제가 더 많아지고 있습니까?"라고 질문했다. '개인'이라는 응답이 54%, '사회'라는 응답이 '40%'였다. '개인'이라고 답한 사람이 '사회'라고 답한 사람보다 더 많긴 하지만, 큰 차이는 아니다. 개인과 사회의 역할이 함께 강조된 것으로 보인다. 개인적인 문제를 해결하는 것은 중요하지만, 동시에 사회적으로 함께 책임지고 해결해야 할 문제들이 더 많아지고 있다고 인식하는 것으로 판단된다. 그러므로 정부와 사회 기관은 개인의 노력을 지원하고 사회적 연대와 협력을 촉진하여 문제를 해결할 수 있는 환경을 조성해야 한다.

조사 결과는 사회적 연대와 협력의 중요성을 드러낸다. 혼자서 문제를 해결하기 어려운 상황에서 사회적으로 지지하고 협력하여 문제를 해결하려는 의지가 나타난 것이다. 사회적으로 함께 책임지고 해결해야 할 문제가 늘어난다는 인식은 정부와 사회 기관이 이러한 문제에 대한 정책을 개선하고 지원을 강화해야 함을 시사한다.

● 한국 사회에서 개인이 혼자 힘으로 해결해야 하는 문제가 더 많아지고 있습니까? 사회적으로 함께 책임지고 해결해야 할 문제가 더 많아지고 있습니까? %

개인 54
사회 40
기타, 잘 모름 6

성공 요인

한 사람의 성공은 개인이 노력한 결과일까, 사회적 도움에 의한 것일까? 성공한 사람은 그 과실을 사회와 나누어야 할까? 성공의 원인과 성과의 사회적 공유에 대한 인식을 알아보았다. "각자의 성공은 각자의 노력에 의한 결과이기도 하지만, 우리는 서로에게 많은 것을 빚지고 있고, 주변 환경의 영향이 크기 때문에 그 성과를 어떻게든 나누어야 한다는 주장에 대해 어떻게 생각하십니까?"라고 물었다. 동의한다가 44%, 동의하지 않는다가 41%로 조사되었다. 응답자들의 의견이 분분하다. 성공은 개인의 노력과 주변 환경의 영향 둘 다에 의해 결정된다는 주장에 동의하지 않는 응답자와 동의하는 응답자 모두 일정한 비율로 나타났다.

이러한 결과는 개인주의와 공동체의식 간 충돌을 보여준다. 반대로 자유주의와 공동체주의 간 통합 가치를 지향해야 할 필요로도 볼 수 있다.

이러한 의견 분산을 고려할 때, 정부와 사회 기관은 다양한 의견을 고려하여 성공의 공정한 보상과 사회적 책임의 균형을 달성할 수 있는 정책을 고민하고 시행해야 한다. 성공에 대한 정의와 보상의 기준, 노력과 환경의 상호작용을 포함한 복잡한 문제에 대한 효과적인 정책을 마련하는 것이 필수적이다.

각자의 성공은 각자의 노력에 의한 결과이기도 하지만, 우리는 서로에게 많은 것을 빚지고 있고, 주변 환경의 영향이 크기 때문에 그 성과를 어떻게든 나누어야 한다는 주장에 대해 어떻게 생각하십니까? %

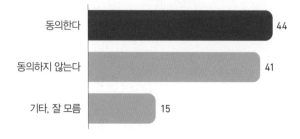

동의한다   44

동의하지 않는다   41

기타, 잘 모름   15

재산세

재산세 강화에 대한 의견은 어떨까? "소득세보다는 재산세를 더 강화하는 것이 필요하다는 생각에 대해 어떻게 생각하십니까?" 라는 질문에 50%가 동의한다, 28%가 동의하지 않는다고 답했다.

재산세는 부의 재분배와 사회적 불평등 완화에 기여할 수 있는 중요한 수단이다. 소득세보다 재산세를 강화하면, 경제적으로 더 부유한 개인과 가구가 더 많은 세금을 부담하게 되어 재산의 불평등을 완화시킬 수 있다. 또한, 재산세를 재원으로 삼아 경제적으로 취약한 계층을 지원하고 사회적 보호망을 강화하는 데 사용할 수 있다.

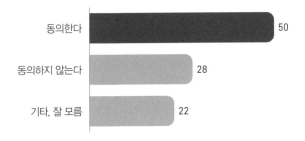

소득세보다는 재산세를 더 강화하는 것이 필요하다는 생각에 대해 어떻게 생각하십니까? %

동의한다 50
동의하지 않는다 28
기타, 잘 모름 22

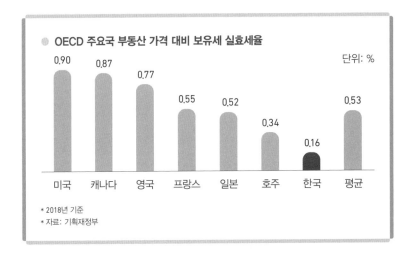

OECD 주요국 부동산 가격 대비 보유세 실효세율

단위: %

미국	캐나다	영국	프랑스	일본	호주	한국	평균
0.90	0.87	0.77	0.55	0.52	0.34	0.16	0.53

* 2018년 기준
* 자료: 기획재정부

재산세는 부동산을 포함한 자산과 연결되어 있어서 정부가 안정적인 재원을 확보하는 데 효과적이다. 소득세가 경제 상황에 따라 변동성을 보이는 반면, 재산세는 상대적으로 안정적인 성격을 갖는다. 따라서 재산세가 강화되면 공공 서비스와 사회복지 지출의 예측 가능성이 커지고 재원 부족으로 인한 정책 지연을 방지할 수 있다. 또한, 재산세 강화는 부동산 시장을 안정시키고 효율적으로 운영하는 데 도움이 된다. 과도한 부동산 투기나 이로 인한 부동산 가격의 급격한 상승을 억제하며, 부동산 시장의 건전한 발전을 촉진할 수 있다. 이처럼 재산세 강화는 사회적 평등을 증진하고 정부 재원을 안정적으로 확보하는 데 도움을 주며, 부동산 시장 조절에도 긍정적인 영향을 미칠 수 있는 중요한 정책 수단이다.

환경 과세

"비재화에 대한 과세 즉, 대기오염, 흡연, 술, 해로운 식품 등에 대해 과세를 강화하는 것에 대해 어떻게 생각하십니까?"라고 질문했다. 67%가 동의한다고 답변했다.

이러한 결과는 환경 오염을 일으키거나 건강에 해로운 요소들에 과세함으로써 사회적 비용을 줄이고, 건강을 증진하며 지속 가능한 사회를 위한 노력을 지지하는 의견이 높음을 보여준다.

그런데 동의하지 않는다는 25% 비율은 비재화에 대한 과세 정책이 사회적으로 논란이 있을 수 있음을 시사한다. 따라서 관련 정책을 시행할 때는 경제적 영향과 공정성을 균형 있게 고려해야 한다.

● 비재화에 대한 과세 즉, 대기오염, 흡연, 술, 해로운 식품 등에 대해 과세를 강화하는 것에 대해 어떻게 생각하십니까? %

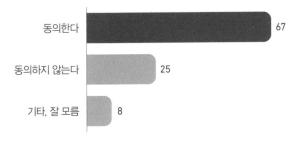

동의한다 67

동의하지 않는다 25

기타, 잘 모름 8

법인세

법인세 확대에 대한 인식은 어떨까. "기업은 법인세를 더 내야한다는 주장에 대해 어떻게 생각하십니까?"라는 질문에 동의한다는 응답이 59%, 동의하지 않는다는 응답이 21%로 조사되었다.

과반의 응답자가 기업이 사회적 책임을 다하고 공정한 세금을 납부하는 것이 중요하다고 보며, 법인세를 강화하는 주장에 동의하는 것으로 나타났다. 기업은 사회의 일원이다. 따라서 이익을 추구하면서도 사회에 봉사하는 역할을 해야 한다. 법인세를 내는 것은 기업이 사회에 대한 책임을 충실히 수행하고 사회적 가치 창출에 기여하는 방식 중 하나이다.

법인세가 늘면 공공 서비스와 사회복지 투자가 증진될 수 있다.

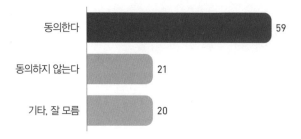

기업은 법인세를 더 내야 한다는 주장에 대해 어떻게 생각하십니까? %

동의한다	59
동의하지 않는다	21
기타, 잘 모름	20

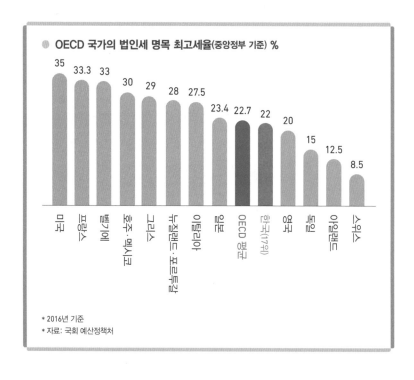

● OECD 국가의 법인세 명목 최고세율(중앙정부 기준) %

미국	프랑스	벨기에	호주·멕시코	그리스	뉴질랜드·포르투갈	이탈리아	일본	OECD 평균	한국(17위)	영국	독일	아일랜드	스위스
35	33.3	33	30	29	28	27.5	23.4	22.7	22	20	15	12.5	8.5

* 2016년 기준
* 자료: 국회 예산정책처

238

또한, 경제적 불평등을 완화하고 균형을 추구하는 데 효과적이다. 법인세는 정부 재원의 중요한 원천 중 하나이다. 더 높은 법인세를 부과함으로써 정부는 공공 서비스(교육, 의료, 인프라 등)를 제공하고 사회적 인프라를 개선하는 데 필요한 자금을 확보할 수 있다. 이것은 국민의 삶의 질 향상과 경제 발전에 긍정적인 영향을 미칠 수 있다. 기업이 더 많은 법인세를 낼 경우 정부는 이를 재분배하거나 경제 발전을 위한 다양한 정책에 활용할 수 있다. 이는 소득 재분배를 통해 경제적 불평등을 완화하거나 중소기업과 같은 경제 주체를 지원하는 방식으로 활용된다.

온라인 투표

현재 공직 후보자 선출을 위한 온라인 투표 시스템의 도입은 기술상의 문제가 거의 없는 상태이다. "사회·경제·신체적 약자의 접근성을 보장하고, 투표 참여율을 전반적으로 높이기 위해, 온라인 투표를 실시하는 것에 대해 어떻게 생각하십니까?"라고 물었다. 동의한다 55%, 동의하지 않는다 33%의 답변을 얻었다. 과반 응답자들이 온라인 투표를 도입함으로써 취약 계층의 접근성을 높이고 투표율을 증가시키는 긍정적인 영향을 기대하는 것으로 나타났다.

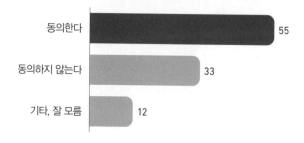

● 사회 · 경제 · 신체적 약자의 접근성을 보장하고, 투표 참여율을 전반적으로 높이기 위해, 온라인 투표를 실시하는 것에 대해 어떻게 생각하십니까? %

동의한다 **55**

동의하지 않는다 33

기타, 잘 모름 12

온라인 투표를 도입하기 위해서는 투표 시스템의 안정성과 무결성 보장이 보장되어야 한다. 온라인 투표를 도입하면서도 전통적인 투표 방식을 병행하거나 대안적으로 투표 참여 방법을 제공하는 방안을 고려해야 한다.

삼권연대

한국 사회가 심각한 위기에 직면했을 때 삼권분립과 같은 기존 원칙과 정치·행정 시스템 바깥에서 공동으로 행동하는 것이 허용될 수 있을까. "예상 밖의 사회 위험에 효율적으로 대처하고 격렬한 정치적 견제를 줄이기 위한 입법, 사법, 행정의 삼권분립을 일시적으로 해체하여 공동 행동에 나서는 것에 대해 어떻게 생각하십

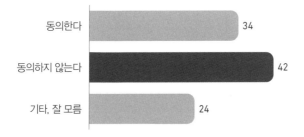

예상 밖의 사회 위험에 효율적으로 대처하고 격렬한 정치적 견제를 줄이기 위해 입법, 사법, 행정의 삼권분립을 일시적으로 해체하여 공동 행동에 나서는 것에 대해 어떻게 생각하십니까? %

- 동의한다 34
- 동의하지 않는다 42
- 기타, 잘 모름 24

니까?"라고 질문했다. 동의하지 않는다는 답변이 42%, 동의한다는 답변이 34%였다. 위험한 상황이라 하더라도 사회 원칙을 허무는 데는 신중해야 한다는 인식이 큰 것으로 보인다.

예상치 못한 사회 위험 발생 시 삼권분립의 임시 해체와 공동 행동의 결정은 상황에 따라 다양한 요소를 고려하여 신중하게 결정되어야 한다. 불가피하게 추진될 때에도 합리적 균형을 유지하는 방안을 고려해야 한다. 삼권분립의 일시적 해체와 공동 행동의 시기와 범위를 명확히 정의하고 실행하는 정책을 마련해야 한다.

고해성사

한국 사회에는 부조리와 낡은 관행이 누적된 분야들이 존재한다. 이런 난맥상으로 인해 사회 발전이 저해된다. 하지만 현실적으로 이해관계가 복잡하게 얽혀 있어 해결하기 쉽지 않다. 누적된 부조리와 낡은 관행을 해결하기 위해 일시적으로 고백과 용서 과정을 거친 후 전면적인 혁신을 이루는 방법을 고려할 수 있다. 이런 방안에 대한 인식은 어떨까.

"부정 거래, 카르텔, 담합 등의 문제들을 해결하기 위해, 고해성사를 하면, 일시적으로 위법 사항에 대해 면책해주는 대신, 대규모 사회적 기여와 재발 방지를 약속하게 하고 위반 시 가중처벌하는 정책에 대해 어떻게 생각하십니까?"라고 질문했다. 동의한다가

● **부정 거래, 카르텔, 담합 등의 문제들을 해결하기 위해, 고해성사를 하면, 일시적으로 위법 사항에 대해 면책해주는 대신, 대규모 사회적 기여와 재발 방지를 약속하게 하고 위반 시 가중처벌하는 정책에 대해 어떻게 생각하십니까? %**

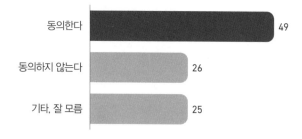

동의한다 49

동의하지 않는다 26

기타, 잘 모름 25

49%, 동의하지 않는다가 26%로 나타났다. 절반 가까운 응답자가 고백과 재발 방지, 면책과 사회적 기여의 과정으로 이루어지는 혁신 방안에 대해 찬성했다.

대규모 사회적 기여와 재발 시 가중처벌을 전제로 한 면책과 혁신 정책을 도입할 때 실질적인 효과를 위해 합리적인 가중처벌 방안을 마련해야 한다. 가중처벌뿐만 아니라 재발 방지 체계를 강화하여 위법 사항의 재발을 방지하고 사회적 공익을 보호하는 방안을 모색하는 것이 중요하다. 부정 거래와 관련된 문제를 해결하기 위해서는 범죄에 대한 적절한 처벌과 더불어 사회적으로 긍정적인 영향을 미칠 수 있는 대규모 사회적 기여 방안을 고려하여 종합적인 정책을 마련하는 것이 필수적이다. 이러한 조치는 바로 앞서 살펴본 삼권분립의 일시적 해체 또는 삼권연대를 통해 접근이 가능할 수 있다.

5장

정치 혁신

정치 혁신의 방법

한국 정치는 정쟁의 악순환 구조에 갇혀 있다. 각종 여론조사 결과를 보면, 국회의 이미지는 부정적이다. 여야 정당은 '정책 경쟁'이 아닌 '정치 싸움'을 통해 유권자의 관심과 지지를 반사이익으로 얻어내고 있다. 이를 바탕으로 선거를 치르고 정국 주도권을 얻는다. 이러한 구조는 되풀이되고 있다.

시스템 다이내믹스(System dynamics, SD)를 다시 보자. 정당이 선거에서 승리하기 위해 정국 주도권을 잡아 유리한 고지에서 당의 이미지 정체성을 확보하고 축적하는 과정을 설명하고 있다. 시스템 다이내믹스는 시스템의 변화에 영향을 미치는 변인 간의 상호작용을 설명하여 변화의 방향 즉, 성장과 쇠퇴의 패턴을 확인하는 방법이다.

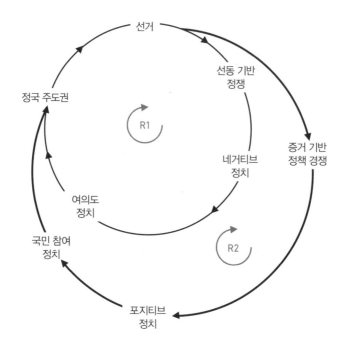

아이러니하게도 국민이 원하는 정책 경쟁은 국민의 관심과 지지를 받지 못하고 정국 주도권 확보와도 멀어지는 것이 현실이다. 이러한 루프를 끊어내기 위해서는 추론 기반의 이성주의적 주장, 관념적이거나 이념적 근거에 의한 의사결정을 지양하고, 증거 기반 의사결정 즉, 국민 의견이 담긴 조사 결과, 미래를 예측해볼 수 있는 데이터, 숙의토론 결과 등을 통해 국민의 관심과 지지를 얻어야 한다. 이때 증거 기반의 정책 경쟁으로 높은 신뢰를 얻어 정국 주도권을 확보할 수 있다. 또한, 정책을 제안하는 정당의 입장과 태도도 중요한데, 정당이 제안하는 정책을 충분히 실현할 수 있는 능력·자질을 가지고 있는지를 국민께 전달할 수 있어야 정책 경쟁으로도 국정 주도권 확보가 가능할 것이다.

이번 장에서는 정당 운영 혁신과 제2의 국민 참여, 정책협약 운동을 통해 민주정당이 국민의 신뢰를 얻고, 이에 바탕을 둔 초법적 국가 비전 수립 및 스마트 국회 건설을 하는 것을 정치 혁신의 주요 내용으로 다루고자 한다.

정당 운영 혁신은 다원성·투명성·유연성·개방성의 4대 원리에 입각하여 계파 등록제, 3톱 총장제, 책임 의총, 당론 심의 위원회, 데이터센터 등 12개의 혁신 과제를 제시했다.

제2의 국민 참여는 위대한 국민 인터뷰, 대선후보 국민소환제, 대학교 대학생위원회 등의 혁신 과제를 제시했다.

정책협약 운동은 민주정당 국회의원의 정무적 정책 활동의 모형과 제3섹터 운동을 언급한다.

초법적 국가 비전 수립은 국가 혁신 차원에서, 스마트 국회는 국회 혁신 차원에서 접근했다. 그간 정치 혁신의 범위를 정치로 국한하거나, 정치 혁신의 방법을 정치 문제 해결의 방법으로 오인하는 경우가 많았다.

정치 혁신이 성과를 내려면, 확장적·창조적 사고가 필요할 수 있다.

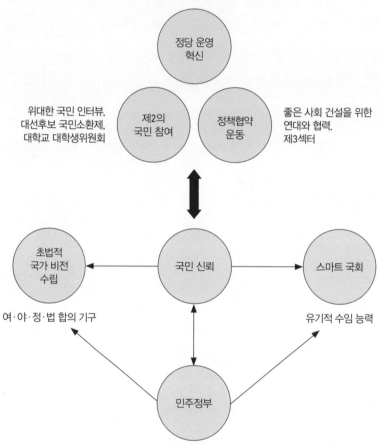

민주정당 혁신의 4대 원리:
다원성 · 투명성 · 유연성 · 개방성
(정파 등록제, 3톱 총장제, 책임의총, 당론심의, 데이터센터…)

정당 운영
혁신

위대한 국민 인터뷰,
대선후보 국민소환제,
대학교 대학생위원회

제2의
국민 참여

정책협약
운동

좋은 사회 건설을 위한
연대와 협력.
제3섹터

초법적
국가 비전
수립

국민 신뢰

스마트 국회

여·야·정·법 합의 기구

유기적 수임 능력

민주정부

스마트 국회

견제는 연대의 방법론

국회에 대한 국민 평가는 야박하다. 한국갤럽이 2014년 11월 "요즘 국회가 역할을 잘 수행하고 있다고 보는지, 잘못 수행하고 있다고 보는지?"에 대해 여론조사를 했다. '잘 못 하고 있다' 89%, '잘하고 있다' 6%였다. 최근 여론조사 결과도 다르지 않다. 한국리서치의 국회 평가에서도 긍정 평가는 2020년 1월 8%, 8월 10%, 2021년 3월 8%, 9월 4%, 2022년 3월 9%, 2022년 9월 5%, 2023년 3월 5%에 그쳤다.

국민 대의기구에 대한 불신은 한국 정치 혁신의 가장 중요한 과제가 국회 혁신임을 방증한다. 국회가 국민으로부터 낮은 점수

● 국회(국회의원) 평가 %

부정 평가 ━ 긍정 평가

87　88　88　91　88　91　91

8　10　8　4　9　5　5

2020년 1월　8월　2021년 3월　9월　2022년 3월　9월　2023년 3월

자료: 한국리서치(전국 성인 남녀 전화 면접 조사 1,000명), 국회(국회의원) 역할 수행 평가

● 국회 신뢰도가 낮은 이유

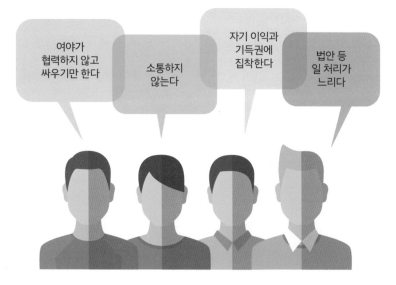

여야가 협력하지 않고 싸우기만 한다

소통하지 않는다

자기 이익과 기득권에 집착한다

법안 등 일 처리가 느리다

를 받는 이유는 무엇일까. 한국리서치의 조사에 따르면 "여야가 협력하지 않고 싸우기만 한다", "소통하지 않는다", "자기 이익과 기득권에 집착한다", "법안 등 일 처리가 느리다" 등으로 나타난다.

국회에서 여야가 늘 같은 의견을 가질 수는 없다. 하지만 긴장과 대립 속에 협력이 필요하다. 견제는 협력을 위한 방법론에 불과하다. 견제와 협력을 유기적으로 하면서 좋은 의사결정을 내릴 수 있어야 한다.

스마트 국회

스마트 국회란, 견제와 협력의 균형을 유지하며 시의적절한 의사결정을 잘하는 국회다. 위험 사회에서는 언제, 어떤 상황에서, 어떤 속도로 위기가 닥칠지 예측하기 쉽지 않다. 그래서 국회의 대응 능력이 중요하다. 국회가 역할을 다하려면, 안테나를 높게 세워, 갈등이 터져 나오기 전부터 주시하며 상황을 파악하고 있어야 한다. 상황을 예측하며 앞서 움직이는 증거 기반 정치를 펼치며 의사결정해야 한다.

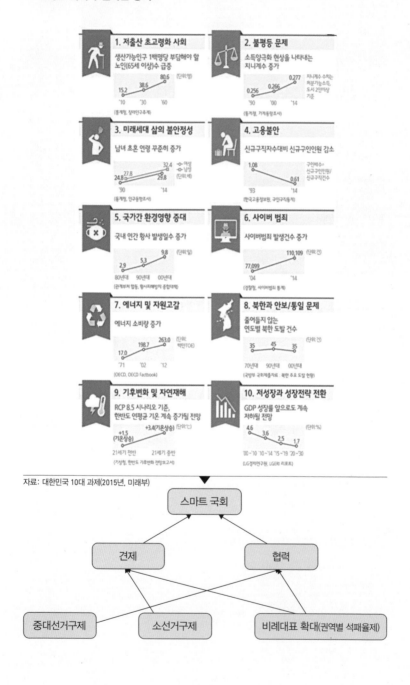

자료: 대한민국 10대 과제(2015년, 미래부)

스마트 국회의 조건

2023년 봄, '간호법 개정'은 국회의 대응 역량 부족을 보여준 사례다. 간호법 개정은 간호사의 사회적 역할 강화와 처우 개선을 넘어, 의사·약사·간호조무사 등을 모두 아우르는 국민 보건의료 환경 개선을 위한 과제로 다루어야 했다. 복합적인 수술이 필요한 환자의 환부의 일부만 수술하고 봉합한다면, 제대로 된 치료가 어렵다. 국민과 함께 숙의하고 토론한 가칭 '국민 보건의료 개선 중장기 종합 계획' 안에서 간호법 등 보건의료 관련 법 개정을 추진하는 게 바람직했다. 이와 함께 이해관계자들의 충분한 의견 수렴 결과와 국민 기준이 추가로 검토되어야 했다.

그렇다면, 스마트 국회는 어떻게 구성할 수 있을까. 스마트 국회는 복합적·장기적 문제에 효과적으로 대응하며 의사결정을 해나가야 한다. 현재 국회를 스마트 국회로 전환하기 위해서는 2가지 요건이 우선 필요하다.

먼저 선거구제를 개편해야 한다. 다수의 지역구 국회의원과 소수의 비례대표 국회의원으로 구성된 국회는 한국 사회를 위한 협력보다는 정치인이 지역에서 살아남기 위한 견제가 많을 수밖에 없다. 반대로 최근 논의되었던, 중대선거구제로의 개편은 수고스러운 견제보다는 몇몇 중진 정치인의 손쉬운 타협이 종용될 여지가 있다.

따라서 견제와 협력이 균형을 이루도록 비례대표 국회의원을 획기적으로 늘려야 한다.

둘째, 스마트 국회는 위임을 잘하는 정당이 만들 수 있다. 위임을 잘하는 정당이 강한 정당이고 강한 정당이 민주주의를 실천할 수 있다. 위임은 권위와 신뢰의 상호작용이며 대의민주주의 원리이다. 위임이 정착된 정당의 당원은 총선 강령(총선 의제 및 공약 선정)권을 지도부로부터 위임받고, 지도부는 강령, 총선 공약, 핵심 의제에 맞는 후보 결정권을 당원으로부터 위임받아야 한다. 당원과 지지자의 숙의토론, 여론조사, 데이터 분석에 기초하여 강령을 결정하고 공공성·전문성·도덕성을 갖춘 대한민국 최고의 배심원과 지도부가 후보를 결정해야 한다.

2개 경력과 이름 등 25자의 정보 제공이 전부인 여론조사 투표

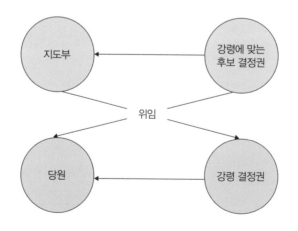

를 활용한 정당의 공직 후보자 추천 방식으로는 스마트 국회를 구성해야 할 국회의원의 책임감·공공성·전문성을 확인할 방법이 없다. 이러한 방식은 당원에게 온전히 후보 추천권을 부여한 것도 아니다.

국회 산하, 국민 공론화 센터

광화문 촛불혁명으로 탄생한 문재인 정부에 아쉬운 점은 후보 시절 3번이나 약속했지만, 신고리5·6호기공론화위원회를 성공적으로 마친 후에도 숙의토론을 제도적 장치로 만들지 못했다는 것이다. 정부 주요 정책과 대형 국책 사업 준비 과정에서, 시민의 숙의토론을 제도화하자는 주장과 이러한 공론화를 위해 정부에 상설 기구를 설치하자는 주장은 모두 공감 여론이 압도적으로 높았다. 2017년 신고리5·6호기공론화가 진행되던 시기에 공론화 상설기구 설치 여부에 대한 여론조사[1]를 했다. 찬성 72.7%, 반대 24.5%로 압도적인 설치 입장이 나타났다.

프랑스의 공론화 프로세스는 정부가 특정 주제의 정책에 대한 시민들의 의견을 수렴하고, 이를 정책 결정에 반영하기 위한 노력

---

[1] 전국 성인 남녀, 1,006명, ARS 조사, 공공의창, 티브릿지.

의 일환으로 이뤄진다. 이를 위해 공론화위원회[2]가 설치되어 의견 수렴, 토론, 피드백 제공 등의 활동을 조직하고 시민들의 참여를 도모한다.

국회에 국민 공론화 센터가 만들어진다면, 다양한 주제에 대한 공론화를 진행할 수 있으며, 환경 문제, 사회정책, 지역개발, 경제정책 등 다양한 분야에서 활동할 수 있다. 이를 통해 시민들은 자신의 목소리를 더욱 효과적으로 국회에 전달할 수 있고, 국회는 효율적으로 공론화 과정을 만들 수 있다.

나는 2007년 헌법 개정 공론조사를 기획하고 참여했었다. 공론화 숙의토론은 찬성과 반대의 결과 외에도 각각의 이유를 살펴야 한다. 찬성 의견으로 결정되더라도 반대 의견의 이유를 고려한다. 반대로 반대 의견으로 결정되더라도 찬성 의견의 이유를 고려한다. 더 나아가 찬성과 반대 외, 제3의 대안을 발굴하는 데도 유용하다. 그만큼 숙의토론은 민주주의 발전에 필수불가결한 방법론이다. 이러한 과정이 연대와 협력의 사회적 자본을 축적하는 길이기도 하다.

다음 페이지 그림은 2017년 8월 말에 숙의형 웹조사를 한 결과이다. 같은 해 10월, 신고리5·6호기공론화위원회 결과와 일치

---

2   Commission Nationale du Débat Public, CNDP

🎯 신고리 5·6호기 원전 건설 중단 숙의형 여론조사 흐름도 및 결과

■ '신고리 5·6호기 건설 중단'에 공감　　■ '신고리 5·6호기 건설 중단'에 비공감　　(단위: 명)

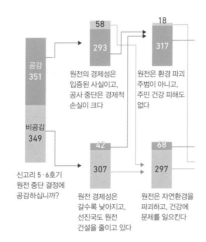

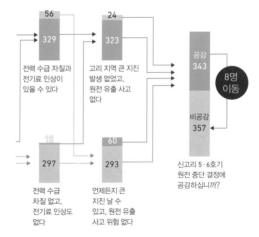

공감 정도는 1(매우 공감)~8(전혀 공감 안 됨)점으로 응답.
1~4점은 공감, 5~8점은 비공감으로 집계

* 자료: 공공의창, 우리리서치, 세계 최초의 숙의형 웹조사 결과, 《세계일보》, 2017. 8. 27.
https://www.segye.com/newsView/20170827001822?OutUrl=naver

했다. 신고리5 · 6호기공론화위원회는 5개월간, 40억 원을 들여 500명이 참여했지만, 숙의형 웹조사는 14일간, 1,000만 원을 들여 700명이 참여했다. 숙의형 웹조사의 공론 확인 및 숙의토론 결과는 효율적이고 효과적으로 나타났다.

초법적 국가 비전 수립, 대한민국 비전 2050 위원회

장대 끝에 서다

대한민국은 세기적 위기에 직면해 있다. 극한 대립과 분열, 갈등이 이어진다면 공멸할 수 있는 상황이다. 그러나 이러한 위기에 잘 대처한다면 새로운 도약의 기회를 만들 수도 있다. 연대와 협력이 필요하다.

첫째, 안보 위기를 극복해야 한다. 미국과 중국의 군사적·경제적 대립이 심해지면서 신냉전 시대가 도래하는 듯하다. 북한 핵 개발과 실험으로 인해 한반도는 전쟁의 위협 속에 있다. 일본의 경제 회복, 군사적 재무장도 불안을 자아내고 있다. 불안정한 국제 정세 속에서 주변국의 군사력 확장에 대해 분명하면서도 유연한 전략

비전 2030은 우리의 노후, 우리 아이들의 미래를 위한
대한민국의 장기 종합전략입니다

VISION 2030
함께가는 희망한국

● 노무현 대통령이 2006년 8월 30일 열린 '비전 2030 보고회의'에서 모두발언을 하고 있다. '비전 2030'는 종합적 국가 혁신 장기 계획이었으나 정부로 주도로 임기 후반 발표되고, 대국민 의견 수렴과 홍보가 약해서 저평가되었다. 이때의 미진함을 보완한 새로운 국가 비전 수립이 필요한 때이다.

기조를 합의할 필요가 있다. 그러기 위해선, 친일이나 친북 등 정치

적 프레임과 절연해야 한다.

둘째, 경제 위기를 극복해야 한다. 전 세계적 금융 불안과 물가

상승이 이어지고 있다. 국내에서도 경기 침체가 장기간 계속되며

부동산, 금융 등 주요 경제 분야가 불안정한 속에 마이너스 성장

위기가 찾아왔다. 정부와 여야 정치권, 기업, 시민사회가 현재 경제

상황을 IMF와 같은 수준으로 엄중히 인식하고 공동 대응할 방안을 찾아 합의해야 한다. 짧게는 2~3년, 길게는 30년의 대응 계획을 검토해야 한다. 과거 압축 성장 과정에서 생겼다가 현재까지 이어진 부조리와 관행의 전방위적인 고백과 용서, 화해, 재구축 등도 함께 이루어서 진정한 경제 혁신에 도달해야 한다.

셋째, 사회 위기를 극복해야 한다. 우리 사회의 차별과 혐오는 사회적 자본의 손실을 야기한다. 약자를 위한 안전망도 촘촘하지 못하다. 노인 빈곤, 교육 격차, 지역 격차, 건강 격차, 일자리 격차 등이 심화되고 있다. 사회 구성원 전체가 공동으로 해법을 모색해야 한다.

넷째, 정치 위기를 극복해야 한다. 팬덤 정치가 합리적 의사결정을 방해한다는 우려가 나오는 중에 정치 발전의 국민적 동력이 없는 상태이다. 더욱이 합의 정치가 실종된 지 오래되었다. 한국 정치가 정상적으로 작동하기 위해서는 여야, 시민사회의 발전적 논의가 필요하다. 대중의 정치 혐오에 편승해 정치를 슬림화하는 방법으로는 복잡하고 다양한 국가 문제에 효과적으로 대응하기 어렵다. 또 다른 관건은 정치의 회복이다.

삼권분립의 역설

삼권분립은 권력을 분산시켜 각각의 권력이 독립적으로 운영되도록 하는 원칙이다. 삼권분립은 민주주의 시스템에서 중요한 원칙 중 하나로, 권력의 집중을 방지하고, 권력의 균형을 유지하기 위한 장치이다. 하지만 천부인권과 같은 가치를 제외하면, 만고불변의 원칙이란 있을 수 없다. 오히려 불변의 가치를 잘 지키고 실천할 수 있는 시스템은 상황에 따라 변화가 필요하다.

삼권분립의 단점이 장점을 가린다면, 일시적이나마 변화가 필요할 수 있다. 삼권분립은 결정 과정이 느리고, 효율성이 떨어지며, 각 권력 간 갈등이 심하다. 또한, 책임 회피가 쉽고, 집행력을 약화시킬 수 있다.

연대와 협력을 위해 권력 분산, 균형 유지가 아니라 일시적 권력 집중, 권력의 구심점이 필요할 수 있다.

권력의 구심점

대한민국의 위기를 기회로 바꾸기 위한 정치적 구심점을 마련할 것을 제안한다. '대한민국 비전 2050 위원회'의 조직과 운영을

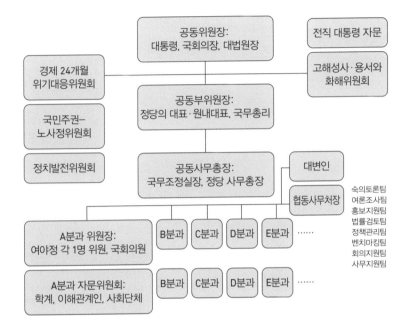

제안한다. 총체적인 위기에 맞서 국가 역량을 총동원하고 대한민국 대개조를 위한 중장기 전략을 수립해야 한다. 이를 위해 대한민국 2050년 준비를 하며 입법부·사법부·행정부가 합의되지 못한 각종 사회 쟁점을 발굴하고 합의하는 과정을 공동으로 마련해야 한다.

위원회는 제도 개선안, 예산안, 정책 기획안을 담은 「대한민국 비전 2050 보고서」를 완성해야 한다. 그리고 매년 합의된 계획이 잘 이행되고 있는지를 점검해야 한다.

대한민국 비전 2050 위원회는 입법부·사법부·행정부가 합의한 쟁점 사안에 대한 제도 개선, 재정 계획, 정책 기획을 담당하는 국민 제안 국가 위원회의 성격을 갖는다.

사회합의를 위한 초헌법적 논의 기구이므로 위원장은 대통령, 국회의장, 대법원장이 공동으로 맡는다.

위원회는 전직 대통령 등의 자문을 받는다. 여야 정당의 대표와 원내대표 및 국무총리가 공동부위원장을 맡아 의사결정 과정과 위원회 활동 과정을 관장한다. 또한, 국무조정실장과 정당 사무총장이 공동 사무총장이 되어 분과의 구성 운영 및 원활한 의제 관리를 지원한다.

위원장 직속으로 몇 개의 특별위원회를 둔다. '고해성사, 용서와 화해 위원회'[3]는 기업과 산업계가 과거 부조리한 관행을 고백하고 재발 방지와 CSR을 약속하도록 촉진한다. 이후의 관련 불법 행위에 대해서는 가중처벌을 협약한다. 이러한 과정을 통해 과거 관행을 청산해야 한다. '경제 24개월 위기 대응 위원회'는 당해 연도

---

3 보건의료 분야를 예로 들어보자. 보건의료 유통 구조는 오랜 세월 부패의 관행으로 얽혀 있다. 제약 뿐만 아니라, 식품, 건설 등 다양한 산업 분야에 카르텔, 검은돈, 리베이트 등이 존재하며 이는 한국 사회 불평등과 불공정을 강화하고 사회 비용을 증가시키는 요인이 되고 있다. 복잡한 이해관계와 난맥상은 국회나 행정부, 사법부가 따로따로 해결할 수 없는 문제이다. 차원이 다른 스마트한 의사결정이 필요하다. 국회는 여론을 수렴하고 갈등을 중재하며 논의를 거쳐 특별법을 입법한다. 여기에는 기존 부조리를 고백하고 척결을 약속하면 사면에 준하는 특별 조치를 하고 그 이후에는 가중처벌을 하는 내용이 담길 수 있다. 행정부는 산업별로 실태 조사를 거쳐 행정 지도 사항을 개편하고 재발 방지책을 강구할 수 있다. 사법부는 이행 기간 중 양형 조정 등을 할 수 있다. 이런 절차와 내용은 사회 협약 안에 담김으로써 동력을 얻을 수도 있다.

에 경제 불안 요인을 분석하고 범국가적 차원에서 대응할 수 있는 정책적·제도적 해법을 제시한다. '정치 발전 위원회'는 한국 정치 위상과 역할을 한반도 정치, 아시아 정치 수준에서 제안한다. 그밖에도 '국민 주권 노사민정 위원회'를 둔다. 기존의 노사정위과 크게 다르진 않지만, 중요한 것은 모든 회의를 실시간 방송으로 공개하여 공공성·책임성을 확보한다는 점이다.

대한민국 비전 2050 위원회 산하에 정부 부처 기준으로 분과위원회를 구성한다. 여야 의원과 부처 장관이 분과위원회 공동 위원장을 맡는다. 분과위원회의 위원은 차관과 국회의원이 맡는다. 분과위원회에서는 '쟁점 제출 → 쟁점 토론 → 합의 쟁점 도출'을 반복적으로 진행하여 최적의 합의점을 도출하고 법안·예산안·정책안 마련 등의 역할을 한다. 18개 분과위원회가 분과별로 100개 이상의 합의 쟁점 도출을 목표로 삼는다. 분과위원회별로 학계와 시민사회, 업계 등으로 구성된 자문위원회를 둔다.

분과위원회는 의사결정의 투명성(공개 원칙), 책임성(소수 의견 존중), 합리성(시스템 토론 진행)의 3원칙을 준수하여야 한다. 분과위원회는 8단계 과정을 거친 합의된 안건을 분과별로 '합의 의제 국민 보고서 초안'으로 만들어 위원장에게 제출한다.

● 합의 의제 국민 보고서 초안 작성 순서

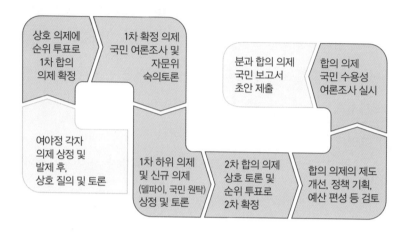

이 위원회 사무처는 위원회의 원활한 활동을 지원하는 동시에, 국가 의제 선정을 위한 전문가 델파이⁴를 별도로 진행한다. 정당과 정부 부처의 인재풀을 활용하여 국가 의제 선정을 위한 온라인 의제 수렴 절차를 진행하고, 그 결과를 각 분과에 제공하는 역할을 한다. 델파이 조사 결과에 기초하여 '국민 원탁회의'도 진행한다. 국민 원탁회의에선 국가 의제의 우선순위를 결정하고, 분과위원회에 제출할 신규 의제도 발굴·토론한다.

---

4   전문가들의 의견 수립·중재·타협 방식으로 반복적인 피드백을 통한 하향식 의견 도출 방법으로 문제를 해결하는 기법이다. 1964년 미국의 RAND 연구소에서 개발되어 IT 분야, 연구개발 분야, 교육 분야, 군사 분야 등에서 활용되고 있다(위키백과).

「대한민국 비전 2050 보고서」는 대규모 국민 여론조사를 통해 국민께 승인받는다.

대한민국 비전 2050 위원회가 대국민 최종 보고를 마치는 시점에 입법부·행정부·사법부는 '비전 2050 이행 점검 위원회'를 각각 구성하여 운영한다. 이 위원회는 정기적으로 협의를 거쳐 책임성을 더한다.

● **대한민국 비전 2050 위원회 추진 일정**

D-12월	D-11월	D-10월	D-9월	D-8월	D-7월	D-6월	D-5월	D-4월	D-3월	D-2월	D-1월
여야정법 위원회 구성 합의 (비공개)	2050 위원회 구성 합의 발표	2050 위원회 발족	분과위원회 활동 특별위원회 활동						보완 활동	보고서 집필	대국민 보고
기초적인 실무 협의 시작	국가 의제 선정, 전문가 델파이	각종 특별위원회 발족 및 활동 시작	국민 원탁회의 (1차)	분과/특별 위원회 중간 보고	국민 원탁회의 (2차)	분과/특별 위원회 중간 보고	국민 원탁회의 (3차)			국민 원탁회의 (최종) 여론조사	특별 위원회 최종 보고

정책협약 운동과
제3섹터

정당과 시민사회의 역할

정당이 일방적으로 정책을 수립하기보다는 이해관계자와 협력하는 것이 바람직하다. 환경 파괴와 기후 위기, 저성장, 삶의 질 저하 등의 문제가 지속적으로 시민의 자유와 공동체의 안녕을 위협하고 있다. 그런데 이런 사회적 문제들은 협력과 연대를 통해서만 해결할 수 있다.

정당이 좋은 사회를 만들기 위한 협치의 중심에 설 필요가 있다.

이런 과제를 수행하는 데 민주정당 원내에 정책협약 위원회를 둘 필요가 있다. 민주정당이 노동조합이나 직능단체 등과 협력하여 좋은 사회를 만들기 위한 공동의 역할과 노력을 다짐하는 정책협약을 추진하는 게 바람직하다. 국회 상임위별로 이해관계 시민사회와 정당이 함께, 좋은 사회를 만들기 위한 정책을 숙의토론한 후 강령으로 축조하고 정책협약을 진행하는 과정을 전방위적으로 진행하자는 것이다.

정책협약은 민주정당이 시민사회와 협력하여 좋은 사회를 함께 만들어가겠다는 선언이다. 또한, 공동의 목표를 달성하기 위한 각각의 역할을 설정하고 노력할 것을 국민께 약속하는 과정이다. 원내에 정책협약 위원회를 설치하고 상임위는 이해관계자 중심의 정무적 정치 활동을 전개한다. 이해관계 시민사회는 각종 단체·학계·연구소·재단과 함께 시민들의 일상적인 소모임이나 학습 모임도 포함한다.

● 정책협약 절차

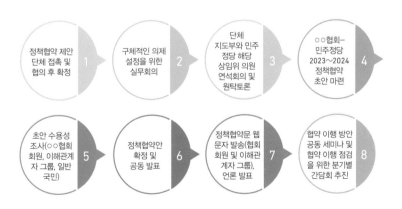

정책협약 제안 단체 접촉 및 협의 후 확정 **1**

구체적인 의제 설정을 위한 실무회의 **2**

단체 지도부와 민주정당 해당 상임위 의원 연석회의 및 원탁토론 **3**

○○협회–민주정당 2023~2024 정책협약 초안 마련 **4**

초안 수용성 조사(○○협회 회원, 이해관계자 그룹, 일반 국민) **5**

정책협약안 확정 및 공동 발표 **6**

정책협약문 웹 문자 발송(협회 회원 및 이해관계자 그룹), 언론 발표 **7**

협약 이행 방안 공동 세미나 및 협약 이행 점검을 위한 분기별 간담회 추진 **8**

정무적 정책 활동의 모델

정책협약 운동은 국회의원의 정무적 정책 활동 모델이 된다. 정책협약 운동이 정치적 성과로 연결될 수 있다면, 스마트 국회로 가는 고속도로가 될 것이다.

또한, 당의 외연 확대와 국민적 신뢰도 제고에도 도움이 된다. 선거 시기 이외에 공동의 목표를 이루기 위한 일상적인 대외 협력 구조를 확보할 수 있다.

정책협약 위원회는 정당 조직을 강화하는 데도 도움이 된다. 정당은 지역위원회를 근간으로 활동이 이루어진다. 50대 이상, 호남 출신, 자영업 종사자 또는 전업주부가 지역위원회 구성의 다수를

● **지역위원회와 정책협약 위원회의 시너지**

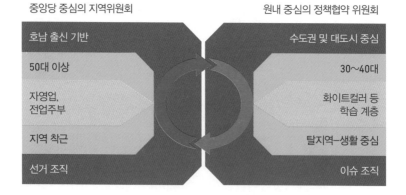

중앙당 중심의 지역위원회 / 원내 중심의 정책협약 위원회

중앙당 중심의 지역위원회	원내 중심의 정책협약 위원회
호남 출신 기반	수도권 및 대도시 중심
50대 이상	30~40대
자영업, 전업주부	화이트컬러 등 학습 계층
지역 착근	탈지역-생활 중심
선거 조직	이슈 조직

점한다. 지역위원회는 지역에 뿌리를 내리고 선거에 초점을 맞추어 운영된다.

이와 함께 원내가 정책협약 위원회를 구성하여 운영한다면, 당의 조직 기반이 확대될 수 있다. 30~40대, 수도권과 대도시 중심, 화이트칼라 등 학습 계층과의 사회화된 접촉면을 획기적으로 늘릴 수 있다. 탈지역-생활 기반의 이슈에 중점을 둔 조직 운영이 가능할 것이다. 또한, 지역위원회와 정책협약 위원회 두 조직이 상호 영향을 주고받으며 시너지를 낼 수 있을 것이다.

● **정책협약 운동의 지층 구조**

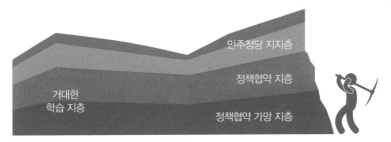

정책협약 운동의 산물, 제3섹터

정책협약 운동이 활성화되면, 몇몇 분야는 정당의 하부 조직으로 편제하지 않아도 그에 준하는 공공성 높은 활동이 가능하다. 오

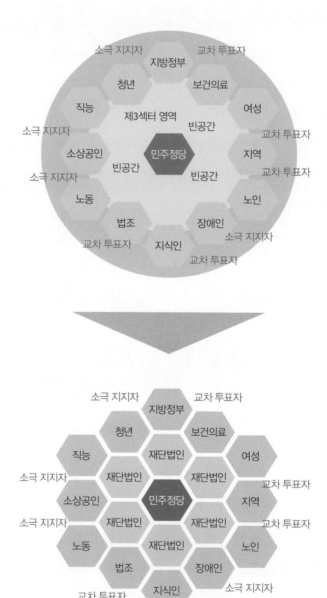

274

히려 자율성을 확보하고 견제를 통해 민주정당과 시민사회와의 최적화된 연대와 협력의 공간과 수준을 갖게 될 것이다.

정당 강화는 반드시 정당 정치 강화로 이어지지 않는다. 당원을 늘리고 조직을 확장하더라도, 당 외부 자원과 원활하게 소통하며 지지와 연대를 끌어내지 못한다면 '우리만의 잔치', '찻잔 속 태풍'이 될 수 있다.

정당 활동을 하고 싶어도, 여러 가지 이유로 하지 못하는 국민이 상당수 있으며, 개인적 성격과 신분 때문에 정당 가입을 꺼리는 사람도 많다. 이들과 연대할 방안을 찾아야 하는데, 제3섹터가 그러한 역할을 할 수 있다.

제3섹터 조직을 통해, 당의 동심원 외곽에 다수의 소극 지지자 및 교차 투표자와 정책연합을 구축할 수 있다. 그러기 위해선 지방정부, 여성, 청년, 대학생, 소상공인 등 당의 위원회 조직을 축소해야 한다. 조직에서 네트워크로, 이념 지향에서 정책 지향으로 관계를 재구성해야 한다. 예를 들어 정당은 당 소속 지방정부 위원회를 축소하는 대신, 가칭 '재단법인 지방정부협의회'가 외부에 설립될 수 있도록 지지하고 후원하는 것이 바람직하다. 정당은 지방자치와 균형 발전의 총론엔 동의하지만, 세부적인 각론으로 들어가면 여러 이유를 들며 사실상 반대하는 경우가 많다. 정당은 당의 계층 조직과 이슈 조직을 당의 외연 확장의 도구로 접근하는 일을 멈춰야 한다.

제3섹터 운동은 정당과 시민사회, 직능단체의 가교 역할을 하며 지식인(교수·학자·연구자)에게 진보적 공간을 제공할 수 있다. 정당이 공공성과 책임감을 갖춘 인재를 영입하는 시스템으로도 활용할 수 있다.

정당과 소극 지지자 및 교차 투표자와의 가교 역할을 하는 공간을 주요 분야별로 확보해야 한다. 당과의 전략적 연대와 견제가 함께 존재하는 방식으로 당의 외곽을 재구성하는 것이 곧 정당을 강화하는 길이다. 정당은 이해당사자 대중을 단순히 동원하는 수준에 머물고 있는 계층별·분야별 위원회를 축소하거나 폐지하고, 정책 네트워크를 위한 연대와 협력에 힘쓰는 것이 중요하다.

제3섹터의 독립적 역할

직종별 윤리강령을 제작하는 일을 사회문화 운동으로 전개할 수 있다. 몇몇 학자나 단체의 지도부가 윤리강령을 만드는 방법보다는 해당 조직의 회원과 이해관계자가 숙의토론으로 윤리강령을 직접 만들고 실천할 수 있게 하는 것이 필요하다. 그러기 위해선 필수적으로 제3섹터가 숙의토론 방법을 숙지하고 훈련해야 한다. 예컨대, 2024 국회의원 윤리강령, 2024 의사 윤리강령, 2024 법조인 윤리강령, 2024 기자 윤리강령 등을 만들 수 있다. 특히, 현재 국회의원 윤리강령은 만든 지 30년이 지났다. 변화한 사회 상황과 그에 따른 시대 과제도 담겨 있지 않다.

윤리강령은 10개 조항으로 만들어볼 수 있을 것이다.

① 현재 상황을 진단하고(1~3항)

② 진단된 상황에 맞는 시대정신을 그려내며(4~5항)

③ 이를 실천하기 위한 윤리 실천 준칙을 마련(6~10항)

※ 윤리강령 사례 예시

한국 간호사 10대 윤리강령: 국제 간호사 윤리강령을 기초로 제정됨

1. 간호사는 국가 사회의 일원으로서 건강 사회 구현의 주역임을 인식하고 권위와 긍지를 가지고 간호직에 임하며 국가 비상시에 대비한다.
2. 간호사는 개인의 신앙, 가치관 그리고 관습을 존중한다.
3. 간호사는 직업상 알게 된 개인의 비밀을 전문인 판단 없이는 개방하지 않는다.
4. 간호사는 간호 업무와 간호 교육의 표준을 결정하고 이를 시행하는 데 있어 그 주역을 담당한다.
5. 간호사는 전문 교육과 훈련을 바탕으로 간호 활동을 전개하며 간호 외 학문적 발전에 능동적으로 참여한다.
6. 간호사는 실질적으로 가능한 최고 수준의 간호를 제공한다.
7. 간호사는 간호사업의 발전과 사회적 지위 향상 및 권익을 위하여 조직체의 활동에 적극 참여한다.
8. 간호사는 법적 권한과 의무를 정확히 알고 타 전문직의 영역을 침해하지 않는다.
9. 간호사는 업무와 관련된 모든 사람을 협조한다.
10. 간호사는 피간호자가 타인에 의해 안전에 위협을 받을 가능성이 있을 시 이를 보호하기 위한 적절한 행위를 취한다.

제2의 국민 참여 정치

위대한 국민 100만 정책 인터뷰

정치 혁신과 국민 참여는 후륜 자동차의 앞바퀴와 뒷바퀴이다. 뒷바퀴에서 전달되는 동력과 앞바퀴의 방향 설정으로 민주정당이라는 자동차가 원하는 목표를 향해 앞으로 나갈 수 있다.

'위대한 국민 100만 인터뷰'는 2002년 민주당의 대통령 후보 선출을 위한 국민 참여 경선 이후, 20년 만에 대규모 국민 참여를 통해 국가 비전과 민주정당의 시대적 역할을 결정하기 위한 사업이다. 이를 통해, 국민 정치를 실현하고, 민주정당의 지역 풀뿌리를 재건하며, 선거의 강령(의제와 공약)을 마련할 수 있다.

100만 인터뷰는 교육과 훈련을 이수한 당원이 골목골목에서 직접 면접 조사를 통해 진행한다.

인터뷰 추진 개요

D-6월	위대한 국민 100만 인터뷰 위원회 설치
D-5월	253개 지역위원회 핵심 당원 중심의 정책 인터뷰 면접자 선정 및 교육훈련
D-4월	인터뷰 진행
D-3월	인터뷰 결과 발표(광화문광장)
D-2월	지역위원회별 골목 당사를 활용한 인터뷰 결과 발표(육성 발표 및 유인물 배포 등) 인터뷰 결과의 당 총선 강령 채택을 위한 당원 대토론회(국회 잔디광장 타운 홀 미팅) 총선 강령 수용성 일반 국민 여론조사
D-1월	총선 강령 채택 행사

╲ 민주당 부산시당은 '위대한 부산시민 10만 인터뷰를 시작합니다'를 주제로 대대적인 필승 결의대회를 열었다.

↑ 민주당 경북도당은 시민들의 목소리를 경청하는 '청(聽)' 프로젝트를 시작했다.

← 민주당 강원도당의 위대한 강원도민 인터뷰 출정식 모습

● 민주당원들이 부산시 연제구와 동래구 등지의 거리에서 지역 주민을 인터뷰하는 모습

● 경북도당 민주당원이 포항 남구의 타깃 거리에서 지역 주민을 인터뷰하는 모습

현재 민주당이 강원도, 경상북도, 부산시 등 한반도 동쪽의 열세 지역의 골목에서 '위대한 국민 인터뷰'를 진행 중이다. 정치인 세종대왕도 공법 개정을 위해 전 백성 여론조사를 했다. 미성년자를 제외한 대부분의 백성이 골목골목에서 정책 조사에 응한 셈이다. 어쩌면 대한민국 국민은 골목 여론조사의 민족일지도 모른다.

인터뷰 주요 내용은 복잡하거나 오래 생각해야 하는 내용보다는, 일상의 삶에서 느끼고 경험하고 인식하는 개인적·사회적 문제로 하는 것이 좋다. 예컨대, "당신의 행복을 가로막는 문제는 무엇입니까?", "한국 사회의 성장을 가로막는 문제는 무엇입니까?", "민주정당이 해야 하는 일은 무엇입니까?" 등을 생각해볼 수 있다.

100만 인터뷰는 정기 전당대회 또는 공직 선거를 6개월 정도 앞두고 실시하거나, 매년 실시하는 것도 방법이다.

국민 참여 국가 예산 대토론회

국가 예산의 구성 및 우선순위는 국가의 비전과 정부의 역할을 확인할 수 있는 단서이다. 그러므로 민주정당은 국가 예산의 구성과 우선순위 결정에 국민의 참여를 보장해야 한다. 지방정부마다 편차는 있지만, 주민 참여 예산제는 어느 정도 자리를 잡아가고 있다. 어떤 관점과 기준으로 예산을 결정할지 숙의하고 토론하는 국민 참여 국가 예산 대토론회 진행을 제안한다. 복지국가, 돌봄 국가, 사회투자 국가, 기본사회 등 국가 핵심 정책이나 비전을 뒷받침할 만한 예산 기준은 무엇인지, 공론화를 통해 국민 여론을 확인해야 한다.

매년 8월 국민 참여 국가 예산 대토론회 준비 위원회를 구성하고, 9월부터 10월까지 두 달간 토론회를 추진하며, 10월 말 또는 11월 초에 그 결과를 발표해야 한다. 대토론회는 국회 잔디광장에서 원탁토론으로 진행하며 여론조사도 병행한다. 시민사회와 학계 1,000명이 참여하는 이해관계자 델파이 조사도 가능할 것이다.

여론조사는 예산 전체 콘셉트와 특정 예산의 시민 선호를 조사하고, 시민 투표로 우선순위를 파악하는 방식으로 진행한다. 온라인 플랫폼을 마련하여 시민 참여의 지리적·시간적 제약을 완화할 수 있다.

대통령 후보 국민소환 경선제

2002년 대통령 선거는 뜨거웠다. 시민의 열망 속에 주말마다 정치 개혁의 드라마가 쓰였다. 국민이 참여하는 대통령 후보 경선이 진행되었기 때문이다. 그 선거를 통해 노무현 대통령이 탄생했다. 그 후 20년간 기억이 남을 만한 별다른 국민 참여 정책이 없었다. 시민 참여가 보장되지 않았기 때문이다.

대통령 후보 국민소환 경선제도[5]는 정당의 예비후보 등록 및 예비경선 절차를 대신하여 시민들이 직접 예비후보를 추천하고, 그 추천된 후보 중에서 국민이 직접 민주정당의 대선 후보를 선출하는 방식이다.

정당의 내부 절차에 의존하는 것이 아니라, 시민들의 직접 선출 방식을 운영할 수 있도록 정당이 참여를 유도하는 한층 확장된 국민 참여 제도이다. 국민의 뜻이 직접 반영되는 방식을 통해 새로운 인재를 발굴하고 정치 혁신의 가능성을 높여야 한다.

정당 내부 절차에 의존하던 대통령 후보 선출 방식은 정치적인 부패와 정당 내부의 이해관계 등으로 인해 혁신적인 인재가 출마하기 어렵고, 대중적인 지지를 받는 후보가 선택되지 않는 경우도 있

---

5 임찬규 전 노무현 대통령 비서실 행정관의 초기 아이디어를 확대하고 구체화함.

을 수 있다.

하지만 국민소환 경선제도는 시민들의 뜻이 직접 반영되므로, 새로운 인재가 등장하고 정치적인 혁신이 이뤄질 가능성이 커질 수 있다.

국민이 엔트리부터 직접 참여로 만든 대통령 후보는 그렇지 않은 후보보다 더 국민의 요구와 의견을 반영하고 존중할 것이다. 따라서 대통령 후보 국민소환 경선제도를 도입하면 기존 정당의 내부 절차로 인한 한계를 극복하고, 국민 참여를 보장하여 더욱 민주적이고 투명한 정치 과정을 구축하는 데 도움이 된다.

이 제도는 9단계를 거친다. 1단계는 시대정신이 무엇인지, 시대정신에 따른 대선 강령은 무엇이 되어야 하는지를 숙의토론한다. 2단계는 이러한 시대정신과 대선 강령에 적합한 후보의 자질과 덕목은 무엇인지 숙의토론한다. 3단계는 대통령 예비후보 추천을 시작하는 단계이다. 약 두 달 동안 20인을 초기 추천하고 그다음에 10인으로 압축, 최종 5인으로 압축하는 단계를 거친다. 4단계는 이렇게 압축된 5인의 예비후보에게 대통령 후보 경선 출마를 요청하고 그 여부를 확인하는 단계이다. 5단계는 경선 출마를 수락한 5인 이내의 후보 간 공정 경쟁 협약을 진행한다. 공개 인터뷰 및 공개 토론회를 진행한다. 6단계에 본격적인 국민 참여 경선이 시작된다. 7단계는 최종 후보를 확정하는 단계이다. 8단계는 1단계에서 얻은

● 2002년 민주당의 대선 후보 국민참여경선은 노무현이라는 뜻밖의 인물을 대통령
으로 만들었다.

결과(시대정신, 강령, 후보의 자질과 덕목)를 토대로, 서약 및 사회협약
을 국민과 진행한다. 9단계는 대선 후보 지지자 위원회를 설치하여
경선 전 과정을 평가하고 이후 후보의 대선 강령 이행을 점검한다.

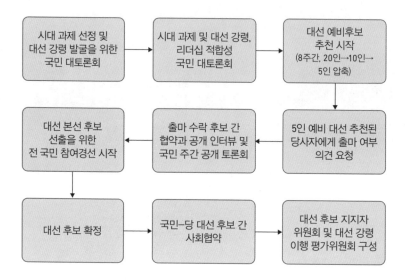

대학교 대학생위원회

현재 민주정당의 대학생위원회는 사실상 개인 자격으로 참여
하는 구조이다. 다양성을 확보할 수는 있지만, 위원회 활동이 파편
화·개별화되어 자기 역할을 구체화하거나 지속 가능한 활동을 하
는 데 한계를 보이고 있다.

대학교 대학생위원회을 제안하는 이유 중 하나는 지역에서 이 타적 주민 사업과 활력 넘치는 정치 사업을 할 수 있도록 풀뿌리를 재건하고, 지역 인재의 확대 재생산 구조를 마련하자는 것이다.

전국 대학교에 민주정당 대학생위원회를 조직하여 건강하고 미래 지향적인 활동을 준비해야 한다. 단일 대학교에서 5인 이상이 최소한의 자격 요건을 갖추면, 민주정당 ○○대학교 대학생위원회 준비단 자격을 부여하는 것에서 출발할 수 있다. 모든 대학교에서 성과를 내려는 시도보다는 일부 대학교의 성공 사례를 바탕으로 확산·전파해나가는 방식이 효과적일 것이다.

시·도당에 대학교 대학생위원회 지원단을 구성하여 이 위원회 건설을 희망하는 대학생의 활동을 지원하는 일도 가능할 것이다. 시·도당은 학습, 활동 기획, 모임 지원, 정책 개발 등을 지원할 수 있다. 이러한 시·도당의 노력은 혁신이라는 정체성 이미지를 강화하고, 집권 기반을 다지는 초석으로 작용할 것이다.

대학교 대학생위원회의 주요 활동으로는 학생회 선거, 정치 교육, 지역 및 선거 자원봉사, 캠퍼스 집회, 유권자 교육·소통, 시민 참여 조직, 정치 리더십 훈련, 소셜미디어 캠페인, 지역 연구, 풀뿌리 조직 등을 들 수 있다.

- 학생회 선거: 대학 학생회 선거는 가장 중요한 정책 사업이

다. 학과·단과대학·총학생회 선거에 대학생위원회 구성원
이 출마하여 민주정당 대학생위원회의 위상과 역할을 확대
할 수 있다.

- 정치 교육: 워크숍과 세미나를 개최하여 중요한 정치적 이슈
및 후보자·정책에 대한 교육을 진행한다.

- 지역 및 선거 자원봉사: 대학생들을 지역 정치 캠페인 또는
정당의 가치에 맞는 조직과 연결하여 자원봉사하게 함으로
써 경험을 쌓고 가치 있는 사업에 기여하도록 한다.

- 캠퍼스 집회: 캠퍼스에서 집회와 시위를 조직하여 중요한 문
제에 관심을 기울이고 정치에 참여하는 학생들 사이에 공동
체의식과 연대의식을 조성한다.

- 유권자 교육·소통: 정치 과정, 정부의 역할, 투표의 중요성
을 설명하는 전단, 팸플릿, 영상 등과 교육 자료를 만들고 배
포한다.

- 시민 참여 조직: 캠퍼스와 지역사회에서 시민 참여를 촉진
하고 학생들이 정치 과정에 참여하도록 장려하는 행사를 개
최한다.

- 정치 리더십 훈련: 정치 또는 지역사회 리더십을 직업으로
삼는 데 관심이 있는 학생들에게 훈련과 멘토링 기회를 제
공한다.

- 소셜미디어 캠페인: 중요한 정치 문제에 대한 인식을 높이고 정치 과정에 참여시키기 위해 소셜미디어 캠페인을 추진한다.
- 지역 연구: 대학이 속한 지역 정치 문제에 관한 연구를 수행한다.
- 풀뿌리 조직: 지역단체·지도자들과 협력하여 당의 가치와 의제를 토론하고 홍보함으로써 지역사회 네트워크에 합류한다.

정당 운영 혁신

민주정당은 정치 혁신을 통해 스마트한 국회를 만들어야 한다. 연대·협력의 정치를 이루어 전환기의 위기를 극복하고 국민 삶의 행복을 증진시킬 책임이 있다. 이를 위해서는 정당이 혁신되어야 한다. 정당 혁신의 원리인 다원성, 투명성, 유연성, 개방성 등이 구현되어야 한다.

다원성은 당내 다양한 의견을 존중하고, 양적 기반의 의사결정 보다는 질적·숙의적 기반의 의사결정이 가능하도록 시스템을 마련하는 일이다. 예컨대, 당론 심의 위원회, 합의 쟁점 승인제, 공직 후보자 선출 배심원제 등이다.

투명성은 당내 의사결정의 투명성을 높여, 책임성, 전문성, 참여율 등을 높이는 방향으로 시스템을 갖추는 일이다. 예컨대, 의원

총회 의사결정 시스템, 정책 정당 지원에 관한 특별법, 당원 숙의투표 활성화 및 당원-지지자 정책 대회 등이다.

유연성은 사회와 환경의 변화에 당이 신속하고 안정적으로 대응할 수 있는 시스템을 말한다. 예컨대, 계파 등록제, 당 삼권 분립, 중앙당 데이터센터 등이다.

마지막으로 개방성은 정당이 내부 및 외부 환경과 정보, 아이디어를 적극적으로 수용하고, 효과적인 업무 수행을 진행하는 특성을 말한다. 개방성은 정당이 협력적이며 혁신적으로 운영되는 중요한 가치이기도 하다. 예컨대, 시·도당 위원회의 생활정치 위원회로의 전환, 당원 품성(론) 운동, 미래 의제 제안 위원회 등이다.

● 민주정당 혁신의 4대 원리

	Level 1	Level 2	Level 3
다원성	▶ 당론 심의 위원회 - 당의 노선이 존중되는 당론 결정 과정을 숙의 지원하는 조직 구성 및 운영	▶ 합의 쟁점 승인제 - 여야 합의 가능한 주요 의제에 대한 당내 페스트트랙 제안 제도	▶ 공직 후보자 선출 배심원제 - 당원과 지지자에게 위임받은 권한을 보다 책임감 있게 행사할 수 있도록 함 - 인지도, 개인 성공 등 요인을 선출 요인에서 배제
투명성	▶ 의원총회 의사결정 시스템 - 찬반 토론과 전자투표기 투표 등을 반복하며 투명성과 합의율을 높인 의사결정 지원 - 기록은 소수 의견, 다수 의견 모두 남김. 모든 의총은 공개를 원칙으로 함	▶ 정책 정당 지원에 관한 특별법 제정 (정당 연구소 강화) - 그간의 편법적 운영에서 실질적인 정책 정당 지원을 위한 예산 규모 및 독립성 확대	▶ 당원 정책 숙의투표 일상화, 당원·지지자 정책대회 - 숙의된 증거와 데이터에 기반하여 당의 정책 방향을 결정할 수 있도록 일상적 숙의투표 및 연간 정책대회
유연성	▶ 계파 등록제 - 계파를 양성화하여, 당내 독과점 및 과열 경쟁을 예방하고, 지속 가능한 정당 역량 확보	▶ 당 삼권분립 등 - 집행위원장, 운영위원장, 윤리위원장으로 실질 권한 분립 - 3톱 총장제: 전략, 홍보·미디어, 대외협력 - 중앙당과 원내 이원화	▶ 중앙당 데이터센터 신설 - 정당이 데이터·증거 기반의 의사결정을 할 수 있는 근거를 지원하는 단위를 확보 - 증거 기반 의사결정은 훈련과 노력이 필요함
개방성	▶ 시도당 위원회를 생활정치 위원회로 역할 전환 - 법적 위상과 기능은 유지하되, 생활정치를 전면에 내세운 활동 추진	▶ 정당과 시민이 함께 만드는 대학원대학교 - 공직 후보자, 당직자 전문 교육 훈련기관 설립 (당원 연수) - 예: 마쓰시타정경숙	▶ 미래 의제 제안위원회 - 국가 비전에 있어 단기적으로 손해인 것 같아도, 장기적으로 이익인 정책에 대한 국민 설득. 위원은 당이 특혜로 지원

정당 운영의 다원성, 시대와 함께 가기

다원성 ① 당론 심의 위원회

당론을 결정하는 과정에서 다수결 외에도, 당의 강령 및 당헌이 추구하는 가치가 반영될 수 있도록, 이를 심의하고 검토하여 공적 의견을 제출하는 당론 심의 위원회를 설치할 필요가 있다.

당론을 결정하기 위한 논의 과정에서 다수 의견과 소수 의견을 기록하여야 한다. 이후에 당론의 효과성, 정당성, 합리성 등을 평가할 때 중요한 기초 자료가 될 수 있다. 무조건적인 다수결이나, 빅마우스에 의한 당론 결정이 이루어지지 않도록 해야 한다. 왜냐하면, 당의 정체성이 흔들릴 수 있고, 당내 소수 의견이 무시될 수 있으며, 당내 민주적 문화를 저해할 수 있기 때문이다. 또한, 당의 분열과 갈등을 내화시키고, 의사결정의 질이 떨어지며 책임성 높은 실행을 어렵게 만들 수 있기 때문이다.

당론 심의 위원장은 당내 중진이나 당 밖의 민주주의와 당을 잘 이해하는 덕망 있는 인사로 인선하는 것이 좋다. 이 위원회는 국민-당원-전문가-이해관계자 의견을 제공받아야 하며, 위원회의 권고가 당내에서 존중되어야 한다.

당의 정체성과 가치·강령·당헌을 잘 구현할 수 있는 다수결 문화가 정착될 수 있도록 당론 심의 위원회를 구성하고 운영하는 것이 복합적인 사회문제를 해결하고, 복잡한 이해관계를 풀어내는 데도 도움이 될 수 있다.

다원성 ② 합의 쟁점 승인제

A 정당과 B 정당은 환경 보호에 대한 정책을 놓고 의견이 갈릴 수 있다. A 정당은 신재생 에너지 산업을 활성화하고 탄소 배출을 줄이는 방향으로 정책을 추진하고자 할 수 있고, B 정당은 기존 에너지 산업을 보호하며 일자리를 유지하고자 할 수 있다. 두 정당은 서로의 입장을 이해하고 존중한 뒤, 상호 협상을 통해 합의점을 찾을 수 있다. 예컨대, 양측이 신재생 에너지 산업에 투자하고 기존

산업의 전환을 지원하는 방안을 모색할 수 있다. 아니면, 아예 같은 환경 보호 정책을 두 정당이 공유하고 있을 수도 있다. 그런 경우 정국 상황과 무관하게, 두 정당 간의 상호 협상과 의견 조율을 통해 합의 쟁점을 이끌어내어 합의 처리할 수 있을 것이다.

합의 쟁점 승인 제도는 타 정당이 추진하고 새롭게 제시하는 법률 재개정안, 핵심 정책 노선, 제도 개선, 특정 항목의 예산안 등이 민주정당의 가치 및 노선과 크게 다르지 않거나 합의 가능한 안건에 경우, 10인 이상의 자당 국회의원의 연명으로 합의 쟁점 승인 즉, 타 당 안건의 우선 협상에 의한 동의 처리(법률안 통과, 정책 노선 찬성, 제도 개선 찬성)를 지도부에 건의하여 당론으로 결정할 수 있는 절차이다.

이 제도는 여야의 불필요하고 소모적인 정쟁으로 인해, 국민이 손해 보는 일을 최소화하고 민주주의와 당의 가치를 동기화하는 데 기여할 것이다.

또한, 다양한 의견을 수렴하는 포용적인 의사결정, 민주주의 원칙의 존중, 신속한 의사결정, 자당의 핵심 정책 노선의 유지, 제도 개선을 통한 효율적인 정책 대응 등을 통해, 민주정당이 성찰하고 성장하는 데 도움이 될 것이다.

다원성 ③ 공직 후보자 추천 배심원제

이 제도는 정당이 공직 후보자를 추천하기 위한 선출 방식에 관한 정책이다. 지금은 휴대폰 속 여성의 기계음으로 들려오는 25글자에 실린 2개의 경력과 이름 석 자, 단 10초의 정보로 정당에 추천할 공직 후보자를 결정하고 투표해야 한다. 초등학교 학급 회장도 이렇게 뽑지는 않는다.

얼굴이 잘생겨서, 인지도가 높아서, 사회·경제적으로 성공해서, 주요 정치인과 친해서 후보가 되는 선출 방식을 재검토해야 한다. 후보의 정직성, 투명성, 능력과 전문성, 리더십과 의사소통, 책임감과 신뢰성, 공익을 위한 봉사정신 등을 검증할 수 있는 선출 방식이 필요하다. 하지만 당원과 지지자가 일상의 삶을 꾸려가며 적극적으로 정보를 찾고 숙의하는 것은 쉽지 않다. 어떻게 하면 스마트 국회를 구성하고 운영할 적합한 후보를 추천할 수 있을까.

공직 후보자 추천 배심원제가 필요하다. 배심원은 수능 출제 위원의 선발 및 비공개 활동에 준하는 운영 과정[6]이 필요하다. 공직

6　한국교육과정평가원은 수능시험 문제를 출제할 때, 수천여 명의 인력 풀(pool)에서 자격, 능력 등의 검증을 거쳐, 수능 출제 위원 300명을 선정한다. 평가원 관계자들은 밀봉된 공문을 갖고 출제 위원이 소속된 해당 학교장이나 총장을 직접 찾아가 선정 사실을 알린 뒤 비밀을 누설하지 않겠다는 내용의 서약서까지 받는다. 보안 유지를 위한 인력도 200명 정도 배치한다. 수능 출제 위원은 약 한 달간 외부와의 연락이나 만남이 차단된다.

● 시민 공천 배심원 제도는 민주당 공직 후보 선출에서 간헐적으로 도입되었다. 이를 더 발전시키고 제도화해야 한다. 2010년 4월 4일 민주당 음성군수 후보 선출을 위한 시민 공천 배심원 경선대회가 열리고 있다.

후보자 추천 배심원제는 예비후보들에 대한 충분한 정보를 전달받고 숙의토론을 거쳐 선출직 공직자로 알맞은 후보에게 투표하고 당이 국민께 추천할 수 있게 하는 제도이다. 이를 위해 한 가지 전제가 고려된, 두 가지 방법이 필요하다.

전제는 후보 선택의 기준을 먼저 마련하는 일이다. 후보 선택 기준을 마련하기 위해, 당원들의 숙의토론이 필요하다. 기준에 적합한 후보에게 투표할 수 있어야 하기 때문이다.

방법으로는 첫째, 소규모의 오프라인 배심원을 비공개로 모집하고 예비후보를 검증하는 방식이다. 이는 공공의 이익과 당선 가능성 모두를 고려하는 장치이다. 권역 주민, 전문가, 시민사회로 배심원을 구성하고 숙의적 선출 과정을 통해 광범위한 합의를 만들어낼 수 있다. 후보 선출 과정 자체가 선거운동이자 유권자의 후보 선택 기준으로 작용할 것이다. 당원과 지지자는 배심원이 추천한 1인의 후보자에 대한 정당 추천의 가부만 여론조사 투표를 통해 결정하면 된다. 상당히 높은 수준의 위임과 수임 능력이 필요하다.

둘째, 배심원은 없지만, 배심원제의 장점을 살려 웹조사로 투표하는 당원과 지지자에게 예비후보들의 사진·동영상·텍스트를 통해 출마의 변, 공약 등 다양한 정보를 전달하고 숙의 후 투표할 수 있게 하는 방식이다. 숙의된 의사결정은 개선된 의사결정을 돕는다.

정당 운영의 투명성, 예측 가능성

투명성 ① 의원총회 의사결정 시스템

민주정당의 조직 노선 및 핵심 정책의 방향은 대체로 높은 단계의 의사결정 구조인 당무위원회 또는 전당대회에서 결정한다. 이렇게 결정된 방향에 맞춰 시시각각 발생하는 사회문제에 대응하며 해결책을 마련하기 위한 세부 정책, 법률 제·개정안, 제도 개선안 등은 국회의원 총회에서 결정한다. 하지만 의원총회는 몇 가지 개선점을 가지고 있는데, 3가지 노력이 필요하다.

첫째, 의원총회 공개 원칙이 필요하다. 지금은 의원총회를 비공개로 진행하는 것이 원칙처럼 되었지만, 20년 전에는 의원총회 대부분의 과정이 공개되었다. 논의 과정, 의사결정 과정 등이 국민께 자연스럽게 노출되었다. 왜냐하면, 조직 운영의 투명성이 떨어지면 조직의 책임성, 합리성, 효율성 등도 동시에 잃을 수 있기 때문이다.

둘째, 의원총회에서 당론 결정이나 중요한 의사결정 시, 전자투표기를 도입해야 한다. 전자투표기는 숫자 버튼, 찬성·반대 버튼, 한글 자판이 있는 형태가 좋다. 그래야 찬반 또는 선택지가 3개 이상인 의제에 대한 각각의 선택 이유를 적시할 수 있기 때문이다. 합의에 의한 의사결정이더라도 전자투표기를 이용해야 한다. 왜냐하면, 합의 수준과 찬반 이유를 국민과 당의 지도부가 확인할 수 있어야 정책 추진 과정에서 반대 취지를 존중하는 등 운영상의 고려 사항을 점검할 수 있기 때문이다. 의사결정의 과학화로 의원총회의 민주적 권위를 높일 수 있다. 의사결정의 투명성을 제고하여 당내 분란을 최소화하며 의사결정의 수용성을 높일 수 있다. 또한, 다수 의견과 소수 의견을 기록에 남김으로써 민주적 책임성도 확보할 수 있다.

마지막으로 숙의토론 의총이다. 이 방식의 도입이 가장 중요할 수 있다. 안건 부의 → 토론 → 투표 → 안건 재부의 → 재토론 → 최종 투표 등의 순환적 숙의토론을 진행하는 것이다. 사안에 따라서는 웹을 통한 당원 동시 투표도 가능하게 할 수 있다. 이러한 과정을 통해, 다양한 견해를 확인할 수 있다. 의원 간의 상호작용과 협력을 촉진하여, 존중하는 문화를 형성할 수 있다. 더 나아가 반복

● 의원총회에 공개 원칙, 전자투표기 도입, 숙의토론이라는 3가지 개선 방안이 요구된다. 2023년 9월 2일 더불어민주당 의원총회 장면.

된 토론을 통해 문제 해결 능력을 강화하여 최적의 해결책을 찾아낼 수 있다. 반복 토론은 한 측면만 강조되는 것을 방지하고 종합적인 판단이 가능하게 한다.

투명성 ② 정책 정당 지원에 관한 특별법

2004년 총선 직후, 여야 합의로 정당법이 개정됐다. 정당의 정책 개발과 연구 활동을 촉진하기 위하여 정당 소속의 별도 법인으로 정책 연구소를 설치·운영할 수 있게 되었다. 당시 열린우리당은 열린정책연구원을, 한나라당은 여의도연구소를 재단법인으로 설립했다. 나는 열린우리당 정책기획실에서 연구원으로 근무했다. 그때 정책 연구소 설립에서 멈추지 않고, 한발 더 나아가기로 했다. 얼마 뒤, 지금은 고인이 되신 박세일 여의도연구소장이 '정책 정당 지원에 관한 특별법'을 만들자는 제안을 열린정책연구원(박명광 전 국회의원)에 했다. 지금처럼 정당의 국고보조금 일부를 지원받는 방식이 아니라 별도 계정으로 국고보조금을 지원받아 충분한 예산을 확보하고, 연구소의 독립성과 전문성을 강화하자는 취지였다. 양당은 긍정적으로 접근했지만, 박세일 소장이 국회의원을 사퇴하는 바람에 논의가 중단됐다.

같은 해 오세훈 의원이 발의한 정당법과 정치자금법 개정안이 국회를 통과했다. 고비용 저효율 정치 구조를 타파하고, 깨끗하고 돈 안 드는 선거를 위해 정당은 지구당을 폐지했고 중앙당을 축소해야 했으며, 법인·단체의 정당 후원이 금지됐다. 정치는 '문제아'라서, 영양분이 충분히 공급되어 팔다리가 성하면 문제를 계속 일으키니 정치를 슬림화, 즉 작게 만들자는 취지의 법 개정이었다. 근본적인 해결 방안을 찾아야 하는 사회·경제적 문제에서도 축소·금지·폐지 등 손쉬운 결정으로 가는 경우가 종종 있다.

정치를 잘한다는 말은 의사결정 능력이 뛰어나다는 말일 것이다. 기후 위기, 한반도 위기, 코로나19 위기에서부터 저출생·고령화, 삶의 질 저하, 사회·경제적 양극화 심화 등과 같은 문제가 늘어나는 위험 사회에서 의사결정 능력은 매우 중요하다. 한 번의 의사결정으로 수만 명을 살릴 수도 죽일 수도 있기 때문이다. 정치가 의사결정 능력을 강화하기 위해선 정책 정당을 확립하는 일이 무엇보다 필요하다.

정책 정당 지원에 관한 특별법은 다시 논의되어야 한다. 현재 모든 정당 정책 연구소는 중앙당에 있는 여러 부서 중 하나처럼 운영되고 있다. 정책 연구소의 예산과 인력도 설립 취지를 실현하기엔 턱없이 부족하다. 선거 시기엔 선거 전술도 짜고 선거 여론조사도 해야 하는 이중고를 겪고 있다. 이러한 상황에선 정당의 정책 연구소가 제 기능을 할 수 없고, 정치가 의사결정을 잘할 수 없다.

집권당이 어디든 상관없이, 정당의 정책 연구소는 행정부의 국책 연구소와 정책 소통을 원활히 이어가는 데 집중할 수 있어야 한다. 또 일국 민주주의를 넘어 아시아 민주주의, 글로벌 민주주의를 선도할 수 있어야 한다. 정당도 성장하려면, 기업처럼 투자가 필요하다. 정치가 슬림화되면 손해를 가장 많이 보는 것은 결국 국민이다.

투명성 ③ 당원 숙의투표와 알메달렌

정당의 대의원제도는 당원의 의사를 대의하여 당의 중요한 의사결정에 참여하는 제도이다. 동시에 당세가 열악한 지역과 당세가 센 지역 간 당원 대표성의 불균형과 격차를 최소화하기 위해 제도를 활용하고 있다. 대의원의 주요 임무는 공직 후보자 및 당 지도부 선출을 위한 투표권을 행사하는 일이다. 1년에 한 번 또는 두 번 정도 투표권을 행사한다. 2023년 대의원제도 폐지가 정치 혁신 과제로 떠올랐다. 그 이유는 당원 대의보다는 지역위원장의 영향력 안에서 의사결정을 한다는 현실적 단점 때문이다. 하지만 그 누구도 훈련과 교육 없이, 무언가를 잘해내기란 쉽지 않다. 당의 민주적 의사결정에 대한 관심 부족과 교육훈련 시스템 부재가 문제이지, 대의원제도 그 자체가 문제는 아닐 수 있다.

다시 본론으로 돌아오자. 과거엔 모여서 회의를 하고 투표를 해야 대의할 수 있었지만, 지금은 꼭 모일 필요가 없다. 대한민국은 1997년 IMF 경제 위기를 극복하며 IT 강국으로 성장했고, IT 기반의 각종 공공 및 민간 서비스가 높은 수준에서 진행되고 있다. 따라서 당의 일상적인 의사결정을 당원의 온라인 숙의투표로 얼마든지 할 수 있다. 민주적 당 운영의 의지가 있는가 없는가의 문제일 뿐이다.

정책의 찬반과 그 이유를 확인하고, 찬성과 반대의 이유를 해소하기 위한 대안을 제시하여 합의 정도가 높은 의사결정을 해야 한다.

예컨대, 코로나19 등 보건 위기 상황에서 어디까지 개인의 자유를 제한할 것인지, 주택정책은 어떤 방향과 대안이 옳은지, 노동시장의 변화에 따른 지속 가능한 노동정책은 무엇인지, 저출생 고령화에 따른 문제를 약화하기 위한 정책 추진에 있어 일반 국민께 양해를 구해야 하는 지점은 무엇인지, 다문화 이주민정책을 어떤 관점에서 다루어야 하는지 등 개선된 공론을 확인할 수 있다. 민주정당이 수시로 당원에게 의사를 묻는다면, 대의원제의 단점이 해소될 수 있다. 더 나아가 대의원제를 폐지하기보다는 중앙당이 제공한 교육과 훈련에 참여한 당원을 대의원으로 선출 또는 임명하는 방법도 있을 것이다.

발전된 방안으로 정책 전당대회를 개최할 수 있을 것이다. 기존의 전당대회는 당 지도부를 선출하는 역할로 제한되어 있다.

알메달렌(Almedalsveckan, The Almedal Week)은 스웨덴에서 열리는 정치 축제로, 시민들과 정치인들이 1주일 동안 대화를 나누는 행사이다. 정당 간, 정치인 간의 대화와 토론을 통해 국민 참여 정치문화로 자리잡혔다. 스웨덴의 성공 사례는 노르웨이, 핀란드, 덴마크 등 이웃 나라들로 확산되었고, 지역 경제에도 긍정적인 영

● 스웨덴의 작은 마을 알메달렌에 정치인, 기업인, 언론인, 시민단체 관계자들이 모여 국민과 직접 만나며 정책을 의논한다.

향을 미치고 있다. 이러한 북유럽의 정치문화는 특권 없는 토론을 통해 형성되었다.

한국에서도 민주정당의 당원과 지지자가 2박 3일간 수백 개의 텐트를 치고, 치열하게 한국 사회와 민주정당의 미래에 대해 숙의하고 토론하는 장이 마련되기를 기대해본다.

정당 운영의 유연성, 강한 조직

유연성 ① 계파 등록제(자치제)

당내 계파 간 보이지 않는 알력이 분열과 갈등을 만드는 것은 어제오늘의 일은 아니니 특별할 것도 없지만, 그러려니 하고 마냥 지켜만 볼 일도 아니다. 정당이 제 기능을 못 하면 결국 국민이 가장 큰 손해를 보기 때문이다. 정당 내 계파 문제가 생길 때마다 계파 해체를 요구하는 목소리가 끊이지 않는다. 마치 1980년대 진보 세력이 재벌 해체를 외쳤던 것과 비슷하다. 계파와 재벌은 공통점과 차이점이 있다.

공통점은 '독점'이다. 재벌과 계파는 더 좋은 상품 또는 공공서비스를 제공하기 위해 공정한 경쟁을 해야 하지만, 이보다는 기득권을 유지하는 것에 관심이 더 많다.

● **정당 계파, 시스템 루프**

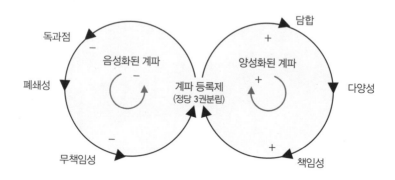

재벌은 특정 분야에서 독점적 지위를 얻기 위해 중복 투자와
과다출혈을 감수한다. 한번 독점하면 사실상 반영구적인 패권을
얻는다. 계파도 정당의 모든 권력을 행사하는 단 하나의 자리, 당
대표를 쟁취하기 위해 모든 것을 걸고 싸운다. 당권을 쥐면 선출직
공직자의 공천권을 얻기 때문이다. 정당 내에 독점적 지위를 인정
하는 시스템을 고쳐야 한다. (대안적 모색은 유연성 ② 당 삼권분립에서
다루기로 한다.)

반면에 차이점은 '담합'이다. 대기업의 담합은 부당한 가격 인
상으로 소비자에게 큰 피해를 입히고 시장 질서를 어지럽히기 때문
에 불법이다. 반면에 계파는 계파 간 노선과 가치를 고려한 연대와
협력 즉, 담합하는 제도와 문화를 만드는 것이 중요하다. 계파의 담

합은 민주정당의 다양한 의견을 수렴하고 정당 내 민주적 과정을 강화하며, 정책 탄력성과 변화 대응의 유연성을 가져올 수 있다.

재벌은 해체되었을까. 투명성을 강화하고 양성화되면서 적법한 기득권 체제를 확보했다. 지금은 대기업집단으로 불린다. 계파 문제도 이와 같은 방식으로 해결할 수 있다. 계파가 가지는 속성 즉, 독점과 담합은 천성이 악한 정치인들이 모여 저지르는 악행이 아니다. 대안적 관점에서 보면, 오히려 시스템과 제도, 문화적 문제로 보는 것이 타당하다. 계파도 재벌처럼 투명화·양성화해야 한다. 이를 통해 당내에 더 많은 분권, 더 많은 계파, 더 많은 경쟁이 보장되어야 한다.

계파 등록제를 시행하는 것도 문제를 해결하는 방법이다. 일정한 자격 요건을 갖춘 계파는 중앙당에 등록하고 자치 활동을 보장받는 것이다. 친노, 비노, 동교동계, 상도동계가 아니라 복지파, 경제파, 성장파, 공평파, 정의파, 환경파, 지방자치파 등으로 활동할 수 있도록 해야 한다. 이를 통해 계파 간 경쟁과 협력을 유도하고 활동에 책임성을 강화해야 한다. 또 각 계파는 연도별 사업 계획을 중앙당에 보고하고 중앙당은 계파 사업의 대국민 중요도와 당 기여도에 따라 예산과 행정을 차등적으로 지원해야 한다. 계파가 공익을 해치거나 민주적으로 운영되지 않으면 중앙당이 경고부터 해체까지 개입할 수 있어야 한다.

계파는 동전의 양면이다. 계파의 존재를 부정하거나 계파 활동을 못 하게 하거나 계파 그 자체를 악으로 취급하는 순간, 계파는 어두운 면이 강화된다. 진정한 계파 없이 건강한 정당이 존재하기란 어렵다. 계파 논쟁의 종결은 계파 해체론으로 가능할까 아니면, 계파 양성론으로 가능할까. 계파 등록제 또는 계파 자치제를 생각해볼 때이다.

유연성 ② 당 삼권분립

'유연성 ①'의 계파 등록제에서 언급했듯이 당의 모든 권한이 집중되어 있는 당권을 확보하기 위한 과열 경쟁은 시스템으로 완화해야 할 필요가 있다. 현재 민주정당의 당 대표는 행정(사무·집행 권한), 입법(의사결정 권한), 사법(징계 권한)의 모든 권한을 가지고 있다. 그래서 당 대표는 무제한적 권력을 행사할 수 있다. 권력 유지를 위한 권력 남용과 합법적인 탄압도 가능하다. 당 운영의 효율성과 투명성은 감소하고, 부정부패가 일어날 여지가 충분하다. 시민의 정당 참여가 감소할 가능성도 있다.

"당 대표 자리는 대선 후보에겐 무덤"이라는 이야기가 있다. 위와 같은 조건 속에서 대선 후보가 되고자 하는 당 대표는 무제한적 권력을 갖는 동시에 자구적 함정에 빠지거나 무제한적 십자포화의 한가운데 서 있게 된다.

당 대표 제도를 폐지하고, 당 대표가 움켜쥐고 있는 입법권·사법법·행정권 삼권을 분리해야 한다. 당의 사무 및 집행 권한을 갖는 집행위원장이 중앙당 운영관리를 맡는다. 이를 효과적으로 수행하기 위해 집행 체계를 집중화 간소화할 수 있다. 예컨대, 기존의 1인 사무총장 체계를 전략 사무총장, 대외협력 사무총장, 홍보미디어 사무총장의 3톱 체계로 구축하여 사무의 집중성과 유연성을 더할 수 있다.

당의 의사결정 권한을 갖는 운영위원장은 당무위원회 등 상위 의사결정 기구에서 위임받은 당무와 관련한 일반적인 의사결정을 한다. 당내 징계 권한을 갖는 윤리위원장은 독립적인 기구로 윤리 규정의 제정 및 관리, 윤리적 갈등의 조사 및 해결, 당원들의 도덕적 행동 감시, 행동 규범 위반 시 조치 등을 할 수 있다.

이렇게 삼권이 분리된 중앙당과 별개로 국회의원으로 구성된 원내는 현재보다 더 독립적인 의사결정을 통한 정책 활동을 할 수 있다. 중앙당의 당무 활동과는 별개지만, 미디어를 통해 비치는 당의 모습은 원내가 정책 활동으로 대체할 가능성이 크다. 중앙당은 사실상 선거 기획 및 준비를 전담하고, 원내는 일상적인 정당 정책 활동을 맡는 것이다.

● 당 삼권분립 방안

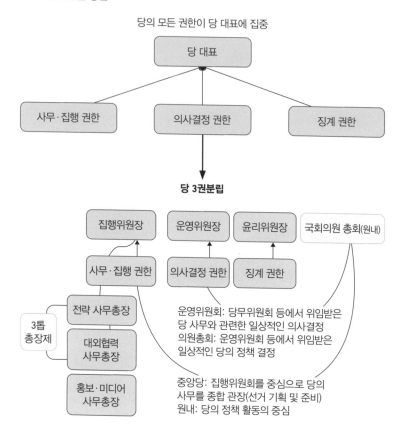

당의 모든 권한이 당 대표에 집중

당 대표

사무·집행 권한 　　 의사결정 권한 　　 징계 권한

당 3권분립

집행위원장 　 운영위원장 　 윤리위원장 　 국회의원 총회(원내)

사무·집행 권한 　 의사결정 권한 　 징계 권한

전략 사무총장

3톱
총장제

대외협력
사무총장

홍보·미디어
사무총장

운영위원회: 당무위원회 등에서 위임받은
당 사무와 관련한 일상적인 의사결정
의원총회: 운영위원회 등에서 위임받은
일상적인 당의 정책 결정

중앙당: 집행위원회를 중심으로 당의
사무를 종합 관장(선거 기획 및 준비)
원내: 당의 정책 활동의 중심

유연성 ③ 중앙당 데이터센터

증거 기반 정치·실사구시 정치를 효과적으로 수행하기 위해서
반드시 요구되는 것이 데이터이다. 선거 승리를 위해 중앙당에 데

이터센터를 설립할 필요가 있다. 한국 사회의 민주주의 위상과 경제 발전 수준 및 유권자의 참여 의식으로 볼 때, 민주정당에 데이터센터가 없는 것이 이상할 따름이다.

정책적 정무 활동을 가능하게 하는 마이크로 타깃팅을 위해 2가지 유형의 데이터를 확보하고 활용해야 한다.

첫째, 지역위원장들이 개인적으로 보유하고 있는 유권자 데이터이다. 주로 이름과 휴대전화번호인데, 해당 지역구 유권자가 아닌 경우도 있지만, 대략 2만 개에서 10만 개까지 데이터를 보유하고 있으며 지역위원장의 역량과 관심에 따라 편차가 있다. 이 데이터에 열과 행을 지속적으로 늘리는 작업이 필요하다. 성별, 연령별, 거주 지역, 주거 형태, 주택 유형, 주거 면적, 학력, 가구 구성 등을 비롯하여, 관심사는 무엇인지, 정책 분야별로 어떤 지향점을 가지고 있는지, 정치 참여 수준은 어떤지 등의 데이터를 수집하고 예측·생산해야 한다. 이러한 방식은 2012년 미국 대통령 선거에서 버락 오바마 민주당 후보 캠프의 일각고래 프로젝트[7]로 진행됐다.

둘째는 국회 상임위별 민간의 유관 단체 현황 및 회원 리스트를 개인정보 동의를 거쳐 확보하고, 정책 소통에 활용하는 방법이

---

7   일각고래(Narwhal) 프로젝트, 일각고래 프로젝트는 '풀 데이터 통합(full data integration)' 시스템을 구축하는 것이다. 유권자의 개인정보, 기부 내역, 자원봉사 참여 여부들을 한 곳에 저장하고 관리하고 처리하는 시스템으로 전문가들은 역대 선거와 차별화되는 유권자 정보를 담은 정보망으로 가장 강력한 무기라고 평가하고 있다. (https://ryufree.tistory.com/180)

● **중앙당 데이터센터 운영 방안**

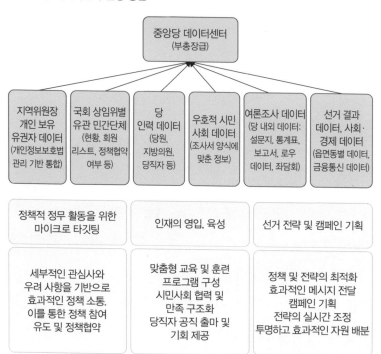

다. 단체의 특징 및 회원의 관심 정도 등을 분류하고, 민주정당과 해당 단체가 함께 공유할 수 있는 국가 비전과 관련 현안에 공감도를 높일 수 있도록 마이크로 타깃팅 소통을 할 수 있다.

인재의 영입 및 육성을 위해 2가지 유형의 데이터를 활용할 수 있다.

당직자, 지방의원, 핵심 당원의 개인정보를 합법적으로 수집한다. 이념적 지향점이 유사한 시민사회 인사들의 데이터를 수집하고 관리하는 일도 필요하다. 민주정당의 정책 수립 및 대안 마련 시 체계적으로 의견을 수립하는 데도 유용하다.

선거 전략 및 캠페인 기획을 위해 역시 2가지 유형의 데이터가 필요하다.

정당 내외에서 진행하는 모든 정치·사회·경제적 여론조사 결과를 수집하고 메타 분석[8]을 해야 한다. 기존의 단순한 빈도·교차 분석부터 고급 분석은 물론, 예측 분석을 통해 사회가 어떻게 변화하고 있는지도 살펴봐야 한다. 또한, 선거 결과 데이터와 사회·경제적 데이터를 융합하여 타깃 유권자를 예측하고 그에 맞게 정책 및 전략을 최적화해야 한다. 이러한 과정은 효과적인 메시지 전달을 위한 캠페인 기획, 투명하고 효과적인 자원 배분에 활용된다.

데이터센터는 센터장 1인, 관계 부서 관리자 1인, 데이터 전략가 2인, 데이터 분석가 2인, 데이터 클리닉 2인, 데이터베이스 서버 관리자 2인 등으로 조직을 구성하고 예산을 투입해 하드웨어, 소프트웨어를 갖추고 플랫폼을 구축할 필요가 있다. 설립된 데이터센터는 총선과 지방선거, 대선을 체계적으로 준비해나갈 수 있을 것이다.

---

8 특정 연구 주제에 대하여 이루어진 여러 연구 결과를 하나로 통합하여 요약할 목적으로 개별 연구의 결과를 수집하여 통계적으로 재분석하는 방법(네이버 지식백과).

정당 운영의 개방성, 확장된 조직

개방성 ① 시·도당을 생활정치 위원회로

일반의 정당엔 중앙당 산하에 시·도당이 17개 광역시도별로 있다. 시·도당은 당원의 입당과 탈당 및 중앙당 사무를 지역에서 지원하는 역할에서부터 지방의원 후보자 추천 업무까지 막중한 역할을 수행하고 있다. 정당법에 시·도당의 정확한 위상이나 역할에 대해 명시하고 있지는 않다. 다만, 중앙당엔 시·도당이 법적으로 필요하다.

지방자치와 균형 발전 시대에 시·도당이 자신만의 정체성을 가질 수 있다면, 지방의원 후보 추천 권한이 있는 만큼, 지방자치를 주민과 함께 만들어가는 일에서부터 역할을 찾아보면 어떨까. 생활정치를 전면에 내세우는 것도 방법일 것이다.

17개 시·도당의 법적 명칭을 바꿀 순 없지만, 시·도당을 시·도 생활정치 위원회로 개편하여 위상과 역할을 정립할 순 있을 것이다. 지역위원회는 정당 구조에 있는 공식 기구가 아닌 만큼 좀 더 유연하고 적극적으로 판단해볼 수 있다. 지역위원회 역시 지역 생활정치 위원회로 전환하여, 주민의 삶과 밀착된 정책과 사업을 함께 만들어낼 수 있을 것이다.

시·도당 및 지역위원회 차원에서, 각종 시민·사회단체와 '생활정치 네트워크'를 구축하고 연구 사업과 대중 사업을 병행할 수 있다. 지역 사업의 발굴은 주민의 라이프스타일, 생애주기, 직접적 이해관계가 반영될 수 있는 정책 요구를 모니터링하여, 중앙당 기본 정책 및 지방선거 공약으로 입안할 수 있을 것이다.

특히, 지방의원들의 역할이 중요하다. 지방의원 후보와 당원이 합심해서 지방선거를 치르고 나면, 그것으로 끝나는 경우가 많다. 서로가 같은 삶의 공간을 공유하며 살아가고 각자의 역할에 충실하지만, 그것이 다다. 앞으로는 지방의원을 중심으로 일상의 지역 문제를 해결하기 위해 당원 및 지지자와 함께 ○○동 반지하대책 생활정치위, ○○시장지원 생활정치위, ○○사거리 안전대책 생활정치위 등을 조직할 필요가 있다.

지방의원이 지역구의 지역 문제 해결을 위해 애씀으로써 지역

주민들의 만족도와 삶의 질을 높일 수 있다. 지역위원회의 생활정치 위원회는 지역구 주민들의 문제점을 파악하고 이를 해결하는 방안을 모색하며, 지방정부와 협력하여 지역 발전을 촉진하는 연대와 협력, 협치를 이루어가야 한다. 생활정치 위원회 활동은 선거법 등 관련 법규를 준수해야 하고, 지방선거 후보자 공천 심사에 반영해야 한다.

개방성 ② 정당과 시민이 함께 만드는
대학원대학교(마쓰시타정경숙)

교육과 훈련 없이 좋은 정치인, 좋은 정당이 나오기 어렵다. 우리나라 공공기관의 임원은 1년에 교육비로 약 1,000만 원을 사용할 수 있다. 부장급도 500만 원 정도의 교육비를 사용할 수 있다. 행정부처의 과장급부터는 국내외 연수도 가능하다. 이에 비해 한국 사회에서 발생하는 대부분의 현안을 다루는 민주정당의 당직자의 교육과 훈련은 턱없이 부족하다. 정당 활동의 대외비가 있다면, 이런 것일지도 모르겠다.

일본의 파나소닉 창업자인 마쓰시타 고노스케는 차세대 국가 지도자를 양성하기 위해 가나가와현 지가사키시에 마쓰시타정경숙이라는 공익 재단법인을 설립했다. 이 재단은 22세부터 35세 이하인 청년들을 대상으로 선발 시험을 실시하고, 합격자들을 교내 기숙사에서 함께 생활시켜 4년 동안의 연수와 실천 활동을 진행한다. 재적 중에는 매월 수십만 엔의 연수 자금을 제공하며, 활동 계획에 따라 별도의 활동 자금을 지급한다. 커리큘럼에는 정치학, 경제학, 재정학 등의 전문 교육뿐만 아니라 일본의 전통인 차도, 서도, 좌선, 참배 등도 포함된다. 더불어 자위대 체험 입대, 무도, 조깅, 보행 훈련 등의 활동도 준비되어 있다. 파나소닉 공장에서의 제조 참가나 점포에서의 영업 판매 등 마쓰시타산업과 관련된 활동도 이루어진다.

졸업생 대다수는 공동체주의로 무장하며 경제적으로는 국가자본주의나 중상주의를 지지한다. 그렇다고 특정 정치 사상이나 입장을 배제하지는 않는다. 졸업생의 40%가 정치 관련 분야에서 활동하고 있으며, 현직 정치인으로 중의원 의원, 참의원 의원, 지방자치단체장, 지방의원 등 다양한 정치 스펙트럼에서 활약하고 있다.[9]

한국의 민주정당도 마쓰시타정경숙 같은 교육기관이 필요하다. 대한민국이 아시아 민주주의 일등 국가의 자리를 내주는 경우가 발생한다면, 그 이유 중 하나는 정치 인재의 교육 및 훈련 기관

---

9   마쓰시타정경숙(위키백과)

이 없다는 데서 찾을 수 있을 것이다. 더 늦기 전에, 민주정당과 깨어서 행동하는 시민과 함께 대한민국 미래를 준비할 수 있는 인재 양성에 관심을 가져야 한다. 어느 정도의 동의를 받을 수 있는지 모르겠지만, 인재 양성 대학원대학교에 대해 정치인 386 선배들이 관심을 가져주면 좋겠다.

대학원대학교에는 당원 평생교육원을 둘 수 있다. 당원 평생교육원은 정당 내에서 당원들의 교육 및 지식 향상을 위한 기관으로서 다양한 역할과 기능을 수행할 수 있다. 예컨대, 정당의 이념, 정책, 활동 방법 등에 대한 교육과 훈련을 제공하여, 당원들의 역량을 향상시킬 수 있다. 정당의 주요 정책 및 이슈에 대한 교육을 통해 당원들의 정책 이해도를 높이고, 활발한 논의와 의견 교환을 촉진할 수도 있다. 당원 활동 방법 및 전략 수립 교육도 가능할 것이다. 그 외에도 지역사회 활동 지원, 역사와 이념 교육, 네트워킹과 소통 강화, 정책 토론 및 의견 수렴이 가능할 것이다. 주요 사업으로는 정책 세미나 및 워크숍, 리더십 교육 프로그램 운영, 최신 정책 정보 제공, 관련 교재 제공으로 당원들의 학습 지원, 지역사회 봉사활동 조직, 정당 활동의 현장 경험 제공 등을 들 수 있다.

전 당원의 퍼실리테이터[10] 교육도 가능할 것이다. 정당 내에서

---

10 회의나 교육 따위의 진행이 원활하게 이루어지게 돕는 역할(네이버 어학사전).

당원들 간의 의사소통과 협력을 촉진하고 지원하는 프로세스나 방법을 의미한다. 당원의 퍼실리테이터화가 이루어진다면, 당원들 간의 의견 교환과 협력이 원활히 이루어질 것이고, 정당 내의 단결과 화합을 촉진하고, 민주적이고 효과적인 의사결정 프로세스를 지원할 것이다. 더 나아가 지역 모임 및 회의 주관, 자발적인 정책 토론회 개최, 워크숍 개최 등 능동적인 지역사회 문제에 대한 논의 및 해결책 모색, 지역 공동체 강화 프로젝트 등이 가능할 것이다.

아래 표는 강원도 지역의 미활용 폐교의 정보이다. 대학원대학교, 그 산하에 당원 평생교육원을 둘 수 있는 공간으로 추천하고 싶다.

● **강원특별자치도 교육청 폐교 재산 중 미활용 폐교 현황(2023년 9월 기준)**

폐지학교명	폐지학교 주소	학교명	학교 연락처	폐교일자
갑천초등학교 금성분교장	횡성군 갑천면 갑천로 605	갑천초	033-342-6885	2018. 3. 1.
광덕초등학교	양구군 남면 남동로 282	용하 초등학교	033-482-0352	2005. 3. 1.
근덕초등학교 동막분교장남	삼척시 근덕면 방재로 16	근덕 초등학교	003-572-3007	2018. 3. 1.
남산초등학교 삼창분교장	홍천군 홍천읍 삼마치리 174-1번지	남산 초등학교	033-434-2552	1997. 3. 1.
내덕초등학교	영월군 상동읍 태백산로 2625 (영월군 상동읍 내덕리 227-2)	구래 초등학교	033-378-2512	2000. 3. 1.

폐지학교명	폐지학교 주소	학교명	학교 연락처	폐교일자
내촌초등학교 연지분교장	홍천군 내촌면 화상대리 130-1	내촌 초등학교	033-433-3032	1999. 3. 1.
도계초등학교 동덕분교장	삼척시 도계읍 도상로 428 (삼척시 도계읍 상덕리 89-1)	도계 초등학교	033-541-0108	2007. 3. 1.
문혜초등학교 대곡분교장	철원군 갈말읍 문혜리 텃골2길 24 (청원군 갈말읍 문혜리 48-1)	문혜 초등학교	033-452-3641	1995. 3. 1.
미로초등학교 동산분교장	삼척시 미로면 동산길 347-10 (삼척시 미로면 동산리 49-1)	미로 초등학교	033-572-0580	1998. 3. 1.
미로초등학교 천기분교장	삼척시 미로면 동산길 347-10 (삼척시 미로면 동산리 49-1)	미로 초등학교	033-572-0580	2002. 3. 1.

개방성 ③ 미래 의제 제안 위원회

민주정당은 늘 스마트한 의사결정을 해야 한다. 하지만 스마트한 결정이 늘 정당에 유리한 것은 아니다. 정당은 단기적으론 국민께 불편을 줄 순 있지만, 장기적으로 국민께 이득이 되는 정책에 대해 어떤 입장을 취해야 할까.

미래 의제 제안 위원회는 당성이 높은 비례대표 의원 또는 중진 의원이 이러한 위치에 있는 국민 제안을 검토하고 실시하는 제도이다. 여기에 참여한 의원들은 국가와 당에 대한 공헌도를 반영하여 공직 후보 출마 시, 경선과 본선에서 인센티브를 제공할 수 있다. 정치인은 국민에 의해 선출되지만, 항상 국민 의견을 직접 따를 수는 없다. 단기적으로 손해를 보는 것 같지만, 장기적으로 필요한 국가 의제에 주목해야 한다. 국민 저항이 생길 위험도 감수해야 한다.

자치하는 지방정부 [11]

지방의 삶의 질 저하

2006년 1인당 국민소득이 2만 달러를 넘어설 때, 온 나라가 축제 분위기였다. IMF에 경제 주권을 넘겨주고 난지, 불과 10년 만의 쾌거였다. 2018년엔 1인당 국민소득이 3만 달러를 넘어섰다. 하지만 2006년만큼의 축제 분위기는 아니었다. 아마도 성장한 만큼, 삶의 질이 좋아지지 않았기 때문일 것이다. 삶의 질은 더 나빠졌다. 2018년 당시 OECD '더 나은 삶의 질' 지수를 보면, 총 40개국 중에서 30위였다. 주거 조건 36위, 사회적 관계 40위, 자연 환경의 질

---

11 『골목지리학의 탄생』, 푸른나무, 2023.

40위, 주관적 행복 33위, 일과 삶의 균형 37위 등으로 세부 지표도 좋지 않았다. '더 나은 삶의 질' 종합지수도 2014년 25위, 2015년 27위, 2016년 28위, 2017년 29위, 2018년 30위로 '우리에겐 구조적인 원인이 있어'라고 말하듯, 체계적으로 떨어졌다.

이러한 삶의 질 악화로 인한 국민 고통이 모두에게 일률적이고 평균적으로 찾아오지는 않는다. 자산, 소득, 학력, 세대, 건강, 피부양자, 거주 지역 등에 따라 더욱 불평등한 고통으로 연결되었다. 2021년 신한은행이 발표한 「2021년 보통사람 금융생활 보고서」에 따르면, 소득이 적은 계층일수록 소득 감소와 부채 증가 폭이 커지면서 상위 소득과 하위 소득 격차가 5배 가까이 벌어졌다고 한다.

불평등과 복지 사각지대를 늘린 코로나19

서울 다음으로 인구가 많은 부산을 살펴봤다. 최근 10년 동안, 부산의 실질 성장률은 등락을 반복해왔다. 그런데 최근 부산시의 실질 성장률은 바닥을 향해 가고 있다고 봐도 과언이 아니다. 부산 시민의 일자리와 경제 참여를 보자. 하반기의 시작을 알리는 9월을 기준으로 2019년과 2020년을 비교해봤다. 경제 활동 참가율(59.1%→57.9%)과 고용률(57.2%→55.8%)은 모두 하락했다. 같은 기간 17개 시도 중 최하위였다. 실질 성장률 누적 감소와 코로나19 여파가 부산의 시민 경제에 부정적인 영향을 미친 것으로 보인다.

부산시 재정 자립도 또한, 2016년부터 2020년까지 지속적인 하락(60.1%→54.8%)을 면치 못하고 있다. 이는 부산시가 부산시민의 복지, 안전, 생명, 민생 등을 살필 수 있는 여력이 계속 줄고 있다는 의미이다. 반대로, 저소득인구(기초생활보장 수급자 및 차상위층) 비율은 꾸준히 증가(19.1월 6.68%→ 20.5월 7.47%)하고 있다. 경제 여력은 떨어지는 반면, 복지 수요는 증가하는 악조건에 놓여 있다. 그나마 다행인 것은 이러한 저소득 인구 통계는 정부가 어느 정도 예상하여 복지 안전망에 편입시킨 수치로 볼 수 있다는 점이다.

이보다 더 큰 문제가 있다. 정부의 복지 안전망 밖에 있는 시민들이다. 흔히 복지 사각지대라고 말하기도 한다. 복지 사각지대는 기초생활보장 수급자나 차상위층보다 조금 나은 경제적 여건 때문에 복지 안전망에서 들어가 있지는 않지만, 사회·경제적 도움이 필요한 시민들이다. 이러한 정의를 정량화하여 분석할 수 있도록 생계 비용·의료 비용·주거 비용 등 긴급 복지 지원을 받은 시민을 복지 사각지대로 정의하여 살펴봤다. 긴급복지지원을 받은 부산시민은 2017년 22,118명, 2018년 22,976명, 2019년엔 34,030명으로 늘고 있다. 특히 2018년에 비해 68%나 증가한 2019년 자료를 코로나19 발생 시점인 2020년과 월별로 비교해보면, 복지 사각지대가 2배 이상 확대되었음을 알 수 있다. 이는 부산만의 문제는 아닐 것이다.
전국이 모두 비슷한 상황일 수 있다.

🔘 2019~2020년 3대 긴급주거복지지원 가구원 수 추이

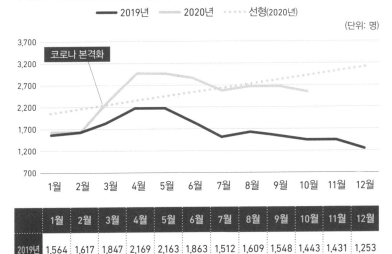

	1월	2월	3월	4월	5월	6월	7월	8월	9월	10월	11월	12월
2019년	1,564	1,617	1,847	2,169	2,163	1,863	1,512	1,609	1,548	1,443	1,431	1,253
2020년	1,643	1,627	2,352	2,979	2,969	2,889	2,589	2,675	2,671	2,554		

* 3대 긴급복지=생계+의료+주거
* 자료: 부산시

🔘 최근 10년간 부산시 실질성장률 추이 %

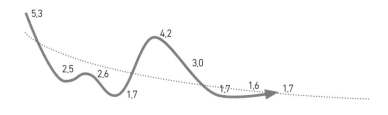

2010년 2011년 2012년 2013년 2014년 2015년 2016년 2017년 2018년 2019년 2020년 2021년

통계청 확정 자료(2020년 8월)

● 2020년 9월 현재 시도별 고용률 /
　경제활동 참가율 현황

순위	시도별	고용률(%)
1	제주도	67.5
2	전라남도	64.5
3	세종특별자치시	64.1
4	충청남도	63.9
5	충청북도	63.7
6	강원도	62.1
7	경상북도	62.0
8	인천광역시	61.3
9	전라북도	61.2
10	대전광역시	61.1
11	경상남도	60.6
12	경기도	60.0
13	서울특별시	58.9
14	광주광역시	58.8
15	울산광역시	58.6
16	대구광역시	57.7
17	부산시	55.8

● 2020년 9월 현재 시도별
　경제활동 참가율 현황

순위	시도별	경제활동참가율(%)
1	제주도	69.1
2	충청남도	66.0
3	충청북도	65.9
4	세종특별자치시	65.7
5	전라남도	65.4
6	인천광역시	64.2
7	경상북도	64.0
8	강원도	63.9
9	대전광역시	63.3
10	경상남도	63.3
11	전라북도	62.5
12	경기도	62.4
13	서울특별시	61.4
14	광주광역시	61.1
15	울산광역시	60.6
16	대구광역시	59.5
17	부산시	57.9

부산시 2019년 9월 ~ 2020년 9월 고용률 및 경제활동참가율 비교 %

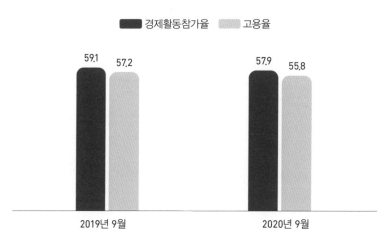

■ 경제활동참가율　░ 고용율

59.1　57.2　　57.9　55.8

2019년 9월　　　　2020년 9월

* 자료: 통계청

부산시 최근 10년간 재정 자립도 추이 %

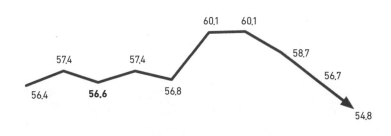

60.1　60.1

57.4　57.4　　　　58.7

56.4　56.6　56.8　　　　56.7

54.8

2011년　2012년　2013년　2014년　2015년　2016년　2017년　2018년　2019년　2020년

* 자료: 부산시

최근 1년간 월별 저소득 인구(기초생활보장 수급자 및 차상위자) 비율 추이 %

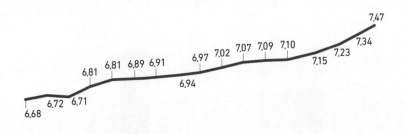

6.68 · 6.72 · 6.71 · 6.81 · 6.81 · 6.89 · 6.91 · 6.94 · 6.97 · 7.02 · 7.07 · 7.09 · 7.10 · 7.15 · 7.23 · 7.34 · 7.47

1월 2월 3월 4월 5월 6월 7월 8월 9월 10월 11월 12월 1월 2월 3월 4월 5월
2019년   2020년

* 자료: 부산시

최근 3년간 긴급복지지원 가구원 수 추이

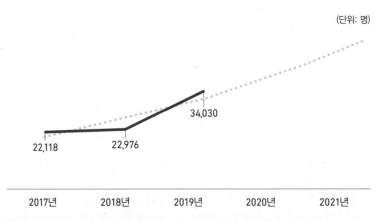

(단위: 명)

22,118   22,976   34,030

2017년   2018년   2019년   2020년   2021년

* 긴급복지=생계+의료+주거+연료비+전기요금
* 자료: 부산시

지방정부와 연대·협력

1988년 노벨 경제학상 수상자인 인도 출신의 복지경제학자 아마르티아 센의 저서『불평등의 재검토(Inequality Reexamine)』에 따르면 평등을 측정하기 위해서는 다양한 고려와 세심한 배려가 필요하다고 한다. 평등을 검토하는 데 인간의 이질성과 평등을 측정할 수 있는 변수들의 다양성, 이 두 가지가 반드시 고려되어야 한다. 인간의 이질성과 평등을 측정하는 변수가 무엇인가에 따라 평등이 다르게 평가될 수 있기 때문이다. 인간은 상속 재산 등 사회적·자연적 환경뿐만이 아니라 개인별 특성인 연령, 성별, 질병에 대한 취약성, 물리적·정신적 능력 등도 서로 다르다. 그래서 평등을 측정하는 일은 이러한 다양성과 조화를 이루어야 한다. 결국, 개인별 차이를 고려하지 않은 평등은 자칫 불평등으로 나타날 수 있다. 다시 말해 모든 사람을 평등하게 고려하는 것이 불리한 사람들 편에서는 불평등한 상황일 수 있다. 균등한 기회가 불균등한 소득을 초래할 수도 있고, 균등한 소득이 상당한 부의 차이와 양립할 수도 있다. 균등한 부가 매우 불균등한 행복과 공존할 수도 있다.

국민은 인간의 이질성과 다양성을 세세하게 고려할 수 있는 곳이 어디라고 생각하는지, 무엇을 좀 더 해야 한다고 생각하는지 궁금했다. 그래서 다음의 2가지 질문을 던졌다. "앞으로 우리 삶에 직접적이고 더 많은 변화와 영향을 줄 수 있는 기관은 어디인가"라고 물었다. 공공기관 27%, 지방정부 25%, 중앙정부 21%, 국회(입법부) 15%, 법원(사법부) 12% 등의 순으로 응답했다.

또 "앞으로 지방자치단체가 가장 신경 써야 할 민생 분야는 무엇이냐"도 물었다. 어린아이 보육 25%, 복지 안전망 강화 21%, 어르신 돌봄 16%, 초중고 교육 12%, 도시 안전 9%, 범죄 예방 9%, 문화·체육·여가 5% 등의 순으로 응답했다. 일반적인 공공기관이 개인에 대한 다양한 고려와 세심한 배려를 통해 공공 서비스를 제공하는 일은 사실상 쉽지 않다. 반면 지방정부는 자치 공간에서 주민들의 구체적인 삶을 챙기며 주민과 연대하고 협력한다.

지방정부의 역할

자치는 창의적이고 혁신적이다. 자치하는 지방정부는 태생 자체가 실사구시적이다. 자치는 인간을 좀 더 자유롭게 하는 역량을 이타적이고 협력적으로 배려하기 때문이다. 자치는 그 자체로 자유의 분배 유형이나 평등의 적용 분야를 확대한다. 따라서 자치하는 지방정부가 많을수록, 불평등은 감소하고 삶의 질은 높아질 것이다. 결국, 자치는 정치의 궁극적 목표인 '인간의 행복'을 확대하는

● 우리 삶에 직접적이고 많은 변화와 영향을 주는 기관 %

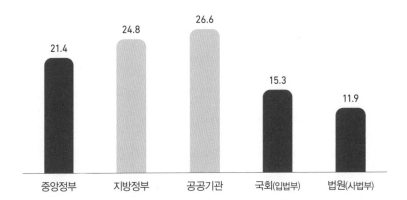

중앙정부	지방정부	공공기관	국회(입법부)	법원(사법부)
21.4	24.8	26.6	15.3	11.9

● 지방정부가 주력해야 하는 민생 분야 %

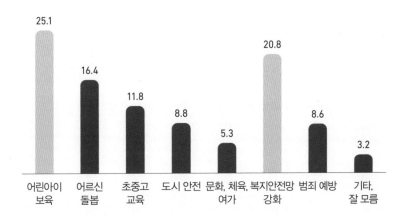

어린이 보육	어르신 돌봄	초중고 교육	도시 안전	문화, 체육, 여가	복지안전망 강화	범죄 예방	기타, 잘 모름
25.1	16.4	11.8	8.8	5.3	20.8	8.6	3.2

과정이 된다.

지방정부의 코로나19 대응 과정은 이러한 의견을 잘 뒷받침해 주었다. 드라이브스루, 몽골 텐트, 카라반 등을 활용하여 더 많은 코로나19 진단을 안정적으로 진행했다. 더 나아가 우울증 등의 심리 상담과 정보 제공, 취약 계층 방역 물품 지급, 아이들을 위한 퍼즐·장난감·그림책 전달, 홀로 사시는 어르신 전용 전화 상담실 운영, 방구석 도서관 등을 운영하며 발 빠르게 대응했다. 자가격리자 및 무급휴직자의 긴급 생활비도 지원했다. 해고 없는 도시, 단골 가게 선결제, 어려운 이웃의 도시락 배달, 지방정부 별도의 재난 지원금 지급, 찾아가는 백신 접종 서비스 등 창의적인 아이디어들이 기획되고 실행되었다.

앞으로 자치하는 지방정부는 지역의 사회·직능·종교·주민단체, 골목의 크고 작은 주민 커뮤니티와 연대하고 협력하며 보육과 돌봄, 공공과 복지 등이 어우러진 공동체를 만들 것이다. 사회적 면역력을 강화하고 경제적 불평등을 완화하는 방향으로 운영될 것이다.

자치하는 지방정부의 존재만으로도 삶의 만족도가 높아지고, 불평등을 완화할 수 있는 토대가 마련될 수 있을 것이다.

6장

사회자유주의

연대·협력 정치의 이념

연대·협력 정치와
사회자유주의는 양 날개

사회자유주의는 개인의 자유와 권리를 존중하면서도 사회적 책임과 협력을 강조하는 정치·사회이념이다. 연대·협력 정치는 다양한 이해관계자들이 함께 협력하여 사회적 문제를 해결하고 공동체의 발전을 추구하는 정치다. 이 둘은 좋은 사회를 향한 양 날개로서 상호보완적으로 작용한다.

사회자유주의

사회자유주의(Social Liberalism)는 '현대자유주의(Modern Liberalism)', '수정자유주의(Modified Liberalism)', '개혁적 자유주

연대 · 협력 정치와 사회자유주의

구분	연대와 협력의 정치	사회자유주의
구분	정치철학	사회이념
특징	다양한 이해관계자의 참여 사회적 다양성과 포용 공동 목표의 설정 의사소통과 협의 대안, 혁신 과제 개발	개인의 자유와 권리 법치주의 경제적 자유와 시장경제 사회적 책임과 협력 복합 정책 개발
장점	다양한 관점과 전문성의 결합 가능 사회문제 공동 해결을 위한 정책 다양성과 포용을 강조한 사회문화 협력과 공동 목표로 사회적 발전 공동체 강화를 통한 행복감 및 풍요	개인의 자유와 개성 존중 경제적 기회 제공과 경쟁 유도 창의성과 혁신 촉진 개인과 사회 간의 균형 유지 민주적 의사결정과 참여 강화
개선점	의견 차이와 갈등 의사결정 과정 복잡성 효율적 결정 어려움 및 지연 이해관계자 간 협력 어려움 이해관계자 간 이익 충돌 및 갈등	개인 중심적인 태도 강화 경제적 불평등 사회안전망 부족 개인주의적 태도로 인한 사회 냉각 다른 이에게 피해를 줄 수 있음

의' 등으로도 불린다. 용어에서 짐작할 수 있듯이 '고전적 자유주의'를 수정·보완하여 현대적으로 발전시킨 정치·사회이념이다.

자본주의 경제체제를 정착시킨 국가들은 정부 개입을 최소화하고 시장 기능을 신뢰하는 고전적 자유주의를 주된 이념으로 삼아왔다. 그러나 미국을 중심으로 발생한 대공항 이후, 이 이념은 한계를 드러냈다. 빈부 격차가 심화하고 사회·경제적 차별이 확대되면서 시장 기능이 약화되고 사회 안정을 흔드는 현상이 일어났다. 정부가 나서서 차별을 해소하고 평등을 증진함으로써 사회정의를 실현할 필요가 있었다.

그 결과, 정부가 사회적 빈곤 해소, 보건 강화, 교육 확대, 복지 실현 등의 과제를 주도적으로 수행함으로써 자본주의 부작용을 줄이고, 더 나아가 공동체의 복리를 증진시켜야 한다는 요구가 반영된 새로운 이념이 제기되었다. 그것이 사회자유주의다. 사회자유주의가 최근 생겨난 이념은 아니다. 유난스럽다 할 순 있지만, 우리가 알고 있다고 생각하는 것들 중 대부분은 정작 필요할 때 생각에서 앎을 꺼내 활용하는 경우가 드물다. 그래서 늘 일관성 있게 적용할 수 있는, 뻔히 안다고 생각하는 것들 즉, 원칙, 기준, 가치, 이념 등을 점검하고 확인하는 일이 중요하다.

자유주의, 사회주의, 사회자유주의

사회자유주의는 시장경제와 시민의 자유를 지향한다. 그러면서도 소수자와 약자의 권리를 옹호하며 평등과 정의를 지향한다.

사회자유주의는 정부와 시장의 역할을 모두 인정하는 경제철학을 가지고 있다. 정부 개입으로 시장의 실패를 해결하고 사회적·

경제적 평등을 촉진할 수 있다고 본다. 이런 경제관은 시장 중심 시각에서 개인의 자유 확대와 정부의 개입 최소화를 추구하는 자유주의와 다르다. 물론, 소득과 부의 불평등 해소를 목적으로 생산수단을 집단적으로 소유하고 통제하는 계획경제를 옹호하는 사회주의와도 차이가 있다.

사회자유주의의 정치철학은 개인의 자유와 집단적 책임 사이의 균형을 추구한다. 그리고 사회정의·평등·인권과 같은 문제들을 중요하게 여긴다. 이에 비해 자유주의는 정치적·사회적 문제에서도 개인의 자유를 최우선으로 삼는다. 제한된 정부 개입, 시장 기반 해결책을 찾는 것이다. 그런데 사회주의자들은 집단행동을 우선시하며 국가가 평등과 사회정의를 촉진하는 데 중심적인 역할을 맡아야 한다고 본다.

이념의 좌우 분포를 보면, 고전적 자유주의가 우파, 사회주의가 좌파, 사회자유주의가 중도로 분류되는 경향이 있다. 다만, 사회주의의 현실적 영향력이 떨어진 현대 사회에서는 사회자유주의가 진보적 이념으로 다루어지기도 한다.

평등을 추구하고 사회정의를 실현하고자 하는 사회자유주의가 연대와 협력의 정치에 어울리지 않는 이념이라 생각할 수 있다. 그러나 연대·협력 정치의 이념으로 사회자유주의를 채택한다면 사회적 포용성과 다양성 모두를 고려할 수 있다.

사회자유주의는 연대와 협력의 과정에서 획일성, 경직성, 선입견, 과도한 방어 등의 단점을 줄인다. 또한, 개성 존중, 다양성 인정, 탈중앙 집권, 결과와 과정 모두 중시, 수직적·수평적 조직구조의 균형 등의 측면에서 연대·협력 정치를 더욱 풍요롭게 만들 수 있다. 즉, 연대·협력 정치의 다른 쪽 날개 역할을 하며 안정적인 비행을 가능하게 한다. 이러한 결합을 통해 사회자유주의의 원칙을 유지하면서도 사회문제에 대한 협력적인 해결책을 모색하고 사회의 불평등을 감소시키며 인류의 번영을 실현하는 데 기여할 수 있다.

연대와 협력의 정치+
사회자유주의=새로운 진보적 가치

연대·협력 정치와 사회자유주의가 결합하여 운영되는 사회는 포용적이며 다양성을 존중한다. 인종·종교·문화·가치관·성별 등에서의 다양성을 존중하고 포용하는 가치를 갖게 된다. 이해관계자들이 자유롭게 참여하며 서로의 다양한 관점과 경험을 공유하며 사회적 발전을 이루어낼 수 있는 환경을 조성할 수 있다.

또한, 공정한 기회와 경제적 가치를 창출할 수 있다. 사회자유주의 원칙에 따라 경제적 기회가 제공되면, 개인들은 경쟁과 협력을 통해 경제적 가치를 만들어낸다. 이와 동시에 연대·협력의 정치를 통해 사회적 불평등을 줄이고 모든 시민에게 공정한 기회를 제공하는 노력도 이루어진다.

사회적 문제의 공동 해결과 혁신도 촉진된다. 연대·협력 정치 원칙을 따라 사회문제에 대한 협력적인 해결책이 모색되며 다양한 이해관계자들의 지식과 전문성이 결합하여 혁신적인 정책과 접근법이 개발될 것이다. 이를 통해 사회문제의 지속적인 개선과 혁신을 추구할 수 있다.

사회자유주의 원칙과 연대·협력 정치의 접근법이 결합함으로써 시민 참여와 민주적 의사결정이 강화된다. 시민들은 다양한 이해관계자들과 함께 의사결정에 참여하며 사회문제에 대한 의견을 제시하고 공동의 목표를 설정할 수 있다.

사회자유주의가 실현되는 과정을 통해, 사회 발전과 경제 번영이 지속 가능하게 이루어질 것이다. 그리고 환경 보호와 사회적 책임을 고려한 정책과 실천이 증진될 것이다. 개인들의 자유와 권리를 보호하면서도 사회적 책임과 협력을 통해 모든 시민의 번영을 추구할 수 있다.

사회자유주의와 연대·협력 정치라는 양 날개를 가진 사회는 자유와 협력, 다양성과 공정이 조화롭게 공존할 수 있을 것이다. 그 결과, 지속 가능한 발전이 가능한 새로운 사회가 형성될 수 있다.

정치 · 사회 이념으로 본 주요 분야 정책 방향 비교

구분	자유주의	사회자유주의	사회주의
핵심 세력	권위주의 기득권 세력	새로운 정치문화를 선도할 혁신 세력	사회 변혁 세력
지지층	구 중산층, 고연령	공화주의적 시민	이념 지향적 대중, 도시 빈민층
국가 전략	중상주의	선진 통상, 사회 투자 국가	이념적 복지국가
세계화 전략	기업 중심의 방임주의 (free)	능동적 지구화 (free & fair)	대안 없는 안티 테제 중심
정치관	정치 역할 축소론	국가 경영론	권력 투쟁론
정당 운영론	지도자 중심의 민주적 운영	비전 중심의 민주적 운영	이념과 이너서클 중심의 민주적 운영
정부관	작은 정부 (외교·안보·치안 중심)	일 잘하는 정부 (핵심 행정부)	통제적 정부 (전 분야 개입)
경제정책	대기업 위주 정책	공정한 시장 정책	노동자 중심 정책
경제 모델	주주자본주의	이해관계자 자본주의	노동자 중심 사회주의
성장 요인	자본	지식	노동
금융	시장 중심 금융	사회적 규제 금융	재정 중심
고용	기업경영 방어 중심	사람 중심	노동권 중심
노사관계	배타적 관계	동반자 관계	대립적 관계
과세	감세	공평 과세	증세

구분	자유주의	사회자유주의	사회주의
복지정책	사후적 대책	예방적 접근 (policy mix, value chain)	이념적 접근
사회보장	취약층 대상 시혜	능력 배양, 기회 재분배	소득 재분배
외교	국익 중심 외교	가치와 도덕 중심 외교	민족 중심 외교
대북 문제	친미적, 당파적 접근	평화와 한반도 경제 중시	친북적 민족 우선 접근
시민사회	개별적 영역으로 간주	책임과 권리의 균형 부여	책임보다 권리 강조
문화	개인, 자유	사회자유주의	집단주의적 공동체
환경	기업 중심 환경주의	지속가능 환경주의	생태 중심 환경주의
범죄 책임	개인의 책임이 큼	사회와 개인의 책임	사회구조적 책임이 큼

사회자유주의의 가치와
정책들

　　사회자유주의 정책은 획일적이지 않다. 나라별로 혹은 처한 상황에 따라 다양하게 전개될 수 있다. 그래서 사회자유주의 정책은 이런 것이라고 딱 잘라 말하는 것은 바람직하지 않다. 여기서는 대략의 경향만 파악해보려 한다.

　　사회자유주의는 사회적 가치 추구에서 다양성, 평등, 인권 등을 중요하게 여긴다. 또한, 사회적·경제적 불평등을 줄이려 한다. 이것이 사회문제 해결을 위해 정부가 나서는 것을 비판하며 개인의 자유 실현에 우선순위를 두는 자유주의와 가장 큰 차이가 나는 지점이다.

　　사회자유주의의 지지층은 자유주의와 사회주의에 비해 폭넓다. 노동자와 중산층뿐만 아니라 소수민족과 종교적 소수자들을 포함한 사회의 광범위한 계층이 지지한다. 사회정의와 평등을 지향하면서도 개인의 자유와 책임을 강조하기 때문이다. 반면, 자유주의는 대체로 부유한 계층의 지지를 받는다. 개인의 선택과 경쟁 중시, 시장 중심의 해결책 모색, 정부 개입 최소화 등이 이들의 이해관계를 잘 반영하기 때문이다. 사회주의는 노동자 계급, 노동조합, 진보적인 사회운동 등의 지지를 받는다. 이들은 소득과 부의 불평등에 초점을 맞추며 이것을 근본적 문제로 보고 집단행동과 국가 개입을 통해서만 해결될 수 있다고 본다.

사회자유주의 경제정책은 자본주의 시장경제와 정부 개입을 함께 추구하는 혼합경제 접근 방식이다. 정부는 경제 성장을 촉진하고 소득과 부의 불평등을 줄이는 동시에 개인의 자유와 책임을 증진하는 역할을 맡는다. 의료와 교육 등 공공 서비스 대한 투자, 중소기업 지원 등에 관심을 두고 정책을 마련한다.

사회자유주의는 경제 성장과 효율성을 촉진하는 데 있어서 시장의 역할을 인정하지만, 이와 동시에 시장의 한계를 분명히 인식한다. 이러한 시장 실패를 해결하기 위해 정부의 개입이 필요하다는 관점을 가지고 있다. 기본적으로 사유재산권을 지지한다. 그러나 정부 개입을 통해 재산 사용을 일부 규제하고 공공의 이익에 사용되도록 유도하는 것이 불가피하다고 본다. 또한, 소득과 부의 불평등을 줄이기 위한 재분배정책을 추진한다. 따라서 사회보험과 복지 서비스 등의 사회안전망 구축에 적극적이다.

사회자유주의에서의 금융과 재정 정책은 시장과 정부 사이의 균형을 유지하는 데 초점을 맞춘다. 금융 위기나 시스템 리스크 같은 시장 실패를 방지하기 위해 규제정책이 불가피하다고 본다. 그리고 부유층과 고소득층에게 더 높은 세금을 부과하는 누진세와 같은 정책을 가지고 있다. 공공 서비스 재원을 마련하고 소득 불평등을 해소하기 위해서이다. 마련된 재원으로 고용보험과 사회보장제도 등의 사회안전망을 만들어 취약한 사람들을 지원한다.

경제 성장을 통해 양질의 일자리가 늘어나도록 지원하고 촉진하는 정책을 추진한다. 일자리 창출과 경제 성장을 동시에 촉진하는 게 목표이다. 이 속에서 노동자들이 좋은 임금과 혜택을 받을 수 있도록 보장한다. 대개 기업에 대한 세금 인센티브와 같은 시장 지향적 정책과 최저임금법이나 노동법 같은 정부 개입을 혼합하는 방식이다. 또한, 노동자들이 변화하는 고용시장에 적응하도록 돕기 위해 직업훈련 같은 프로그램을 지원한다.

사회자유주의는 언론·종교·사생활의 자유 등 개인의 자유를 중요시한다. 그러나 한편으로는 이러한 자유와 집단적 책임의 균형도 중요하다고 본다.

노동 문제에 대해서는 최저임금, 단체교섭권, 노동법 등의 정책을 통해 노동권을 보호하는 데 적극적이다. 또한, 환경 보호를 위한 정부의 개입과 규제 정책을 지지한다. 교육에 대한 국가의 책임을 다하려 한다. 공립학교 지원과 고등교육 육성 등 국민 모두에게 양질의 교육에 대한 접근을 보장한다.

금융과 철학의 동기화

금융과 철학의 동기화는 사회자유주의의 중요과제

2023년 1월, 한국 경제의 변화 방향에 관한 여론조사를 진행했다. "한국 경제가 완전히 새롭게 탄생하려면, 어떤 분야가 가장 핵심적인 분야라고 생각하십니까?"라는 질문에 응답자들은 과학 29%, 교육 14%, 산업 13%, 노동 11%, 금융 10%, 공공 7%, 철학 6%, 문화 5%, 기타/잘 모름 5% 순으로 꼽았다. 과학, 교육, 산업, 노동이 경제 대전환의 핵심 분야라는 응답이 많았다.

사실 위에서 언급된 핵심 분야를 좌지우지하는 것이 금융이다. 어디에 얼마나 투자할 것인지를 결정하는 것은 금융이다. 그래서 금융은 시대를 대변하는 철학과 동기화되지 않으면, 최악의 투자로

● 경제 변화의 과정

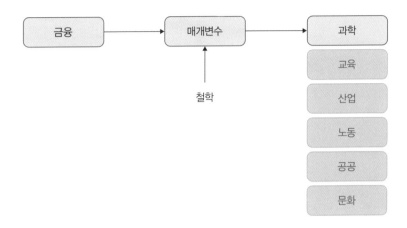

이어질 수 있다. 철학이 경제라는 선박의 방향키라면, 금융은 엔진이고, 핵심 분야들이 동체일 것이다.

　자본주의와 사회주의 경제학의 시조가 된 애덤 스미스와 카를 마르크스는 애초에 철학자였다. 이들의 인간을 향한 관심과 애정이 『국부론』과 『자본론』을 탄생시켰다. 두 철학자는 '세상을 어떻게 구할 것인가?'라는 빅 퀘스천을 던졌다. 애덤 스미스는 '도덕적 범위 안에서 완전히 자유로운 시장경제는 가능한가?'를 물었고, 카를 마르크스는 '왜 가난한 사람들은 계속 가난한가?'하고 물었다.

　경제 대전환은 금융의 역할을 재설계하고 대전환 철학과 동기화시키는 것이다. 금융과 철학은 대전환의 동전의 양면과 같다. 자본주의에서 금융은 민주주의에서 철학과 같은 역할을 한다. 반대

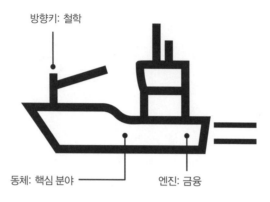

방향키: 철학

동체: 핵심 분야 ── 엔진: 금융

로 민주주의에서 철학은 자본주의에서 금융과 같은 역할을 한다. 대전환을 위해 철학은 금융에 어떤 숙제를 줄 것인지, 금융은 어떤 철학을 선택할 것인지에 대한 사회적 고민이 필요하다.

환경을 예로 들어보자. 기후 위기에 대응하는 현재의 방법들은 성공하고 있는가, 지금과 같이 대응하면 기후 위기를 극복할 수 있는가에 분명한 해답을 얻으려면, 현재의 자본주의 금융 시스템으로도 충분히 성공하고 있고 해결할 수 있는가로 질문을 바꿔야 하고, 그에 따른 해답도 내놓아야 한다.

결국, 기후 위기, 탄소 중립의 근본적 접근법은 금융 대전환이어야 한다. 현재의 심각한 상황에서 신재생 에너지가 중요한 산업임에도 불구하고, 기후 위기에서 인류를 구해낼 수 있다는 주장은 지엽적이거나 근본적이지 않을 수도 있다.

이는 로마클럽이 30년 전에 제기한 '성장의 한계'의 대안으로

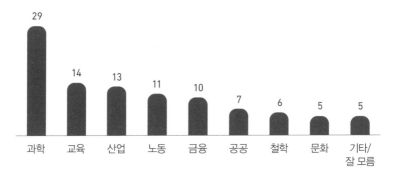

● **한국 경제 재탄생을 위한 핵심 분야는? %**

과학	교육	산업	노동	금융	공공	철학	문화	기타/잘 모름
29	14	13	11	10	7	6	5	5

* 2023년 1월 17일 조사, 전국 성인 남녀 500명, ARS 휴대폰 조사, 보기 문항 로테이션, 95% 신뢰수준에서 최대 허용 오차 ±4.3%

성장 담론과 경제 시스템을 손보는 대신, 환경 운동, 자연보호 운동, 생태 운동, 재활용품 사용 등과 같이 그 끝이 막혀 있는 손쉬운 우회 경로를 선택한 것일 수도 있다.

금융의 대전환적 역할은 투자의 기준을 재설계하는 것이다. 금융기관이 환경 친화적인 기업들과 프로젝트에 새로운 기준으로 투자함으로써 지속 가능한 경제 성장을 촉진하고, 재생 에너지와 친환경 기술 개발을 지원해야 한다.

탄소 중립, 재생 에너지와 친환경 기술 분야에 투자하는 그린 채권이나 환경 연계 대출과 같은 상품을 개발하여 지속 가능한 경제 활동을 지원할 수 있다.

금융이 기업들에 환경 책임을 준수하도록 지금보다 더 강력한

압력을 가하고 그에 따른 적절한 조치를 하도록 유도함으로써 환경 문제의 근본적인 개선이 가능하다. 금융기관들이 환경·사회·거버넌스라는 ESG 요소를 투자 평가에 통합하여 적정 기업들에 투자함으로써 더 나은 경제와 환경을 조화시키게 된다. 또한, 기업들의 환경 위기 관련 위험을 평가하여 그에 따른 금융적 영향을 예측하고, 미래의 환경 변화에 대비하는 데 도움을 줄 것이다.

7장

데이터 기반 골목선거,
2024년 총선은 49곳이 결정한다

데이터 기반 골목선거란?

앞에서 시대 변화에 따른 과제로 연대와 협력의 정치, 새로운 사회협약, 정치 혁신 등에 대해 이야기했다. 이 모두는 민주정당이 선거에서 승리하지 않으면 실현하기 어려운 과제들이다. 이 장에서는 민주정당의 데이터 기반 선거 준비가 왜 필요하며, 어떻게 준비해야 하는지에 대해 과학적 검증과 다양한 실사례를 토대로 제시하고자 한다.

빅데이터 선거는 골목선거의 방편이다.

빅데이터 선거란 무엇일까. 빅데이터 선거는 데이터로 신비하게 무언가를 하면 이기는 뭐, 그런 마술이 아니다. 누가 자당의 소극 지지자이고 누가 교차 투표자인지를 분석해 골목에서 적극적으로 소통하기 위한 골목선거 지원 방법에 불과하다.

버락 오바마 전 미국 대통령도 빅데이터 선거로 당선됐다. 미국 민주당의 소극 지지자와 교차 투표자를 분석해 어디에 살며 무엇에 관심이 많은지 파악한 뒤, 최대한의 대면 접촉을 시도했다. 호별 방문은 물론이고 골목 거점마다 다양한 이벤트를 진행했다. 이 과정에서 민주당의 지역 풀뿌리 조직도 튼튼해졌다.

에마뉘엘 마크롱 프랑스 대통령도 오바마의 빅데이터 선거를 차용해 당선됐다. '위대한 캠페인'이라는 이름으로 프랑스 국민 수만 명을 골목에서 인터뷰했고, 그 결과를 분석해 프랑스의 비전을 제시했다.

선거는 미디어 선거에서 빅데이터 마이크로 타깃팅 선거로 전환된 지 오래다. 과거의 정당과 후보는 지상파 방송만 잘 활용해도 자당의 소극 지지자와 교차 투표자를 동원하고 설득할 수 있었다. 지금은 유선방송·위성방송이 수백 개다. 유튜브 채널은 셀 수도 없이 많다. 매체를 활용한 동원과 설득은 예전만 못하다. 일상의 문화적 볼거리가 없던 과거, 유동 인구가 많은 큰길 유세는 문화적 이벤트였고 볼거리였지만, 지금은 볼거리가 지천이다. 이제는 정당의 적극 지지자만이 큰길 유세에 반응할 뿐이다. 빅데이터 마이크로 타깃팅 선거의 핵심적인 선거운동 방식인 골목유세는 정치의 책임성은 물론이고 투명성·다양성·포용성을 높이는, 이기는 정치 개혁의 중요한 방법이다.

선거 기간, 당신이 골목에서 열심히 유세하는 후보를 만난다면, 지지 여부와 관계없이 박수해주시길 바란다. 왜냐하면, 그들이 당선될 가능성이 크고, 책임 정치를 할 가능성이 크기 때문이다.[1]

데이터 기반 골목선거와 유권자 대면 접촉

투표하는 유권자와 후보와의 대면 접촉은 중요한 정치적 거래 방식이다. 유권자는 자신에게 찾아온 후보의 정견을 듣고 동원될 것인지 설득당할 것인지 결정할 것이다. 미국의 민간 싱크탱크 브루킹스연구소에서 이러한 정치적 거래 방식이 얼마나 효과적이고 성과를 내는지, 선거 캠페인 효과를 정량화하여 측정하였다. 호별 방문 및 상가 방문 14명 미팅 시 1표 증가, 숙련된 전화 홍보 35명 통화 시 1표 증가, 미숙련 전화 홍보 180명 통화 시 1표 증가, 팸플릿 189명 수취 시 1표 증가, ARS 홍보 900명 통화 시 1표 증가, 이메일

---

1   「선거가 다시 골목으로 돌아왔다…책임정치의 지름길」, 《한겨레21》, 2023. 9. 22.(https://h21.hani.co.kr/arti/politics/politics_general/54449.html)

가시적 효과 없음 등의 결과를 얻었다. 대체로 직접적인 소통에 가까울수록 효과도 비례하는 것으로 나타났다.

● **선거운동 방식별 효과**

선거운동 방식	효과	통계 유의성
호별/상가 방문	14명 미팅 시 1표 증가	있음
숙련된 전화 홍보	35명 통화 시 1표 증가	있음
미숙련 전화 홍보	180명 통화 시 1표 증가	있음
팜플릿	189명 수취 시 1표 증가	조금 있음
ARS 홍보	900명 통화 시 1표 증가	없음
이메일	가시적 효과 없음	없음

자료: Brookings Institution press, 빅토리랩 정리, 2015.

'미국 전국 선거 연구'[2]의 연구 결과에서도 위의 결과와 맥락이 같은 시계열 결과를 확인할 수 있었다. 1950년~1970년, 넓은 땅과 제한된 기간에 선거가 진행되는 만큼 후보나 선거운동원은 일종의 골목선거 외의 별다른 대안이 없었다. 그래서 같은 시기, 후보 및 선거운동원과 유권자와의 접촉은 꾸준히 증가했다.

1970년~1990년, 이때는 반대로 유권자와 선거운동원과의 접촉이 꾸준히 감소하는 것을 확인할 수 있다. 텔레비전이 대중화되

---

2 https://electionstudies.org

면서 후보와 선거운동원이 굳이 힘들게 찾아가는 골목선거를 하지 않아도, 매스미디어를 통해 홍보하고, 비실시간이지만 소통이 가능했다. 그런데 1990년 초부터 현재까지 골목선거가 다시 증가했다. IT 강국이자 선거 캠페인 선진국인 미국에서 골목선거가 왜 다시 증가한 것일까. 같은 기간 유행처럼 시작된 것이 빅데이터 선거다. 그럼 왜 빅데이터 선거와 골목선거가 같은 시기에 놓여 있는 것일까.

이유는 다음과 같다. 매스미디어의 신뢰도가 급격히 추락했고, 수많은 매체와 패널이 생겨나면서 홍보 효과는 파편화됐다. 유권자를 한 곳에 묶어두는 일이 불가능해진 것이다. 따라서 유권자가

● **정당의 선거운동원이 직접 찾아오거나 전화를 걸어 당신에게 올해 선거에 관해 이야기하였습니까? %**

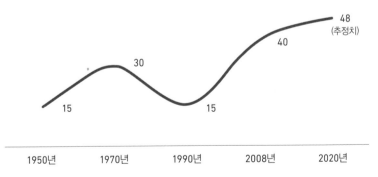

| 1950년 | 1970년 | 1990년 | 2008년 | 2020년 |

15   30   15   40   48 (추정치)

* 자료: 「대통령선거 1956-2008」, 《American National Election Studies(미국 전국 선거 연구)》.

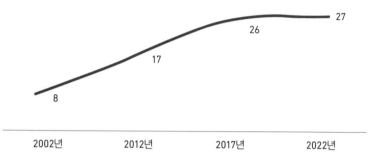

● **귀하가 지지 후보에게 투표할 때 어떤 매체를 활용하였습니까?**
(지인 유세 응답자 분포) %

2002년   2012년   2017년   2022년

8   17   26   27

자료: 한국갤럽

직접 보고 집적 듣게 하지 않으면 동원하고 설득할 방법이 없게 되었다. 결국, 유권자 빅데이터를 분석해서 최적화된 대면 접촉 지점과 내용을 확보하여 직접 찾아가는 골목선거 외엔 특별한 방법이 없었던 것이다.

한국은 어떨까. 후보와 유권자 또는 선거운동원과 유권자의 대면 접촉 효과는 국내 선거에서도 똑같이 나타난다. 골목선거에 의한 대면 접촉 결과로 투표하는 경향이 점점 증가하고 있다. 한국갤럽이 조사한 결과, 대면 접촉(지인, 유세)의 영향을 받아 투표한 경험은 2002년 8%, 2012년 17%, 2017년 26%, 2022년 27%로 증가하는 추세이다.

2024년 총선 전망

예측 시나리오

2024년 총선의 판세를 예측하고 결과를 분석하였다. 역대 선거 결과와 통계청 자료, 각종 여론조사 결과를 종합해보면, 민주당의 우세 지역은 81곳, 경합우세 지역은 37곳, 경합 지역은 49곳, 국민의힘 우세 지역은 72곳, 경합우세 지역은 14곳이다. 49곳의 경합 지역에서 어떤 결과가 나오느냐에 따라 승패가 갈리는 것으로 나타났다. 대등한 선거 결과는 존재하지 않을 가능성이 크다. 어느 한쪽이 국회 의석의 과반을 확보할 것으로 보인다.

253개 지역구 선거에서 예상된 시나리오는 3가지이다. 가능성이 가장 큰 시나리오는 민주당이 142석, 국민의힘이 111석을 얻

● 2024년 총선 판세와 예상 시나리오(지역구 기준)

지역구	민주 우세	민주 경합 우세	경합	국힘 경합 우세	국힘 우세
판세	81	37	49	14	72
시나리오2	118		135		
시나리오1	142			111	
시나리오3	167			86	

는 예측이다. 경합지 49곳을 양분하는 치열한 선거가 예상되지만, 애초에 지층의 규모가 큰 민주당이 국회 의석의 과반을 확보한다. 두 번째로 가능성이 있는 시나리오는 국민의힘이 135석, 민주당이 118석을 얻는 경우다. 경합지 모두를 국민의힘이 석권하며 국회 의석의 과반을 획득한다. 마지막 시나리오는 민주당이 경합지 49곳을 모두 가져오는 경우다. 민주당 167석, 국민의힘 86석 시나리오다. 2020년 총선 결과와 유사하게 예측되었다. 이러한 3가지 시나리오는 마치 민주당에 유리한 것처럼 보일 수 있지만, 그렇지 않다. 선거 결과는 단 하나의 시나리오만 채택하기 때문이다. 그러니 누가 이기거나 져도 설명이 모두 가능하다. 기자들이 선거 결과에 대한 예측 기사를 쓰든, 실제 선거 결과가 나온 후 분석 기사를 쓰든 크게 어려움이 없을 것이다.

예측은 신뢰할 수 있을까

예측 시나리오를 신뢰할 수 있을까. 2020년 총선이 있기 3달 전에 《한겨레》와 함께 2020년 총선 결과로 민주당 지역구 162석을 예측했다. 예측과 실제 결과는 1석 차이였다. 대부분의 전문가는 민주당과 당시 한국당이 박빙의 승부를 펼치거나, 민주당 열세일 것이라 예상했다.

2020년 민주당의 총선 승리를 '코로나19 대응 효과'로 보는 시각이 많다. 하지만 코로나19 대유행 이전인 2019년 9월부터 데이터 분석을 시작했으니까, 적어도 코로나19 대응 효과는 변수에 없었다. 오히려 2016년 말부터 밝힌 광화문 촛불 효과로 보는 것이 더 타당할 수 있다.

2015년 서울 관악을과 성남중원 재보선에서는 각각 0.829, 0.793의 예측률을 보였다. 2017년 대선에서는 전국 3,500개 읍면동의 소극 지지자와 교차 투표자 거주 규모 순위를 분석했고 예측률은 0.846이었다. 2022년 대선에서는 골목지도를 활용한 유세 효과(유세 횟수&추가 투표)를 측정했는데, 0.587~0.784로 나타났다.

이 외에도 사회문제 해결을 위한 예측 분석에서도 예측률은 나쁘지 않았다. 2017년 《경향신문》과 함께 한 자살 위기자 예측 분석은 85%, 2019년 서울연구원과 함께 한 5층 이하 저층 주거지 화재 발생 예측 분석은 60%, 2020년 부산MBC와 함께 진행한 복지 사각지대 예측 분석은 85%, 2021년 시장군수구청장협의회에 제출한 코로나19 지역 발생 예측 분석은 93%의 예측률을 보였다.

국정 평가 VS 이념 갈등

총선은 언제나 집권여당의 국정 운영 평가가 선거 쟁점이었다. 국정 운영의 긍정 평가냐 아니면, 부정 평가냐의 'A to not A' 구도로 치러졌다. 2024년 총선도 크게 벗어나지 않을 것으로 보이나, 2가지 측면에서 다른 접근이 가능한 상황이다.

첫째, 대통령과 여당이 주도하는 이념 논쟁이다. 국정 운영 평가가 부정적으로 흐르는 것을 최대한 저지하기 위해 대응하는 방식이 아니라, 전혀 다른 차원의 의제를 들고나온 것이다. 이태원 참사, 채수근 상병 사망 사고, 양평고속도로, 후쿠시마 오염수 문제 등의 이슈를 잠재우고 있다. 그뿐만 아니라, 저출생 고령화, 환경 위기 등의 중장기 과제는 물론이고, 실시간으로 대응해야 하는 경제와 민생 이슈까지 잠재우고 있다. 당장은 성공할 수 있을 것처럼 보여도 조금만 앞을 내다볼 수 있다면, 국정 운영 평가 구도는 피해갈 수 없는 의제임이 자명하다.

둘째, 유례를 찾기 어려울 정도로 의석수가 많은 야당(168석)의 의제 선점 능력이다. 국정 평가를 넘어, 경제, 민생 등의 의제를 제기할 수 있다. 그러므로 2024년 총선은 국정 평가를 중심으로, 대안 경쟁이 될 가능성이 있다.

한국갤럽이 2020년 4월 총선 직전에 조사한 결과를 보면, 정부 지원을 위해 여당 후보(민주당)가 많이 당선되어야 한다는 의견이 49%, 정부 견제를 위해 야당 후보(현재 국민의힘)가 많이 당선되어야 한다는 의견이 39%였다.

2023년 6월, 같은 조사에서 정부 지원을 위해 여당 후보(국민의힘)가 많이 당선되어야 한다는 의견이 37%, 정부 견제를 위해 야당 후보(민주당)가 많이 당선되어야 한다는 의견이 49%로 나왔다. 민주당 입장에서는 다른 양상의 같은 결과가 나온 것이다.

집권여당 입장에선 국정 평가 총선이 아니라, 이념 갈등 총선으로 치르고 싶은 이유는 하나 더 있다. 아래 갤럽 조사 결과 그래프를 보면, 2017년 대선 직후 정점을 찍었던 진보 응답층의 규모가 서서히 줄더니, 지금은 역전되어 보수 응답층 규모가 더 많아졌다.

	2020년 4월	2023년 10월
정부 지원을 위해 여당 후보(민주당) 많이 당선	49%	39%
정부 견제를 위해 야당 후보(민주당 등) 많이 당선	39%	48%

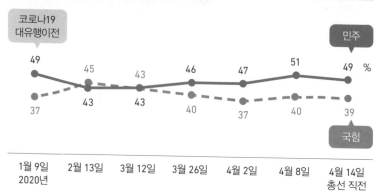

* 자료: 한국갤럽

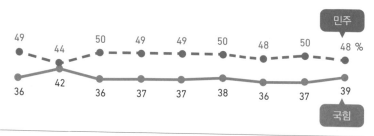

* 자료: 한국갤럽

하지만 착시일 가능성이 있다.

이는 침묵의 나선이론으로 설명할 수 있다. 침묵의 나선이론은 개인들이 자신의 의견이 다수의 의견 또는 권위적 입장 등과 다를 때, 침묵하거나 입장을 숨기는 현상을 설명하는 이론이다. 침묵의 나선이론 적용이 타당할 수 있는 이유는 다음과 같다.

보수의 증가는 6%(24%→30%)에 불과하다. 보수가 자부심을 갖고 다시 여론을 주도하고 있는 것이 아니다. 오리혀 진보가 13%(37%→24%) 감소했다. 집권여당의 이념 갈등이 정당성에 기초한 보수의 결집보다는 권위적 정국 운영에 기초해 진보를 역동원하고 있는 중이다. 소극화된 진보층은 총선일이 가까워질수록, 부담스럽고 불편한 자기주장을 적극적으로 내세우기보다는, 큰 부담

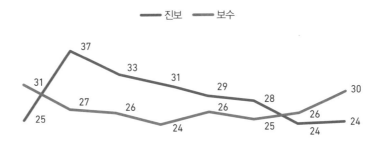

● **진보, 보수 구도 변화 %**

——— 진보 ——— 보수

* 자료: 한국갤럽

없고 간편한 투표 행위로 대응할 가능성이 커 보인다.

국정 평가를 중심으로 진행될 2024년 총선에서 이전과 달리, 야당이 민생 의제를 공론화시킬 수 있는지의 여부도 중요한 변수로 작용할 것으로 보인다.

49 프로젝트

49프로젝트의 49는 2024년 총선 경합 선거구 49곳을 의미한다. 이 49곳이 2024년 총선 승패와 정치 혁신의 향방을 결정할 것이다. 서울 12곳, 경기·인천·강원 23곳, 충청 8곳, 영남 6곳의 경합 지역에 사활을 걸려 있다.

총선 캠페인은 중앙당 중심의 매크로 캠페인과 지역위원회 중심의 마이크로 타깃팅 캠페인으로 나누어 살펴볼 수 있다. 중앙당은 매크로 캠페인을 통해 2024년 총선의 이슈·구도·인물을 기존의 방식대로 기획하고 조정할 것이다. 반면에 49곳의 경합지는 마이크로 타깃팅 캠페인을 통해 누가 더 현장성 높은 활동(골목유세)을 할 것인가로 판가름이 날 것이다.

49개 경합 선거구의 투표 지층을 종합해서 분석해보면, 민주당

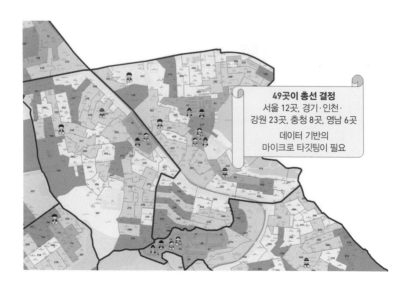

44%, 국민의힘 44%로 초박빙이다. 세부적으로는 민주당은 적극 지지자 28%, 소극 지지자 16%이고, 국민의힘은 적극 지지자 25%, 소극 지지자 19%이다. 교차 투표자는 12% 존재한다. 민주당의 타 깃 유권자는 28%(소극 지지자 16% + 교차 투표자 12%)이다. 국민의힘 의 타깃 유권자(31%)는 소극 지지자 19%와 교차 투표자 12%이다. 각 정당의 관건은 마이크로 타깃팅을 통해, 소극 지지자를 동원하 고 교차 투표자를 설득하는 캠페인의 추진 여부가 될 것이다.

　데이터 기반 골목선거는 국회의원 선거구를 약 400~500개 블 록으로 세분화하여, 정당의 소극 지지자와 교차 투표자가 어느 블 록에 많이 거주하는지를 1위부터 약 400~500위 블록까지 순위를

민주 적극 지지	민주 소극 지지	교차 투표	국힘 소극 지지	국힘 적극 지지
28	16	12	19	25
44		12		44

28(민주 타깃)

31(국힘 타깃)

마이크로 타깃팅

마이크로 지리정보 타깃팅

- 개별 국회의원 선거구를 약 450개의 블록으로 세분화하여
- 투표하는 민주당 소극 지지자와 교차 투표자가 어느 블록에 많이 거주하는지를 1위부터 450위 블록까지 순위 분석한
- 마이크로 지리정보를 활용하여 모든 선거 캠페인의 선택과 집중을 차등화시킴
- 특히, 후보 골목유세(일일 80포인트), 현수막, 어깨띠 운동원 배치에 활용함(모든 캠페인에 적용함)

분석한 마이크로 지리 정보를 활용하여 모든 선거 캠페인의 선택과 집중을 차등화하는 전략이다. 주로 후보의 골목유세(1일 80곳), 선거 및 투표 독려 현수막, 어깨띠 운동원 배치에 활용된다.

2024년 총선 253개 선거구 판세

다음 페이지 표는 2023년 10월 현재, 17개 시·도 253개 국회의원 선거구별 2024년 총선 판세 분석 결과이다. 민주 평균은 민주 적극+민주 소극, 국힘 평균은 국힘 적극+국힘 소극이다. 교차 투표자는 투표하는 스윙보터이다.

판세는 유권자 지층을 중심으로 2022년 대선과 지선 결과를 고려한 결과이다. 가변성은 판세의 변화 가능성이 어느 정도인지를 정리한 것이다.

특히 가변성이 큰 지역은 교차 투표자가 판세를 뒤집을 가능성이 다른 지역에 비해 큰 지역으로 선거 결과를 예단하기 어려운 지역이기도 하다. 판세는 불변고정이 아니다. 말 그대로 현재의 판세일 뿐이다.

서울특별시 49곳

	선거구	민주 평균	교차 투표	국힘 평균	판세	가변성
1	중랑구을	48.2104	12.2360	39.5536	민주 경합우세	높은 편
2	중랑구갑	49.3156	15.3867	35.2977	민주 우세	높은 편
3	중구·성동구을	43.6032	13.1431	43.2538	경합	높은 편
4	중구·성동구갑	47.9731	10.6925	41.3344	민주 경합우세	보통
5	종로구	49.9639	8.6523	41.3838	민주 경합우세	낮은 편
6	은평구을	48.2485	18.1876	33.5640	민주 우세	높은 편
7	은평구갑	52.7623	9.4126	37.8251	민주 우세	낮은 편
8	용산구	43.2123	10.7094	46.0783	경합	보통
9	영등포구을	45.5779	10.7010	43.7211	경합	보통
10	영등포구갑	49.0759	10.3301	40.5940	민주 경합우세	보통
11	양천구을	48.9476	10.6314	40.4210	민주 경합우세	보통
12	양천구갑	47.3722	9.1540	43.4738	경합	낮은 편
13	송파구을	42.3427	15.5133	42.1440	경합	높은 편
14	송파구병	46.1466	10.6929	43.1605	경합	보통
15	송파구갑	42.7822	10.0278	47.1900	경합	보통
16	성북구을	49.5354	11.4135	39.0511	민주 우세	보통
17	성북구갑	50.7887	16.9788	32.2325	민주 우세	높은 편
18	서초구을	38.4938	10.2426	51.2636	국힘 우세	보통
19	서초구갑	33.2760	10.7757	55.9483	국힘 우세	보통
20	서대문구을	50.8737	9.7020	39.4243	민주 우세	낮은 편
21	서대문구갑	50.3744	8.6394	40.9862	민주 경합우세	낮은 편
22	마포구을	50.5264	13.8864	35.5871	민주 우세	높은 편
23	마포구갑	49.4504	10.1222	40.4274	민주 경합우세	보통
24	동작구을	44.8782	12.2070	42.9147	경합	높은 편
25	동작구갑	48.4825	11.7204	39.7971	민주 경합우세	보통
26	동대문구을	50.4238	8.3014	41.2748	민주 경합우세	낮은 편
27	동대문구갑	46.7290	11.7545	41.5165	민주 경합우세	보통
28	도봉구을	46.6178	10.8877	42.4945	경합	보통
29	도봉구갑	51.9397	8.7227	39.3376	민주 우세	낮은 편
30	노원구을	51.4352	11.0919	37.4729	민주 우세	보통
31	노원구병	35.9284	25.8474	38.2242	경합	높음
32	노원구갑	47.5826	11.8738	40.5437	민주 경합우세	보통
33	금천구	48.0822	15.2541	36.6638	민주 우세	높은 편
34	구로구을	53.6492	10.4733	35.8775	민주 우세	보통
35	구로구갑	49.3820	10.4674	40.1507	민주 경합우세	보통
36	광진구을	49.0217	10.5948	40.3835	민주 경합우세	보통
37	광진구갑	48.3576	11.7392	39.9032	민주 경합우세	보통

	선거구	민주 평균	교차 투표	국힘 평균	판세	가변성
38	관악구을	47.0940	16.3206	36.5854	민주 우세	높은 편
39	관악구갑	49.9663	27.9081	22.1256	민주 우세	높음
40	강서구을	47.1516	10.0529	42.7955	경합	보통
41	강서구병	50.0887	12.0304	37.8810	민주 우세	높은 편
42	강서구갑	48.4800	14.4481	37.0718	민주 우세	높은 편
43	강북구을	53.1973	10.0517	36.7510	민주 우세	보통
44	강북구갑	47.8272	12.2220	39.9508	민주 경합우세	높은 편
45	강동구을	47.2535	11.1962	41.5503	민주 경합우세	보통
46	강동구갑	45.6540	9.1482	45.1978	경합	낮은 편
47	강남구을	42.6596	8.5297	48.8106	국힘 경합우세	낮은 편
48	강남구병	31.9024	8.4489	59.6487	국힘 우세	낮은 편
49	강남구갑	35.9010	8.0127	56.0863	국힘 우세	낮은 편

 부산광역시 18곳

	선거구	민주 평균	교차 투표	국힘 평균	판세	가변성
1	해운대구을	33.8430	14.8817	51.2753	국힘 우세	높은 편
2	해운대구갑	35.9786	9.7517	54.2697	국힘 우세	낮은 편
3	중구·영도구	34.7907	13.6472	51.5622	국힘 우세	높은 편
4	연제구	39.9975	8.9243	51.0782	국힘 우세	낮은 편
5	수영구	33.3781	13.7890	52.8329	국힘 우세	높은 편
6	서구동구	35.5161	9.5142	54.9697	국힘 우세	낮은 편
7	사하구을	40.4288	8.5149	51.0563	국힘 우세	낮은 편
8	사하구갑	42.4301	8.6233	48.9466	국힘 경합우세	낮은 편
9	사상구	43.1944	11.3757	45.4299	경합	보통
10	북구·강서구을	42.2159	8.8583	48.9259	국힘 경합우세	낮은 편
11	북구·강서구갑	44.6285	5.8637	49.5078	경합	낮음
12	부산진구을	37.9174	10.2657	51.8169	국힘 우세	보통
13	부산진구갑	40.6325	10.8293	48.5382	국힘 경합우세	보통
14	동래구	35.2420	13.1982	51.5598	국힘 우세	높은 편
15	남구을	41.9676	8.2738	49.7586	국힘 경합우세	낮은 편
16	남구갑	39.0798	8.0077	52.9125	국힘 우세	낮은 편
17	기장군	38.3606	14.6343	47.0051	국힘 경합우세	높은 편
18	금정구	35.7451	8.4231	55.8317	국힘 우세	낮은 편

대구광역시 12곳

	선거구	민주 평균	교차 투표	국힘 평균	판세	가변성
1	중구남구	19.6518	13.0627	67.2854	국힘 우세	높은 편
2	수성구을	20.3312	20.8865	58.7823	국힘 우세	높음
3	수성구갑	33.4365	7.6211	58.9424	국힘 우세	낮음
4	서구	13.1016	17.4812	69.4172	국힘 우세	높은 편
5	북구을	18.4257	20.8646	60.7096	국힘 우세	높음
6	북구갑	18.6088	18.2447	63.1465	국힘 우세	높은 편
7	동구을	22.8487	20.6590	56.4923	국힘 우세	높음
8	동구갑	17.5525	15.9464	66.5012	국힘 우세	높은 편
9	달성군	21.3990	15.0843	63.5167	국힘 우세	높은 편
10	달서구을	21.6068	12.7774	65.6158	국힘 우세	높은 편
11	달서구병	18.3271	13.1993	68.4736	국힘 우세	높은 편
12	달서구갑	18.8276	16.2982	64.8742	국힘 우세	높은 편

 인천광역시 13곳

	선거구	민주 평균	교차 투표	국힘 평균	판세	가변성
1	중구·강화군·옹진군	34.4875	17.2431	48.2695	국힘 우세	높은 편
2	연수구을	41.9578	14.5850	43.4572	경합	높은 편
3	연수구갑	45.0665	11.7570	43.1765	경합	보통
4	서구을	51.1046	11.1016	37.7939	민주 우세	보통
5	서구갑	46.1078	11.0809	42.8113	경합	보통
6	부평구을	50.0125	13.2340	36.7534	민주 우세	높은 편
7	부평구갑	45.8269	14.6635	39.5096	민주 경합우세	높은 편
8	동구·미추홀구을	36.1693	27.6139	36.2168	경합	높음
9	동구·미추홀구갑	37.3695	18.5826	44.0479	국힘 경합우세	높은 편
10	남동구을	48.5870	11.5108	39.9023	민주 경합우세	보통
11	남동구갑	48.4925	12.3809	39.1266	민주 경합우세	높은 편
12	계양구을	50.7518	12.3662	36.8821	민주 우세	높은 편
13	계양구갑	51.3711	11.7099	36.9190	민주 우세	보통

광주광역시 8곳

	선거구	민주 평균	교차 투표	국힘 평균	판세	가변성
1	서구을	60.2720	29.6580	10.0700	민주 우세	높음
2	서구갑	68.8074	25.6002	5.5923	민주 우세	높음
3	북구을	70.9822	24.8798	4.1380	민주 우세	높음
4	북구갑	64.9357	30.6805	4.3837	민주 우세	높음
5	동구·남구을	63.0732	31.8367	5.0901	민주 우세	높음
6	동구·남구갑	69.2553	25.9518	4.7929	민주 우세	높음
7	광산구을	75.5048	20.3574	4.1378	민주 우세	높음
8	광산구갑	72.0844	23.6514	4.2642	민주 우세	높음

대전광역시 7곳

	선거구	민주 평균	교차 투표	국힘 평균	판세	가변성
1	중구	40.0433	15.3779	44.5787	경합	높은 편
2	유성구을	53.4900	12.7629	33.7471	민주 우세	높은 편
3	유성구갑	48.9966	13.2645	37.7389	민주 우세	높은 편
4	서구을	48.1396	14.7175	37.1430	민주 우세	높은 편
5	서구갑	48.7777	10.9741	40.2481	민주 경합우세	보통
6	동구	42.5215	14.6715	42.8071	경합	높은 편
7	대덕구	37.7383	18.1517	44.1100	국힘 경합우세	높은 편

울산광역시 6곳

	선거구	민주 평균	교차 투표	국힘 평균	판세	가변성
1	중구	33.6995	15.3870	50.9135	국힘 우세	높은 편
2	울주군	31.0903	19.0238	49.8859	국힘 우세	높은 편
3	북구	33.5398	24.3510	42.1091	국힘 경합우세	높음
4	동구	27.3210	31.2562	41.4228	국힘 우세	높음
5	남구을	30.0210	18.9614	51.0176	국힘 우세	높은 편
6	남구갑	37.6895	11.6062	50.7043	국힘 우세	보통

세종특별자치시 2곳

	선거구	민주 평균	교차 투표	국힘 평균	판세	가변성
1	세종특별자치시을	44.0267	21.1350	34.8383	민주 경합우세	높음
2	세종특별자치시갑	48.6730	16.3758	34.9512	민주 우세	높은 편

경기도 59곳

	선거구	민주 평균	교차 투표	국힘 평균	판세	가변성
1	화성시을	56.3539	10.0234	33.6227	민주 우세	보통
2	화성시병	54.2689	12.4880	33.2431	민주 우세	높은 편
3	화성시갑	43.2874	11.9973	44.7153	경합	높은 편
4	하남시	44.6072	12.9280	42.4648	경합	높은 편
5	포천시·가평군	36.1362	10.8490	53.0148	국힘 우세	보통
6	평택시을	42.6293	13.5577	43.8130	경합	높은 편
7	평택시갑	41.1073	12.3102	46.5825	국힘 경합우세	높은 편
8	파주시을	40.7561	15.5741	43.6698	경합	높은 편
9	파주시갑	53.0445	9.6290	37.3265	민주 우세	낮은 편
10	이천시	36.5173	15.9179	47.5648	국힘 우세	높은 편
11	의정부시을	41.5261	18.2621	40.2118	경합	높은 편
12	의정부시갑	46.2765	16.5867	37.1368	민주 경합우세	높은 편
13	의왕시·과천시	45.6869	13.1593	41.1538	경합	높은 편
14	용인시정	47.8759	9.7588	42.3653	민주 경합우세	낮은 편
15	용인시을	53.0851	9.4275	37.4874	민주 우세	낮은 편
16	용인시병	44.2812	10.3734	45.3454	경합	보통
17	용인시갑	42.7763	10.3909	46.8327	경합	보통
18	오산시	51.7082	10.0165	38.2753	민주 우세	보통
19	여주시·양평군	31.8080	11.7512	56.4408	국힘 우세	보통
20	양주시	51.0674	7.8596	41.0730	민주 우세	낮음
21	안양시 만안구	48.4997	11.1152	40.3850	민주 경합우세	보통
22	안양시 동안구을	46.9881	11.4064	41.6055	민주 경합우세	보통

	선거구	민주 평균	교차 투표	국힘 평균	판세	가변성
23	안양시 동안구갑	50.8101	10.8930	38.2970	민주 우세	보통
24	안성시	42.7811	10.3803	46.8386	경합	보통
25	안산시 상록구을	50.1668	13.4177	36.4154	민주 우세	높은 편
26	안산시 상록구갑	51.3395	13.2078	35.4527	민주 우세	높은 편
27	안산시 단원구을	46.1104	13.4446	40.4449	민주 경합우세	높은 편
28	안산시 단원구갑	42.5798	19.1471	38.2731	경합	높은 편
29	시흥시을	55.2967	11.5229	33.1804	민주 우세	보통
30	시흥시갑	48.9197	9.9114	41.1689	민주 경합우세	낮은 편
31	수원시정	51.5941	11.7579	36.6480	민주 우세	보통
32	수원시을	50.6466	12.3173	37.0361	민주 우세	높은 편
33	수원시병	47.2068	8.8201	43.9731	경합	낮은 편
34	수원시무	49.9330	12.4647	37.6023	민주 우세	높은 편
35	수원시갑	49.3190	10.7952	39.8858	민주 경합우세	보통
36	성남시 중원구	42.3830	18.0744	39.5426	경합	높은 편
37	성남시 수정구	51.5316	11.9099	36.5584	민주 우세	보통
38	성남시 분당구을	43.8918	10.8798	45.2284	경합	보통
39	성남시 분당구갑	45.2155	10.2765	44.5080	경합	보통
40	부천시정	51.0055	14.1933	34.8012	민주 우세	높은 편
41	부천시을	50.6282	11.6084	37.7634	민주 우세	보통
42	부천시병	50.9667	11.8046	37.2286	민주 우세	보통
43	부천시갑	50.3985	13.2459	36.3556	민주 우세	높은 편
44	동두천시·연천군	39.5452	10.7032	49.7516	국힘 우세	보통
45	남양주시을	49.8208	14.0523	36.1269	민주 우세	높은 편
46	남양주시병	45.6587	10.4061	43.9352	경합	보통
47	남양주시갑	49.8326	11.5815	38.5859	민주 우세	보통
48	김포시을	46.0977	9.6351	44.2672	경합	낮은 편
49	김포시갑	49.1429	9.3755	41.4816	민주 경합우세	낮은 편
50	군포시	49.9510	11.3520	38.6970	민주 우세	보통
51	구리시	48.8717	10.6446	40.4838	민주 경합우세	보통
52	광주시을	48.9903	8.6067	42.4030	민주 경합우세	낮은 편
53	광주시갑	48.9670	8.4830	42.5500	민주 경합우세	낮은 편
54	광명시을	54.1030	10.8506	35.0464	민주 우세	보통
55	광명시갑	48.1983	15.0132	36.7885	민주 우세	높은 편
56	고양시정	49.9040	10.1480	39.9481	민주 우세	보통
57	고양시을	48.9100	12.3182	38.7718	민주 우세	높은 편
58	고양시병	47.8980	10.9615	41.1405	민주 경합우세	보통
59	고양시갑	31.7561	30.2807	37.9632	국힘 경합우세	높음

강원도 8곳

	선거구	민주 평균	교차 투표	국힘 평균	판세	가변성
1	홍천군·횡성군·영월군·평창군	35.3731	13.2359	51.3910	국힘 우세	높은 편
2	춘천시·철원군·화천군·양구군을	37.0683	10.9901	51.9416	국힘 우세	보통
3	춘천시·철원군·화천군·양구군갑	44.4211	9.4521	46.1268	경합	낮은 편
4	원주시을	44.4561	10.5208	45.0230	경합	보통
5	원주시갑	42.2988	11.6282	46.0730	경합	보통
6	속초시·인제군·고성군·양양군	36.6153	9.8344	53.5503	국힘 우세	낮은 편
7	동해시·태백시·삼척시·정선군	30.3121	18.8451	50.8428	국힘 우세	높은 편
8	강릉시	35.6232	16.4229	47.9540	국힘 우세	높은 편

충청북도 8곳

	선거구	민주 평균	교차 투표	국힘 평균	판세	가변성
1	충주시	34.7094	11.5492	53.7415	국힘 우세	보통
2	청주 흥덕구	48.6485	10.6956	40.6559	민주 경합우세	보통
3	청주 청원구	46.6219	11.2615	42.1166	경합	보통
4	청주 서원구	45.0570	12.1000	42.8430	경합	높은 편
5	청주 상당구	44.2607	9.2390	46.5003	경합	낮은 편
6	증편·진천·음성	42.4514	11.8576	45.6910	경합	보통
7	제천·단양	36.9174	9.2205	53.8621	국힘 우세	낮은 편
8	보은·옥천·영동·괴산	36.3576	10.3160	53.3264	국힘 우세	보통

충청남도 11곳

	선거구	민주 평균	교차 투표	국힘 평균	판세	가변성
1	홍성군·예산군	29.5104	17.2340	53.2555	국힘 우세	높은 편
2	천안시을	50.2453	13.3225	36.4322	민주 우세	높은 편
3	천안시병	47.9273	14.0004	38.0724	민주 경합우세	높은 편
4	천안시갑	42.2099	12.1791	45.6109	경합	높은 편
5	아산시을	49.0632	14.4516	36.4852	민주 우세	높은 편
6	아산시갑	42.7803	13.5319	43.6878	경합	높은 편
7	서산시·태안군	35.1097	23.6905	41.1998	국힘 경합우세	높음
8	보령시·서천군	38.4040	11.4783	50.1178	국힘 우세	보통
9	당진시	40.1950	18.4196	41.3855	경합	높은 편
10	논산시·계룡시·금산군	43.4190	16.7613	39.8197	경합	높은 편
11	공주시·부여군·청양군	38.8368	11.8363	49.3269	국힘 우세	보통

 전라북도 10곳

	선거구	민주 평균	교차 투표	국힘 평균	판세	가변성
1	정읍시·고창군	62.0854	32.9968	4.9178	민주 우세	높음
2	전주시을	65.9156	16.9036	17.1808	민주 우세	높은 편
3	전주시병	70.3298	23.0955	6.5747	민주 우세	높음
4	전주시갑	69.4915	22.5523	7.9562	민주 우세	높음
5	익산시을	66.7697	25.6028	7.6274	민주 우세	높음
6	익산시갑	73.4966	15.8019	10.7015	민주 우세	높은 편
7	완주군·진안군·무주군·장수군	65.8466	27.0565	7.0969	민주 우세	높음
8	남원시·임실군·순창군	59.9514	33.8861	6.1625	민주 우세	높음
9	김제시·부안군	66.6782	26.3779	6.9439	민주 우세	높음
10	군산시	65.9372	25.9008	8.1620	민주 우세	높음

전라남도 10곳

	선거구	민주 평균	교차 투표	국힘 평균	판세	가변성
1	해남군·완도군·진도군	66.9373	28.5559	4.5067	민주 우세	높음
2	영암군·무안군·신안군	68.0728	24.7824	7.1448	민주 우세	높음
3	여수시을	71.8746	21.9357	6.1897	민주 우세	높음
4	여수시갑	66.6055	27.5635	5.8311	민주 우세	높음
5	순천시·광양시·곡성군구례군을	66.4852	25.5772	7.9376	민주 우세	높음
6	순천시·광양시·곡성군구례군갑	59.9703	29.6981	10.3316	민주 우세	높음
7	목포시	63.8911	31.1740	4.9348	민주 우세	높음
8	담양군·함평군·영광군·장성군	74.5579	19.5812	5.8609	민주 우세	높은 편
9	나주시·화순군	70.3819	24.5737	5.0444	민주 우세	높음
10	고흥군·보성군·장흥군강진군	64.9732	29.2311	5.7957	민주 우세	높음

경상북도 13곳

	선거구	민주 평균	교차 투표	국힘 평균	판세	가변성
1	포항시 남구·울릉군	20.7463	17.2146	62.0391	국힘 우세	높은 편
2	포항시 북구	19.1374	16.7904	64.0721	국힘 우세	높은 편
3	영천시·청도군	12.3099	18.6684	69.0217	국힘 우세	높은 편
4	영주시·영양군·봉화군·울진군	15.9624	16.0616	67.9760	국힘 우세	높은 편
5	안동시·예천군	19.5985	14.1370	66.2645	국힘 우세	높은 편
6	상주시·문경시	14.8989	17.0018	68.0993	국힘 우세	높은 편
7	김천시	16.8972	11.2019	71.9009	국힘 우세	보통
8	군위군·의성군·청송군·영덕군	15.5064	6.5595	77.9341	국힘 우세	낮음
9	구미시을	20.1380	19.0643	60.7977	국힘 우세	높은 편
10	구미시갑	19.8588	15.4919	64.6492	국힘 우세	높은 편

11	고령군·성주군·칠곡군	19.9836	13.1473	66.8691	국힘 우세	높은 편
12	경주시	15.5305	23.6593	60.8101	국힘 우세	높음
13	경산시	16.7262	16.6711	66.6028	국힘 우세	높은 편

경상남도 16곳

	선거구	민주 평균	교차 투표	국힘 평균	판세	가변성
1	통영시·고성군	29.3030	9.5891	61.1079	국힘 우세	낮은 편
2	창원시 진해구	33.2100	13.9569	52.8331	국힘 우세	높은 편
3	창원시 의창구	32.1711	13.4294	54.3995	국힘 우세	높은 편
4	창원시 성산구	26.2427	27.2077	46.5496	국힘 우세	높음
5	창원시 마산회원구	36.1812	7.7610	56.0578	국힘 우세	낮음
6	창원시 마산합포구	30.0062	6.1602	63.8337	국힘 우세	낮음
7	진주시을	25.7701	14.4828	59.7471	국힘 우세	높은 편
8	진주시갑	32.7005	13.0460	54.2535	국힘 우세	높은 편
9	양산시을	44.9181	7.6829	47.3990	경합	낮음
10	양산시갑	41.2240	8.0841	50.6919	국힘 경합우세	낮은 편
11	산청군·함양군·거창군·합천군	19.7836	21.6528	58.5637	국힘 우세	높음
12	사천시·남해군·하동군	24.1010	17.9360	57.9630	국힘 우세	높은 편
13	밀양시·의령군·함안군·창녕군	22.0303	18.0558	59.9139	국힘 우세	높은 편
14	김해시을	49.8548	7.8046	42.3406	민주 경합우세	낮음
15	김해시갑	48.4775	7.4018	44.1207	경합	낮음
16	거제시	37.4111	18.8397	43.7492	국힘 경합우세	높은 편

제주특별자치도 3곳

	선거구	민주 평균	교차 투표	국힘 평균	판세	가변성
1	제주시을	52.0105	13.5319	34.4575	민주 우세	높은 편
2	제주시갑	48.4476	14.2322	37.3202	민주 우세	높은 편
3	서귀포시	47.4582	11.9926	40.5492	민주 경합우세	높은 편

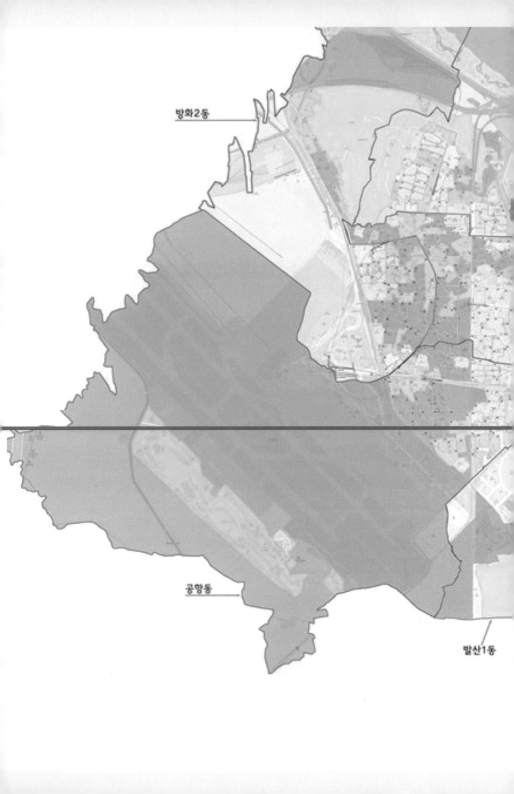

방화2동

공항동

발산1동

2023년 서울시 강서구청장 보궐선거
실제 골목지도(1,099sa)

마이크로 지도를 활용한 골목선거

데이터 기반 골목지도는 국회의원 선거구를 400~500개의 블록으로 세분화하여, 정당 소극 지지자와 교차 투표자가 어느 블록에 많이 거주하는지를 1위부터 최하위 블록까지 순위를 숫자로 표시한다. 그리고 빠른 파악을 위해서 A등급 파란색, B등급 빨간색, C등급 노란색으로 정리한다.

인구주택총조사(통계청 인구사회 경제 데이터 등) 결과, 2012~2022년 선거 결과, 여론조사 메타 결과를 종합하여 타깃 유권자를 예측 분석하고 그것을 지도에 표시하여 마이크로 지리 정보를 작성한다.

지도에서 숫자가 낮은 지역(정당 소극 지지자와 교차 투표자가 많이 거주하는 블록)과 파란색으로 표시된 지역이 대면 접촉 선거운동

2023년 서울시 강서구청장 보궐선거 실제 골목지도(1,099sa)

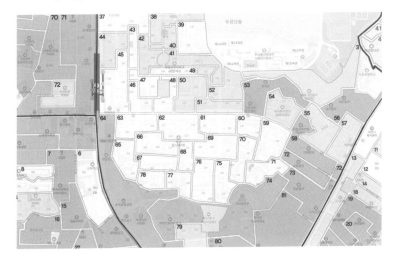

의 우선순위를 두고 집중할 곳이다. 후보 골목유세, 현수막 게시, 어깨띠 운동원 배치 등 모든 선거 캠페인을 적용하여 대면 접촉을 최대화한다.

순위 숫자와 등급 색깔을 표시한 선거전략 골목지도에, 해당 등급 지역의 거주하는 주요 유권자 계층을 아이콘으로 표시했다. 등급 골목에 정책 계층의 분포 확인을 통해, 더 분명하고 적합한 메시지를 효과적으로 전달하는 데이터 기반, 골목선거(유세)를 전개할 수 있다.

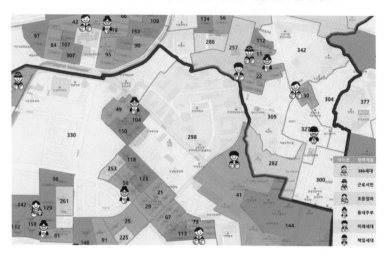

386세대

386세대는 1980년대 민주화운동을 경험하고, 민주화를 위한 시민사회 활동에 참여한 세대이다. 정치에 대한 관심과 참여 의지가 높다. 그래서 투표에 대한 관심과 의지가 강하다. 이념 성향도 진보, 중도, 보수 등 다양하게 분포한다.

386세대는 후보자가 제시하는 정책을 살펴서 투표를 결정하는 경향이 짙다. 이념보다는 현실적인 문제 해결과 사회적 발전에 중점을 둘 가능성이 크다. 또한, 자유와 인권을 중요하게 여긴다. 사회적 불평등이나 부정부패에 대한 반감을 가지고 있으며 이것을 해소하고 사회정의를 실현하는 정책을 선호할 가능성이 크다. 글로벌 이슈에 관심을 가질 수 있으며 국제 협력과 환경 문제를 중요하게 여길 수 있다.

🚓 근로서민

근로서민은 사회적인 공정과 노동자의 권리를 강조하는 정치적 경향이 있다. 노동 조건 개선과 노동자 권리 보호 등이 주요 관심사이다. 경제적인 정의를 추구하는 경향을 보인다. 소득과 재산의 불균형을 해소하고 경제적으로 취약한 계층의 이익을 보호하는 정책을 선호한다. 노동자들의 이익과 노동 조건 개선에 관심을 갖기 때문에, 노동자와 관련된 정치 문제에 대한 참여 의지가 높을 것으로 보인다. 정책 내용과 후보자의 노동자 보호와 권리 증진에 대한 입장에 따라 투표를 결정할 가능성이 크다. 하지만, 후보의 능력도 중시한다. 최저임금 인상, 안정적인 근로 환경 조성 등을 지지할 가능성이 있다.

👩‍👦 초등엄마

초등학생 자녀를 둔 여성층은 자녀교육 관련 문제에 민감하며 이를 기반으로 정치적으로 행동하는 경향을 보인다. 교육 이슈를 중요하게 여기며, 학교 시스템, 교육 환경, 교과 과정 등에 관심이 많으며 가족 관련 이슈에 관심을 가질 가능성도 크다. 학부모들 간 학교 활동이나 교육 관련 정보 교류를 통해 사회적 네트워크를 형성하는 경우도 많다. 후보나 정당의 교육 정책을 중심으로 투표를 결정할 가능성이 크다. 자녀의 안전과 행복을 중시하므로 안전한 교육 환경과 학교 시설 개선을 중요하게 여기는 경향을 보인다. 자녀의 교육 품질 향상을 위해 교육 투자와 교사 지원 정책을 선호한다. 교육 시설과 학교 환경 개선에 관심을 가지며, 학생들의 안전과 편안한 교육 환경을 조성하는 정책에 이끌린다.

🧓 동네 주부

지역 내에서 소통이 활발한 고령의 여성 유권자이다. 빅마우스로 불린다. 이들의 의견과 이야기가 주변에 큰 영향을 미치는 경우가 많다. 지역사회 소식과 현안에 예민하게 반응한다. 그리고 네거티브 메시지에 민감한 특징을 보인다. 주변 사람들과 활발하게 소통하고 지역사회 활동에 적극적으로 참여하는 경향이 나타난다. 지역사회에서 다양한 사람들과 연결되어 사회적인 네트워크를 형성하며, 이를 통해 정보를 공유하고 의견을 교환한다. 자신의 지역에 영향을 미치는 정책과 문제에 민감하게 대응할 가능성이 크다. 지지 후보를 결정할 때 주변 사람들과 의견을 교환하고 정보를 수집하는 경향이 나타난다. 지역사회의 안전과 발전을 중시한다. 지역사회 문제를 해결하는 데 중점을 둔 정책을 선호하며 지역사회 발전을 위한 프로그램과 지원 정책을 지지하는 모습을 보인다.

미래세대

미래세대는 주로 젊은 연령대 유권자로 미래 사회와 정치 혁신에 영향을 미치는 중심 세대이다. 다양한 문화와 가치관을 접하며 개방적이고 다양성을 존중하는 경향을 보인다. 디지털 기술과 소셜미디어에 친숙하여 정보 접근이 빠르다. 정치적 의견을 공유하고 소통하는 데 디지털 플랫폼을 활발히 활용한다. 사회적 불평등 해소, 환경 문제, 인권 등 사회적 이슈에 대한 관심도 크다. 민주주의를 중요하게 여기며, 정치 참여와 투표에 관심이 높다. 후보자의 정책에 따라 투표를 결정하는 경향을 보인다. 이때 미래 사회와 환경, 사회정의 등에 관련된 정책에 더 관심을 가질 가능성이 있다. 사회적 불평등을 해소하고 다양성을 존중하는 정책을 선호한다. 환경 보호와 지속 가능성 문제에 민감하며, 지속 가능한 발전을 위한 정책을 선호한다. 교육과 일자리 보장과 지원 정책을 선호하는 경향이 나타난다.

 책임세대(노년보수)

60세 이상으로 사회적 책임과 관련된 이슈에 관심을 가지고 행동하는 세대이다. 사회적 책임을 중요시하며 공익적 이슈와 사회문제에 관심을 가지는 경향을 보인다. 경험에 기반한 정치적 이해와 사회문제 해석 능력을 갖추고 있을 가능성이 크다. 사회안정과 복지를 중요하게 여기며 이와 관련된 정책에 투표하는 경향이 있다. 고령자의 권리 증진과 존중에 대한 의식이 강하며 고령자의 건강과 복지를 보장하는 정책을 선호할 가능성이 크다. 고령자의 삶의 질을 개선하고 안정을 추구하는 경향이 보인다. 사회적 차별과 불평등 해소를 중요하게 여기는 경우도 있다.

과학적 검증과 실사례

2022년 대선, 데이터 기반 골목선거

데이터 기반 골목지도를 활용한 선거 캠페인은 기존의 여러 선거에서 의미 있는 성과를 거두었다. 2022년 대통령 선거에서는 골목유세를 활성화하는 데 효과적으로 활용되었다. 골목유세는 8만 6,240회를 목표로 삼았는데, 실제 결과는 9만 629회로 목표를 초과 달성했다. 서울 지역은 1일 4,120회의 골목유세를 진행했다. 지역위원회별로는 1일 평균 84회, 전체 선거일 기준 1,850회의 골목유세를 수행했다. 그리고 이러한 유세 횟수를 지도에 표시하도록 했다.

지금까지 국내에선 캠페인 효과를 정량적으로 계측하고 분석

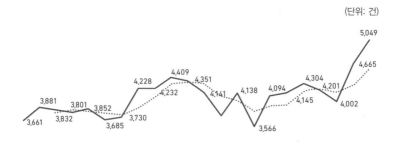

(단위: 건)

- 보고가 누락된 지역위원회는 일별 20포인트 임의 산정: 그 이유는 기존 방식 즉, 지양을 부탁했던 사거리 유세의 4배
- 보고가 누락된 지역위원회 일별 포인트는 그간 일별 평균으로 산정함

하는 일이 거의 없었다. 그래서 2022년 대선이 끝난 후, 골목유세 횟수와 추가 득표 간의 상관관계를 실제로 분석해봤다. 실제 진행한 골목유세 사진, 골목지도에 유세 결과 체크 등 정량 자료를 바탕으로 전체의 51%에 해당하는 25개 지역위원회의 유세 건수 순위와 추가 득표 순위를 비교 분석 했다. 골목유세와 추가 득표의 상관계수는 0.587~0.787 수준으로 나타났다. 통계학에서 0.4~0.7의 상관계수는 다소 높은 상관관계, 0.7~0.9는 높은 상관관계를 의미한다. 이정도면 석박사 논문을 써도 괜찮은 수치다.

상관관계계수		득표변환수위
Kendall의 tau_b 비모수 통계 방식	상관계수	0.587
	유의확률(양측)	0.000
	N	25
Spearman의 rho 순위 상관관계 확인 방식	상관계수	0.784
	유의확률(양측)	0.000
	N	25

선거운동이 끝난 후 데이터 기반 골목지도를 활용한 담당자를 대상으로 설문조사를 했다. 49개 지역위원회 중 43개 지역위원회가 응답하여 88%의 응답률을 보였다. 데이터 기반 골목지도를 또 사용할 것인지를 물었는데, 응답자의 91%가 또 사용하겠다고 응답했다. 가장 효과적인 선거운동 방식으로는 골목유세가 54%로 가장 높게 나타났다.

다음 페이지 지도 곳곳에 파란색 선이 눈에 띈다. 실은 선이 아니라 점이다. 골목유세 진행 후, 체크한 포인트를 점으로 표시했는데, 그 점들이 이어 붙여져 선처럼 보이게 된 것이다. 그만큼 골목유세를 적극적으로 했다는 의미이다.

금천구 지역위원회도 적극적으로 골목유세를 진행했다. 지도에 표시된 수많은 점이 그 사실을 보여준다. 금천구는 2022년 대선에서 서울의 49개 선거구 중에서 가장 높은 추가 득표율을 보였다.

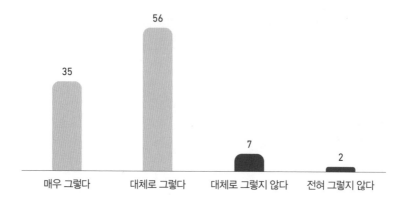

Q1. 마이크로 지리정보를 또 사용하겠습니까? 그렇다 91%

- 매우 그렇다: 35
- 대체로 그렇다: 56
- 대체로 그렇지 않다: 7
- 전혀 그렇지 않다: 2

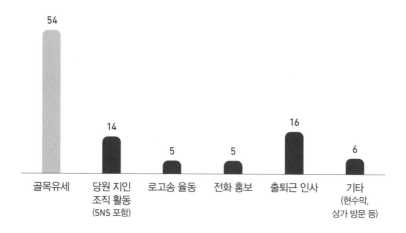

Q2. 선거운동 중 가장 효과적인 방식은? 골목유세 54%

- 골목유세: 54
- 당원 지인 조직 활동 (SNS 포함): 14
- 로고송 율동: 5
- 전화 홍보: 5
- 출퇴근 인사: 16
- 기타 (현수막, 상가 방문 등): 6

◈ 은평구을 골목지도 및 골목유세

◈ 금천 골목지도 및 골목유세

2022년 국회의원 보궐선거

2022년 국회의원 제주시을 보궐선거는 예상대로 긍정적 상황에서 출발했다. 초반 여론조사 결과도 민주당 김한규 후보의 우세가 나타났다. 하지만 우위는 얼마 가지 않았고 뒤집혔다. 추정컨데, 그 이유는 후보 캠프가 적극 지지자의 대면 방식인 간담회와 행사 방문 위주로 후보 일정을 진행했던 데 있었던 것 같다. 다시 캠프와 상의하여, 후보 일정을 골목유세(구석구석 유세)로 바꾸었다. 선거에선 승리했지만, 아쉽게도 지층의 5~7%를 잃었다.

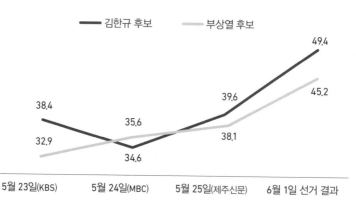

지지율 추이 %

김한규 후보 · · · · · 부상열 후보

49.4
45.2
38.4
39.6
35.6
32.9
38.1
34.6

5월 23일(KBS)　　5월 24일(MBC)　　5월 25일(제주신문)　　6월 1일 선거 결과

● 선거운동 방식 변화

5월 25일		5월 26일	
07:00	구좌오일장 차량유세 (김성홍)	10:30	MBC 토론회
08:00	TBS 라디오 김어준 뉴스공장 (전화 인터뷰)	12:00	MBC 라디오 제주시대 인터뷰
08:30	중산간마을 차량유세 (송담마을, 와산리사무소, 대흘1,2사무소, 와흘리사무소 북쪽 회천마을)	13:00	상화지구(화북우체국), 삼양동(삼양동 제주새마을금고) 차량유세
11:10	동문새마을금고 인사방문 (동문시장)		
11:30	김두관 의원 동문시장 방문 (채우다)	15:30	관광대 총학생회 간담회 (야외)
13:00	제주대 총학생회 간담회 (야외)		
14:00	제주대 자연과학대학 체육대회 (제주대 운동장)	17:00	한라대 총학생회 간담회 (야외)
14:30	첨단단지 차량유세 (첨단아파트단지, 염광아파트, 아이파크, 스위첸) (시간되면 아라새마을금고 필히 방문)	18:00	강경흠 후보 집중유세 (기와4길 19)
16:30	노인복지협회 (캠프)	19:00	한동수 후보 총력유세
17:00	소싱공인 간담회 (캠프) (박성철)	19:30	2030 지지 선언 (캠프) (문대림 이사장)
18:00	일도하나로마트 (대림아파트, 신천지, 수협사거리, 건입동 현대아파트) 차량 유세	19:50	시청 거리 인사

2016년과 2020년 총선

2016년 총선 때는 10명의 후보자가 데이터 기반 골목지도를 활용한 선거 캠페인을 진행했다. 특히 서울 종로구와 대구 수성구의 승리는 인상적이다. 총선 한두 달 전부터 정세균 후보는 오세훈 후보에게 15~20% 뒤지는 여론조사 결과가 나와, 다소 초조한 상태였다. 하지만 2015년 말, 정세균 후보 및 캠프 관계자들에게 데이터 기반 골목지도를 활용한 골목선거 시, 상대 후보와의 격차는

12.7%p라고 예측했다. 선거 기간, 골목유세를 착실히 진행했고. 그리고 실제 선거 결과에서 격차는 12.9%p로 나타났다.

● **마이크로 타깃 선거 효과**

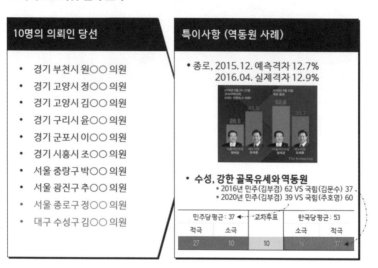

대구시 수성구의 김부겸 후보의 골목유세는 대한민국 골목유세의 최고 모범 사례로 꼽힌다. 자당의 소극 지지자 동원 및 교차 투표자 설득은 물론, 상대당의 소극 지지자를 역동원하는 상황까지 만들며 승리했다.

앞에서 언급했지만,《한겨레》와 함께 2020년 4월 총선을 세 달 앞둔 1월, 지역구에서 민주당 162석, 국민의힘 91석을 예측했고, 실

● **마이크로 타깃 선거 관련 언론 보도**

제 결과는 민주당 163석, 국민의힘 84석이었다, 다소 아쉬운 점도 있었다. 그해 2월 《경향신문》에 지역구만으로도 민주당이 1당이 될 수 있으니, 위성정당 같은 것은 고려하지 말자고 기고했던 기억이 있다.

하지만 위성정당은 강행되었고, 광화문 촛불로 이긴 선거에서 광화문 촛불을 배반하는 역설이 진행됐다. 광화문 촛불이 인지 부조화에 얼마나 더 버틸 수 있는지 아무도 모른다. 2024년 총선 결과가 중요한 판단 지점을 제시할 수도 있다.

경향신문 오피니언

총선의 역설 입력 : 2020.02.02 20:53   최창박 비맹리공공조사네트워크 공공의창 간사

역대선거 결과만 놓고 보면, 민주당은 지역구 획득의석만으로도 최소
한, 한국당을 넘어선 1당이 될 수 있다. 제3당, 4당은 선전할 것이다.
역대선거 결과는 기후이고, 여론조사 결과는 날씨에 해당한다. 날씨는
수시로 바뀌지만, 기후는 장기적인 변화다. 이번 총선은 날씨보다 기
후에 더 많은 영향을 받을 수 있다.

2018년 지선, 2017년 대선, 2015년 재보궐

2018년 지선에서는 데이터 기반 골목지도 활용이 지역위원회
혁신을 불러왔다. 감에 의존하던 선거 캠페인을 증거 기반의 데이
터 선거로 바꾼 것이다. 의미 있는 성과도 있었는데, 민주당 입장에
선 경상북도만큼이나 어렵다고 평가되었던 충청북도 제천·단양 국
회의원 재보선에서는 투표하는 유권자와의 대면 접촉을 늘리면서
3%p 차이로 승리했다.

속초시장 선거에서도 후보 주도로 진행된 골목유세를 통해 민
주당 강원도당의 노력에 부응하듯, 불리했던 여론조사 결과를 뒤
집으며, 3%p차이로 신승했다.

🏵 마이크로 타깃 선거 관련 언론보도

한국일보

6-13 지방선거

[단독] 민주당, 승리의 지도 '마이크로 타기팅'으로 압승 노린다

보수 강세 속초시장 선거의 경우 실투표인구 150~200명 소지역 나눠 지역별 5등급 분류 맞춤
형 캠페인 열세 지역 부동층 공략에 효과적 민주 김철수 후보 예상 깨고 우세 중랑구청장, 제천
·단양 재선 활용도

마이크로 타기팅의 위력은 2016년 치러진 20대 국회의원 총선거 대구 수성갑에서 지역주의 벽
을 넘고 승리한 김부겸 민주당 의원의 경우에서 전례를 확인할 수 있다. 당시 김 의원은 아파트
단지를 돌며 지역 유권자의 호응이 없어도 아파트 벽을 보며 후보자 혼자서 10분간 게릴라 유
세를 이어가면서 유권자의 마음을 사로잡았다. 이른바 '백지기 유세'다. 분얌에 보이는 청중은 한
두 명에 불과하지만 보이지 않는 곳에 수십·수백명의 유권자가 있다는 점을 파고드는 전략이
다.

실제 선거전도 반전이 예고되고 있다. 속초는 1995년 치러진 제1회 전국동시지방선거에서 민주
당 후보가 승리한 것을 제외하면 이후 20여년간 치러진 크고 작은 선거에서 보수 후보가 강세
를 보여왔다. 하지만 이번 선거에서는 김철수 민주당 속초시장 후보가 초박빙 승부가 될 것이라
던 당초 전망을 깨고 우세를 달리고 있는 것으로 나타나고 있다. KBS춘천 등 강원지역 7개 언론
사가 공동으로 한국리서치에 의뢰해 지난달 26~28일 실시한 여론조사 결과 김 후보는 지지율 4
1.9%로 현직 시장 프리미엄을 얻고 재선에 도전한 이병선 자유한국당 후보(28.3%)를 13.6%포인
트 앞서는 것으로 나타났다.

강원 속초 교동 마이크로 타기팅 전략 지도

2017년 대선에서는 3,504개 읍면동을 기본 분석 단위로 했다.
민주당 소극 지지자와 교차 투표자의 거주 규모의 순위 예측과 실
제 선거 결과와의 상관관계는 0.846의 매우 높은 상관관계가 확인
되었다.

🏵 대선 결과 상관관계 검증 ①

		RAT.P
Spearman 순위 상관계수 RAT.P	상관계수	0.846
	유의확률(양측)	0.000
	N	3504

405

● 대선 결과 상관관계 검증 ②

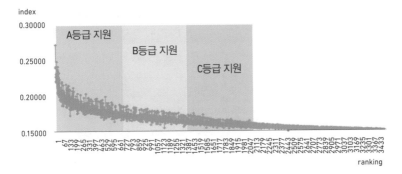

2015년 경기도 성남 중원구와 서울 관악을의 보궐선거는 각각 0.829와 0.793으로 높은 예측률을 보였다. 다만, 데이터 기반 골목선거 초창기라, 골목선거 효과 측정에서는 성남 중원구 0.236, 서울 관악을 0.415로 나타났다.

● 성남 중원구 지리정보학 모델링 정확도= 타깃지수: 정환석 후보 득표율 – 핵심 지지층 상관계수

		VAR0001	VAR0002
VAR0001	Person 상관계수	1	.829
	유의확률(양쪽)		.000
	N	292	292
VAR0002	Person 상관계수	.829	1
	유의확률(양쪽)	.000	
	N	292	292

● 성남 중원구 선거운동 효과 측정= 목표 득표율 VS 정환석 후보 득표율
　- (핵심 지지층+타깃지수) 상관계수

		VAR0001	VAR0002
VAR0001	Person 상관계수	1	.236
	유의확률(양쪽)		.000
	N	292	292
VAR0002	Person 상관계수	.236	1
	유의확률(양쪽)	.000	
	N	292	292

● 서울 관악을 지리정보학 모델링 정확도= 타깃지수: 정태호 후보 득표율
　- 핵심 지지층 상관계수

		VAR0001	VAR0002
VAR0001	Person 상관계수	1	.793
	유의확률(양쪽)		.000
	N	307	307
VAR0002	Person 상관계수	.793	1
	유의확률(양쪽)	.000	
	N	307	307

● 서울 관악을 선거운동 효과 측정= 목표 득표율 VS 정태호 후보 득표율
　- (핵심 지지층+타깃지수) 상관계수

		VAR0001	VAR0002
VAR0001	Person 상관계수	1	.415
	유의확률(양쪽)		.000
	N	307	307
VAR0002	Person 상관계수	.415	1
	유의확률(양쪽)	.000	
	N	307	307

골목은 책임 정치로 가는 지름길

　데이터 기반 골목선거란, 데이터와 정보를 활용하여 캠페인 과정에서 자원을 효율적으로 활용하고, 효과적으로 유권자에게 메시지를 전달하는 전략을 말한다. 투표하는 유권자의 나이, 성별, 거주지, 주택 유형, 주거 면적, 주거 형태, 가구 구성, 학력 등을 활용하여, 정치적 경향과 경제적 상황을 예측하고, 특성에 따라 몇 개의 그룹으로 분류하여 선호를 파악한다. 일종의 투표하는 유권자 프로파일링이다. 투표하는 유권자 프로파일을 기반으로 특정 그룹에게 맞춤형 메시지를 전달하는 데이터 기반 선거 캠페인 전략이다.

골목은 책임 정치로 가는 지름길이기도 하다. 골목이 책임 정치로 가는 지름길인 이유는 각 정당의 소극 지지자와 교차 투표자가 골목에서 투표를 결정하기 때문이다. 이게 무슨 말일까. '찾아가는 동주민센터'라는 사업이 있다. 복지 사각지대에 놓인 소외계층과 사회·경제적 약자가 적극적으로 동주민센터에 찾아와서 도움을 요청할 여력이 없기 때문에, 이들에게 도움을 주기 위해 찾아가는 사업이다. 소극 지지자와 교차 투표자도 마찬가지다. 이들은 정치적으로 소극적인 태도와 유보적 입장을 가지고 있기 때문에 찾아가야 한다. 후보가 찾아가지 않으면 이들을 동원하고 설득할 방법이 별로 없다.

방법이 별로 없기는 하지만 이들을 동원하고 설득할 수 있는 강력한 선거운동이 하나 있긴 하다. 이 방법은 돈이 거의 들지 않는다. 조직도 필요 없다. 오로지 후보에게 체력 고갈과 넘치는 수고를 요구할 뿐이다. 바로 '골목유세'다.

시대정신은 무엇인지, 내 삶은 시대정신과 어떻게 함께하는지, 그런 시대정신에 입각한 나만의 정책은 있는지, 그 정책이 주민과 국민께 얼마나 중요한지, 그 중요한 정책을 실현하기 위해 나는 얼마나 희생할 각오가 됐는지, 후보는 유권자에게 말해야 할 의무가 있다. 이런 후보의 유세가 골목에서 유권자와 대면할 때, 둘 사이에 정치적 거래가 성사된다. 이 때문에 골목은 책임정치로 가는 지름

길이기도 하다.

　말(유세)하지 않으면, 책임질 일도 없다. 그러니 선거 때 잘 살펴야 한다. 누가 말을 하고, 누가 말없이 악수만 하고 설렁설렁 시장과 상가만 돌며 시간을 때우는지 말이다.

민주비(democracy bee)

민주비는 꿀벌의 일종으로, 독특한 의사결정 구조를 가지고 있다. 민주비는 여왕벌이 없으며, 모든 벌이 의사결정에 참여한다. 벌들은 집을 짓고, 먹이를 찾고, 새끼를 기르는 등 모든 일을 함께 한다. 민주비는 협력적이며, 서로를 위해 희생할 줄 아는 벌이다. 민주비는 영리하며, 새로운 환경에 빠르게 적응할 수 있다. 민주비는 꿀벌의 새로운 모델이며, 인간 사회에 많은 것을 시사한다.

민주비는 가상의 꿀벌이다. 연대와 협력의 시대에 이타적이고 창조적인 국민과 함께 새로운 사회협약을 만들고 정치 혁신을 이끌어내는 새로운 사회를 가상의 꿀벌인 민주비를 통해 상상해본 것이다.

실제 꿀벌의 조직적·생리적 집단생활의 특징을 통해, 민주정당

411

의 새로운 활동 방식을 그려볼 수 있다면, 다음과 같을 것들을 상상해볼 수 있을 것이다.

정당의 포지션 전략(포지셔닝)은 여러 꿀벌이 여론조사를 통해 다양한 위치에 대한 의견을 수렴하여 함께 의사결정을 내려 벌집의 새로운 위치를 선정하듯 할 수 있을 것이다. 정당의 자원 배분은 꿀벌처럼 자원을 효율적으로 분배하기 위해 지형을 데이터로 파악하여, 어떤 자원을 우선적으로 할당해야 하는지를 결정하듯 할 수 있을 것이다. 정당의 외연 확장도 꿀벌이 벌집을 확장하거나 새로운 벌집이 형성할 때, 벌들 간 숙의토론을 통해 어떻게 확장해야 하는지, 어떤 방향으로 발전시켜야 하는지에 대한 의견을 정리하듯 할 수 있을 것이다.

여론조사·데이터 분석·숙의토론은 꿀벌의 조직적·생리적 집단생활에서 실현되고 있다. 구성원을 보호하기 위해 의사결정의 참여를 조직하며 협력하는 벌들은 집단지성을 통해 생존에 최적화된 환경, 유리한 환경을 조성한다.

민주정당도 혁신 과정에서, 중앙당은 데이터센터를 구축하고 시·도당은 생활정치를 실천하며, 지역위원회는 핵심 당원을 퍼실리테이터로 양성하며, 더 많은 국민과 연대하고 협력할 수 있도록 소통의 질과 양을 늘려야 한다.

민주정당은 군대와 같다. 많은 군사를 모아 훈련시켜야 한다.

생각과 뜻을 같이하는 동료도 필요하다. 이러한 민주주의 군대 위에 국민 집권 시대가 열리길 기대한다.

표지 그림
설백림(instagram-@readyornot0316)

본문 사진 / 그림
연합뉴스: 48, 57, 110, 113, 118, 132, 135, 154, 157, 159, 262, 285, 297, 301
경향신문: 84
셔터스톡: 125, 149, 151, 306

국민 집권 전략

1판 1쇄 인쇄 2023년 11월 8일
1판 1쇄 발행 2023년 11월 15일

지은이 최정묵

펴낸이 최준석
펴낸곳 푸른나무출판(주)
주소 경기도 고양시 일산서구 강선로 49. 404호
전화 031-927-9279 **팩스** 02-2179-8103
출판신고번호 제2019-000061호 **신고일자** 2004년 4월 21일

ISBN 979-11-92853-03-1 (03340)